KB164711

_____님께

강사는 앎으로 삶에 기여하는 스승입니다.
유익한 강의로 세상을 이롭게 하시기 바랍니다.

_____ 드림

강의의 정석

조벽 교수가 전하는 강의법의 모든 것

강의의 정석

조벽 지음

해냄

최고의 강사가 되기 위하여

지난 10년간 저는 HD행복연구소의 강사 양성 과정을 통해 더 좋은 강사가 되고 싶어 하는 교사와 교수, 전문 강사들, 은퇴 후 제2의 삶을 꿈꾸는 직업인, 그 밖의 많은 전문가, 대학생, 직장인, 목회자들을 도와왔습니다. 이들에게 전수한 강의법을 더 많은 분들에게도 전해주고 싶어서 이 책을 쓰게 되었습니다.

또다른 이유가 있습니다. 강의법이라는 기술이 존재하고, 그 기술을 배우고 실천하면 누구라도 좋은 강사가 될 수 있다고 확신하기 때문입니다. 제 사례가 바로 그렇습니다. 저는 타고난 강사도 아니고, 남다른 말재주가 있는 것도 아닙니다. 본래 저는 둘이 나누는 대화를 선호했습니다. 세 사람만 모여도 입을 다물었습니다. 겸손했기 때문이 아니라, 제 발음이 좋지 않고 어휘력도 부족하다는 콤플렉스가 있어 여러 사람 앞에서 말하기를 꺼렸기 때문입니다.

대학원을 다니면서부터 남 앞에서 말하기 시작했습니다. 조교 시절 교수님 대신 강의를 해야 했기 때문입니다. 저는 강의를 잘하고 싶었기에 틈틈이 강의법을 배웠고, 배운 내용을 성심껏 실천했습니다.

그 결과, 저는 미국 미시간공과대학에서 교수로 재직할 때 '최고교수상'을 여러 번 받았습니다. 20년간 강의 평가에서 받은 누적 평균 점수가 5점 만점에 4.91입니다. 모두 이를 두고 전무후무한 기록이라고 했습니다. 미시간주 최우수교육자상, 미국공학교육학회 교육자상, 미국자동차협회 교육자상도 받았습니다. 『정의란 무엇인가』로 유명한 하버드대학의 마이클 샌델 교수, 옥스퍼드대학의 데니스 노블 교수와 더불어 세계 최고의 교수 아홉 명 중 한 명으로 선정되어 EBS 방송에 소개되는 영광도 얻었습니다.

대학 강의뿐만 아니라 일반인들을 대상으로 한 강의에서도 명강사로 인정받았습니다. 전국의 명강사들이 초빙된다는 국가공무원인재개발원(전 중앙공무원교육원)에서 '최고의 강사'로 선정되었고, '우수한 공무원 교육 훈련'으로 대통령 표창장을 받기도 했습니다.

이렇게 명강사로 소문이 나자 기업체에 강사로 초빙되는 등 다양한 강의 기회를 얻게 되었습니다. 우리나라의 대표적인 대기업에서 임직원 대상으로 강의를 했고, 시청과 구청, 군청에서 개최한 일반인 대상 강연에도 초대받았습니다. 공공기관과 군부대 강의, 〈아침마당〉과 같은 불특정 다수의 시청자를 대상으로 한 텔레비전 특강, '청춘 페스티벌' 등 야외 공연장 강의, 교회와 사찰 강의 등 제가 한 초청 특강을 합치면 족히 2천 회는 넘을 것입니다. 그렇게 저는 전국 방방곡곡을 돌아다니며 청소년부터 어르신들까지, 학부모에서 기업체 임원까지, 전문 강사 지망생부터 교육학 교수들까지 다양한 청중을 만났습니다.

언택트 시대의 도전

강사로서 더 이상의 도전은 없을 줄 알았습니다. 그런데 갑자기 포스트 코로나 시대 언택트 세상을 만나게 되었습니다. 이제 전통적인 형태의 강의는 하기 어려워졌습니다. 팬데믹으로 많은 사람이 한 장소에 모이는 것이 힘들어졌기 때문입니다. 초·중·고 교육마저 온라인 원격수업으로 진행하게 되는 바람에 50만 명의 교사가 거의 하룻밤 사이에 온라인 강사가 되어야 하는 처지에 놓였습니다. 대학도 마찬가지입니다.

이런 상황에서 저는 두 가지를 예측합니다. 첫째, 코로나 사태는 언제 종식될지 아무도 알 수 없습니다. 둘째, 종식되더라도 새로운 형식의 강의가 매우 빠른 속도로 확산될 것입니다. 온라인과 오프라인 병행은 당연한 개념이 되고, 블렌디드 시스템이 일반화될 것입니다. 청중을 만나는 방식은 비대면 '언택트'와 '온택트'로 변화할 것이고, 언젠가는 강사가 홀로그램으로 청중을 만날 날도 멀지 않았다고 생각합니다.

저는 청중이 없는 강의실에서 강의한다는 게 얼마나 힘든지 잘 압니다. 1990년대 초부터 미국 디트로이트에 있는 포드와 GM 회사 직원들을 대상으로 원격 강의를 하는 등 온라인 강의를 해왔기 때문입니다. 그 경험을 바탕으로 교수법에 대한 온라인 연수를 개발했고, 첫해에 무려 5만 명의 교사에게 온라인으로 강의를 하는 또하나의 진기록을 세웠습니다.

이제 우리는 언택트 시대에 환영받는 강사가 되어야 하는 과제에 직면했습니다. 우리에게 주어진 선택은 도태되느냐 아니면 변화하느냐 둘 중

하나입니다. 당연히 변해야 합니다. 그렇다면 어떻게 변해야 할까요? 이제 강사님들은 강의 스타일을 바꾸고 스케일을 키우셔야 합니다.

강의법에 대한 모든 것

이미 저는 『조벽 교수의 명강의 노하우 & 노와이』『나는 대한민국의 교사다』『조벽 교수의 수업 컨설팅』 등 교수법에 대한 책을 세 권 출간했습니다. 초·중·고 및 대학의 교육자와 강사를 염두에 두고 쓴 책입니다. 독자 여러분이 보고 있는 이 책은 이들을 포함하여 더 폭넓은 상황에서 활동하는 강사들을 위한, '강의법' 전반에 대한 안내서입니다.

새로운 강의 플랫폼과 온라인 소프트웨어를 사용하는 기술이나 동영상 편집 기술은 다루지 않을 것입니다. 필요하지 않아서가 아니라, 이러한 기술은 매우 빠르게 자동화되어서 곧 강사가 직접 하지 않아도 될 것이기 때문입니다.

제가 이 책에 소개하는 기술은 오프라인에서 활동하든 온라인에서 활동하든 상관없이 강사가 알고 실천할 수 있는 기술들입니다. 강의법은 누구나 터득하고 실천할 수 있습니다. 이미 증명된 사실입니다. 저는 2010년 EBS 다큐프라임 교육대기획 〈우리 선생님이 달라졌어요〉에서 멘토로서 다섯 명의 교사에게 강의법을 전달해 주었습니다. 이 프로그램은 한국 역사상 처음으로 모든 방송대상을 휩쓰는 '그랜드슬램'을 이루어냈습니다.

서울대학교에서 교수학습개발센터를 설립할 때 초빙되어 자문을 했고, 초대 멤버들을 비디오를 통한 강의 지도법으로 훈련시켰습니다. 그 직후 전국 대학에서 유사한 센터들이 생겨났고, 강의법 훈련에 대한 필요성이 부각되었습니다. 그 후로 저는 거의 모든 4년제 대학에 초빙되어 교수들을 대상으로 강의법을 강의했습니다. 그리고 현재 HD행복연구소에서 강사 양성 과정을 운영하고 있습니다. 이 책에는 저의 이러한 수십 년의 경험들이 녹아 있습니다.

강사는 앎으로 삶을 이롭게 하는 스승

다행스럽게도 강의하는 목적은 예나 지금이나 크게 달라지지 않았습니다. 강의는 최소한 2천 5백 년 전부터 끊임없이 이어져온 인류의 지적 전통입니다. 부처님, 공자님, 예수님을 비롯하여 수많은 현자와 학자들이 강의를 해왔습니다.

심지어 그 훨씬 전에도 인류는 모닥불에 둘러앉아 역사와 전통과 문화를 다음 세대에 말로 전해주었으니, 저는 강의란 인류의 가장 고귀한 활동 중 하나라고 생각합니다. 강의(講義)하는 강사(講師)란, '앎으로 삶을 이롭게 하는 스승'이라는 뜻입니다. 그런 면에서 모든 교육자와 부모, 선배는 제자, 자녀, 후배에게 강사인 셈입니다. 이제 강사가 명칭에 걸맞게 본인의 스케일을 좀더 키워야 합니다.

그러나 문제가 있습니다. 이전의 스승들이 제자에게 철학과 도덕과 자연의 법칙을 전수했을지언정 강의법을 전달해 주었다는 말은 듣지 못했습니다. 이렇게 오랜 강의의 역사에도, 강의법은 마치 비법처럼 제자가 스승의 어깨너머로 배우는 암묵적인 방법으로 전해져 내려왔다는 사실이 놀랍습니다. 저는 이 책을 통해 제가 강의법에 대해 알고 있는 모든 노하우를 여러분께 전달해 드리고자 합니다.

이 책은 학생들을 대상으로 수업하는 초·중·고 교사와 대학 강사, 교수, 그리고 대중들을 대상으로 강연하는 강연자, 직장에서 보고서를 발표하는 직장인, 이야기꾼과 스토리텔러 등 자신이 알고 있는 내용을 이롭게 사용하고자 하는 모든 사람을 대상으로 합니다.

말초신경만 자극하는 유행어를 남발하는 사람들이나 사실을 왜곡하고 일방적 주장만 내세우며 혐오와 분노를 자극하는 사람들도 이 책을 읽기 바랍니다. 이왕 말을 잘하는 사람들이니, 해(害)가 아니라 의(義)가 되도록 목표만 바꾸면 됩니다. 이들이 자신의 능력을 세상에 이롭게 활용하는 데 이 책이 도움이 되면 좋겠습니다.

학생들도 강의법을 배워야 합니다. 우리는 초·중·고와 대학을 거치면서 16년 내내 남의 강의를 잘 듣는 연습만 했고, 남 앞에서 말하는 훈련은 거의 받지 못했습니다. 당연히 말하기나 강의하는 게 서투를 수밖에 없습니다. 자질이 부족해서가 아니라 기술을 충분히 배우지 않았기 때문입니다.

하지만 말하는 능력, 설득하는 능력은 사회적 성공에 가장 중요한 요인 중 하나입니다. 배우면 우리 모두 잘할 수 있습니다.

시급하게 강의법을 알아야 한다면 2장 '강의 기준'부터 읽길 권합니다. 아주 급하다면 3장 '강의 기술'부터 읽어도 됩니다. 이제 막 강의를 시작한다면 부록의 '강의법 팁'을 한번 훑어본 후 1장부터 차근차근 읽는 것도 좋습니다. 혹시 감정 디자인이 궁금하다면 5장을 먼저 보는 것도 괜찮습니다.

그러나 이 책을 읽는 데 가장 좋은 방법은, 책에 제시된 여섯 가지 기준을 강의실 안이 아니라 강의실 밖에서도 적용시켜 보는 것입니다. 사실 제가 제시한 강의 기준은 강의할 때만 적용되는 기준이 아니라 성공적으로 살아가는 데 필요한 일반적인 기준입니다. 이 책은 이러한 기준들이 강사로 살아가는 제게 어떻게 적용되었는지를 설명한 것이라고도 할 수 있습니다. 여러분도 각자의 삶에서 살펴보면 더 큰 의미와 가치를 발견할 수 있으리라고 믿습니다.

이 책이 여러분들의 일과 삶에 도움이 되기를 진심으로 바랍니다. 강의는 지혜를 전달하는 고귀하고도 행복한 일입니다. 유익한 강의로 널리 세상을 이롭게 하기 바랍니다. 그래서 여러분도 더 많이 행복하기 바랍니다.

2020년 9월
조벽

차례

6장 | 강의 실전
임팩트 있는 강의를 위한 설명의 기술

1장

언택트 시대에
환영받는 강사

1

강사들의
무덤에서 살아 나오기

'강사의 무덤'이라고 불리는 곳이 있습니다. 아무리 강의를 실수 없이 잘해도 한 시간 강의하면 '강사의 진이 쏙 빠지고 숨이 턱 막힌다'는 뜻에서 붙여진 이름입니다.

언론 기사에 의하면, 우리나라에는 강사들의 무덤이 두 곳 있다고 합니다. 바로 삼성사장단과 국가공무원인재개발원입니다. 둘 다 상당한 능력과 실력을 발휘해 성공한 사람들이 모이는 곳입니다. 청중이 공부도 많이 하고 아는 것도 많기 때문에 웬만한 강사들은 애초에 기가 죽기도 합니다. 어떤 말을 해도 무반응에 무표정으로 일관하는 청중들 때문에 평정심을 잃기도 합니다.

강사는 청중이 호응을 해줘야 그 에너지로 강의를 끌어갈 수 있는데,

청중이 목석같이 앉아만 있으면 정말 힘듭니다. 강의 시간이 빨리 지나가서 강의장을 떠나고 싶은 마음만 가득하게 됩니다.

저는 이 두 곳에서 강의했습니다. 그리고 살아서 나왔습니다. 이른바 고위공무원들이 교육받는 곳인 국가공무원인재개발원에서는 2013년과 2014년에 '베스트강사상'을 연달아 받았습니다.

삼성사장단 앞에서 특강을 했을 때에는 텔레비전 뉴스에도 나왔습니다. 사장단들이 신선한 충격을 받았다며 뜨거운 반응을 보였고, 관련 질문도 많이 나왔다는 내용이었습니다.

질문이 많다는 것은 강사에게 최고의 칭찬입니다. 강사가 청중의 호기심을 활발하게 자극해 그들에게 더 많이 알고 싶다는 마음을 불러일으켰다는 증거이기 때문입니다.

그 후로 여러 대기업에서 임직원들을 대상으로 강의를 하게 되었습니다. 한 기업에 보통 두 번씩 갔습니다. 임원 대상으로 강의를 하면 직원들도 듣게 하라는 CEO의 지시 때문에 직원 대상의 강의를 한 번 더 했고, 직원 대상으로 강의를 한 후에는 강의 평가 설문지에 쓰인 임원들도 꼭 들어야 한다는 제안 때문에 임원 대상의 강의를 한 번 더 했습니다.

더 이상 이 두 곳은 강사의 무덤이 아니라는 기사를 읽은 적이 있습니다. 최고 전문가들도 죽을 때까지 배워야 하는 평생학습 시대가 되었기 때문입니다. 최고 입지를 유지하려면 열렬하지는 않더라도 최소한 겸허히 경청하고 배워야 합니다.

그런데 코로나19 발생 이후 맞이한 언택트 시대에는 모든 강의장이 무덤처럼 돼버린 것 같습니다. 제가 올해 한 모든 강의는 청중이 다 마스크를 쓰고 있어서 답답하고 힘들었습니다. 청중의 표정을 전혀 볼 수 없으니, 사장단과 고관들을 대상으로 하는 강의와 다를 바가 없었던 겁니다.

그러나 표정의 죽음보다 더 참기 힘든 것이 있습니다. 바로 환상의 무덤입니다.

평균 이하가 없는 환상적인 세상

언택트 시대에는 강의가 영상으로 이루어지는 경우가 흔합니다. 스크린에 청중의 모습뿐만 아니라 강의하는 강사 본인의 모습까지 실시간으로 보이기도 합니다. 평생 거울을 보지 않고 살다가 갑자기 거울을 통해 본인의 헝클어진 모습을 보는 것과 같은 처참한 심정이 됩니다. 영상물이 환상을 깨는 것입니다.

보통 강사들은 자신이 강의를 나름대로 잘한다는 믿음을 갖고 있습니다. 일반적으로 남 앞에 나서기 위해서는 자신감을 가지는 것은 당연합니다. 지금까지 저는 스스로 자신을 평균 이하의 강사라고 평가하는 강사를 본 적이 없습니다. 강사의 세상은 평균 이하가 없는 아주 환상적인 세상입니다. 그런데 언택트 시대에서는 이 환상이 고사하게 됩니다.

우리는 이 환상의 무덤에서도 반드시 살아 나와야 합니다. 강의는 사람이 사람에게 지식과 지혜를 말로써 전달하는, 매우 오래되고 고귀한 인류 문화의 전통 기술이기 때문입니다. 너무 거창하게 표현한 것일지도 모르지만, 저는 그렇게 믿습니다. 그래서 제가 강사라는 사실에 큰 자부심을 느끼고, 강의를 준비하고 시행하는 일을 소홀히 하지 않고 성심을 다해왔습니다.

언택트 시대에도 이 고귀한 활동을 더 높은 차원에서 이어가야 합니다. 제가 사용한 방법을 사용하면 모두 살아 나올 수 있습니다. 온라인 환경을 피하는 게 아니라, 오히려 환영하고 활용하면 됩니다.

제가 대학교수 생활을 시작했을 때 강의 시간에 딴짓하거나 졸거나 아예 대놓고 엎어져 자는 학생들도 있었습니다. 저는 학점을 '따기 위해' 수강해야 하는 소위 필수 과목을 주로 강의했기 때문에 제 강의실에는 학습 동기가 없는 학생들이 많았던 것입니다. 그런 학생들을 볼 때마다 너무 힘이 빠졌습니다. 공부할 마음이 없는 학생들을 탓하고, 한심스러워하고, 미워했습니다.

그러다가 원격 강의를 하기 위해 동영상을 찍었는데, 제 강의에 충격을 받았습니다. 제 모습과 스타일, 목소리 등 모든 것이 맘에 들지 않았습니다. 설명은 명료하지 않았고 쓸데없는 군더더기도 많았습니다. 저 스스로가 제 강의가 이렇게 싫은데 학생들이 좋아하리라고 기대하는 건 무리였습니다. 제가 그간 지녔던 강의에 대한 자부심이 무너지고, 강의를 나름대로 잘하고 있다는 환상이 깨졌습니다.

그 후로 교육학과 강의법에 대해 열심히 공부하면서 많은 것을 배웠습니다. 예를 들어 인간의 두뇌는 더 큰 자극을 주고 더 큰 욕구를 만족시키는 쪽으로 주의력이 쏠리도록 디자인되어 있다는 사실을 알게 되었습니다.

이를 통해 확실하게 깨달은 것이 한 가지 있습니다. 바로 강의를 시작한 후 청중이 존다면, 그것은 강사 탓이라는 것입니다. 강의가 시작되면 사방팔방에서 청중의 주의력을 뺏기 위해 주의력 쟁탈전이 벌어지는데, 그 전쟁에서 강사가 진 것입니다. 그러니 졸고 있는 청중을 탓한들 아무런 변화가 생기지 않습니다.

그 대신 강사는 '어떻게 하면 청중의 주의력을 강사인 내가 장악할 수 있을까?'를 고민하고, 이 질문에 대한 해결책을 찾아야 합니다. 그래야 흐트러지기 쉬운 청중의 주의력을 끌고, 그들의 관심사를 담아낼 수 있는 스케일을 지닌 강사가 될 수 있습니다.

저는 이 질문에 대한 답을 찾기 위해 강의법을 공부했고, 그 결과 명강사로 인정받게 되었습니다. 저는 타고난 명강사가 아니라 만들어진 명강사입니다. 그래서 강의법이 존재한다는 것을 확신합니다. 강의법은 '기술'이기 때문에, 누구나 배우면 활용할 수 있습니다. 제대로 된 강의법은 강사의 스타일을 변화시키고 스케일을 키워줍니다. 이제 언택트 시대가 요구하는 강의법으로, 언택트 시대가 환영하는 강사로 부활해야 할 때입니다.

2

언택트 시대에
명강사로 거듭나는 법

PC(개인용 컴퓨터)가 등장하면서 시청각 매체 활용이 수월해졌고, 그 기술을 사용하는 능력은 강사의 실력 중 중요한 부분이 되었습니다. 한두 시간 정도의 강의를 하든 TED처럼 15분 정도의 강의를 하든 이제는 대다수 강사가 시청각 자료를 사용합니다. 그림은 말보다 몇천 배 많은 정보를 청중에게 전달할 수 있기 때문입니다.

어찌 보면 그것은 저에게 큰 행운이었습니다. 제가 말로만 강의를 해야 하는 시대에 살았다면 짧은 혀를 가지고 태어난 한계를 극복하지 못하고 들어주기 딱한 '눌변 강사' 수준에서 벗어나기 어려웠을 것입니다.

그래서 저는 신임 교수였던 30여 년 전부터 남보다 더 열심히 시청각 기술을 활용하는 방법들을 연구하고, 그 효과를 극대화하려고 노력했습니다. 그 결과 미국에서도, 한국에서도 명강사라고 인정받게 되었습니다. 그렇게 겨우 PC 시대에 명강사로 인정받았는데, 느닷없이 언택트 시대가 도래했습니다.

언택트 시대를 맞이하여 가장 힘들어하는 강사는 어떤 강사일까요? 제 생각에 초보 강사들은 전혀 힘들어하지 않을 것 같습니다. 어차피 그들은 예나 지금이나 학생 혹은 청중과 별 상호작용 없이 본인이 하고 싶은 말을 하고, 보여주고 싶은 자료를 보여주고 강의를 끝낼 테니까요.

청중의 일거수일투족을 살피면서 반응을 관찰하고 쌍방향 소통을 해온 경력 강사라면, 정신적으로 언택트 시대가 무척 고통스러울 것입니다. 청중이 강의실에 있어도 모두 마스크를 쓰고 있으니 표정을 거의 볼 수 없습니다. 비구어적 메시지가 차단된 상태입니다. 그렇다 보니 수강생들이 강의를 잘 따라오고 있는지, 어려워하고 있는지, 지루해하고 있지는 않은지 짐작하기 어려워 답답합니다. 평소 사람의 얼굴 표정을 통해 얼마나 많은 소통을 해왔는지 깨닫게 되는 지점입니다.

1990년대 초에 제가 원격 강의를 처음 시작했을 때는 비록 스튜디오에 학생은 없어도 최소한 카메라맨과 사운드맨이 있었습니다. 저는 그들을 청중 삼아 응시하면서 강의했습니다. 그들은 강의 내용에는 관심이 없었을 테지만, 저에게는 바라볼 수 있는 '살아 있는 사람'이 있다는 자체만으로도 큰 도움이 되었습니다.

그러나 이제는 1인 방송 시대입니다. 특수 장비도 필요 없고, 매일 사용하는 스마트폰이 카메라이며 사운드 시스템입니다. 강사가 원격 온라인 강의에 필요한 모든 일을 해낼 수 있습니다. 이제는 정말로 텅 빈 강의실에 강사 혼자입니다. 영혼이 없는 카메라 렌즈를 쳐다보며 혼잣말을 한 시간 동안 하다 보면 정신이 살짝 이상해지는 느낌마저 듭니다.

강의는 시공간에 함께 머무는 감정의 체험

강사는 청중과 상호작용을 통해 많은 에너지를 얻습니다. 그래서 청중이 없는 강의실에서 강의하면 에너지를 높은 수준으로 유지하기 어렵습니다. 감정을 끌어올리지 못하면 감동이 없는 강의가 되기 쉽습니다. 그래서 이런 강의는 단 한 시간만 해도 마치 온종일 강의한 것처럼 에너지가 바닥으로 곤두박질칩니다.

다행히 컴퓨터 스크린을 통해서라도 청중의 얼굴을 보면서 강의할 수 있는 프로그램들이 개발되고 있습니다. 컴퓨터 스크린으로 청중의 얼굴도 보고 실시간으로 쌍방향 소통도 가능합니다. 다소 불편한 면이 여전히 있지만, 이 역시 시간이 조금 지나면 해결될 기술적인 문제입니다. 사람이 일일이 조정하지 않아도 자동으로 시청각(AV) 도구를 최적화해 주는 기술이 개발될 것이며, 정보 전달 속도가 더 빨라져 전달하거나 수용하는 사람 사이에 시간차를 별로 느끼지 않게 될 것입니다.

그러나 가상 면대면과 실제 면대면은 분명 차이가 있습니다. 실제 면대면에서는 오감과 더불어 육감이 작동합니다. 비록 의식하지 않았더라도 강사는 청중과 다차원적으로 소통해 왔던 것입니다. 반면 가상 면대면에서는 전적으로 시각과 청각에만 의존해야 합니다. 사전 녹화의 경우에는 오감이 완전히 차단됩니다. 면대면이란, 단지 얼굴을 서로 볼 수 있다는 뜻이 아니라 같은 시공간에 함께 머무는 체험인 것입니다.

언택트 시대 강의의 핵심 이슈는 어떻게 강사와 청중 사이의 교감을 확보할 것인가 하는 것입니다. 상호작용에서 존재하는 에너지는 정서적 에너지입니다. 교감도 감정이고, 상호작용 에너지도 감정입니다. 공감대를 형성하는 것도 감정이고, 감동을 주는 것도 감정입니다. 그래서 언택트 시대 강사는 그 어느 때보다 더 감정을 의식하고, 감정마저 의도적으로 고려한 강의를 디자인해야 합니다.

물론 비대면 원격 혹은 온라인 강의의 장점도 있습니다. 또 단점을 보완하거나 극복하는 새로운 도구와 방법들이 속속 등장하면서 변화의 충격을 완화해 주고 있습니다. 그래서 언택트 시대는 잘 대응하면 하룻밤 사이에 유명한 강사로 크게 성공할 수 있는 절호의 기회이기도 합니다.

3

초보 강사와
명강사의 작지만 큰 차이

초보 강사가 경력만 쌓는다고 명강사가 되지는 않습니다. 나쁜 습관을 지닌 채로 시간만 흐른다면 그냥 경력만 많은 강사가 될 뿐입니다. 명강사는 좋은 습관을 지닌 경력 강사를 말합니다.

나쁜 습관은 타고나는 것이 아니라 학습의 결과입니다. 좋은 습관은 학습으로 얻을 수 있습니다. 그러니 초보 강사가 명강사가 되는 길은 단 하나입니다. 나쁜 습관을 버리고, 좋은 습관을 배우고 실천하는 것입니다.

이 비법은 500년 전에 율곡 이이 선생님께서『격몽요결』을 통해 말씀하신 바 있습니다. 선생님께서는 배움의 세 단계를 입지(立志), 혁구습(革舊習), 지신(持身)이라고 하였습니다. 뜻을 세우고, 낡은 습관을 버리고, 몸을 지킨다는 뜻입니다.

그래서 저는 강의법 멘토링을 할 때 가장 먼저 목표를 세우게 하고, 그다음 걸림돌을 제거하는 작업을 시작합니다. 여러분도 이 순서대로 해보기를 권합니다.

강의하는 강사

여러분은 왜 강의법을 배우려고 합니까? 이미 강사라면, 무엇을 위해 강의를 합니까? 왜 강의를 좀더 잘하고 싶습니까? 단 한 문장이라도 적어보세요.

더 본질적인 질문을 하겠습니다. 여러분은 왜 강사가 되었습니까? 왜 강사가 되려고 합니까? 이 질문은 강사라는 존재의 본질과 강의에 대한 가치를 묻습니다.

강의는 제가 좋아하는 활동입니다. 하지만 저는 즐기기 위해서 강의를 하지 않습니다. 돈을 벌기 위해 하는 것도 아닙니다. 하지만 저에게 강의는 충분한 경제 활동이 되고, 강의할 때에는 마냥 즐겁습니다. 목표는 아니었지만, 결과적으로 성공과 행복을 얻게 되었다는 뜻입니다. 목표가 아니었으니 횡재한 셈입니다. 그러나 제가 목표를 선택하는 방식은 그 좋은 결과를 가져다주도록 되어 있었습니다.

제가 일을 선택하는 방식은 간단합니다. 사람들에게 도움이 되기 때문에 누군가 해야 하는 일을 선택하는 것입니다. 필요하고 이로운 일을 하니 누군가 돈을 줄 것입니다. 누군가 해야 할 일을 내가 즐겁게 하면 성공과 행복 둘 다 얻을 수 있습니다.

누군가 해야 하는 일은 비전이 있는 일입니다. 그 일을 하는 것이 나의 꿈이 되면 그 꿈은 '비전이 있는 꿈'이 됩니다. 그래서 저는 모든 초보 강사들에게 '강의(講義)하는 강사(講師)가 되라'는 목표를 세우라고 권합니다. 말 잘하는 기사(技士)가 아니라, 남에게 이로운 스승[師]이 되고자 하는 목표를 세워야 합니다.●

닮고 싶은 강사의 모델, 멘토 찾기

그 다음 여러분의 모델, 멘토를 찾으세요. 명강사가 되고 싶다면 당연히 명강사를 알아야 하며, 명강사의 구체적인 모습을 알아야 그 모습을 닮아갈 수 있습니다. 한 명이어도 좋고, 여러 명이면 더 좋습니다. 저는 운이 좋게도 의로운 강사의 모델을 어릴 적에 만났습니다. 바로 제 고등학교 수학 선생님입니다.

저는 중학교 시절 그냥 '멍했던' 아이였습니다. 성적이 좋지 않았지만 그게 창피한 것인지 몰랐고, 불행인지 다행인지 공부를 안 해도 야단치는 사람이 없었습니다. 그래서 신나게 놀았던 기억만 있습니다. 야무진 꿈은 없었고 '꿈같은' 사춘기를 보냈습니다.

그러던 중 수학 선생님을 만나게 되면서 저는 완전히 달라졌습니다. 수학 선생님께서 칠판에 그리는 완벽한 선과 원에 감탄했습니다. 간단명료한 설명에 매료됐고 수학 공부에 재미를 붙였습니다. 수학만큼은 시간 가는 줄 모르고 공부했습니다. 결국 저는 공대에 입학하게 되었습니다.

선생님의 모습이 멋있고 정의롭고 진실하게 보였습니다. 그 모습에 감

● 초보 강사는 새로운 내용을 전해주는 전문가이며 지식 전달자다.
경력 강사는 앞으로 삶을 이롭게 하는 스승이며 지혜 전달자다.

그림 1-1 고등학교 시절 저의 멘토 선생님의 모습

동한 나머지 선생님의 겉모습이라도 닮고 싶었습니다. 제 트레이드마크가 된 검정 바지와 걷어 올린 하얀 셔츠 소매는 그 선생님의 옷차림을 그대로 흉내 낸 것입니다. 그러니 그 선생님의 영향력은 50년이 지난 오늘날까지 여전히 미치고 있는 셈입니다.

선생님께서 제게 주신 것은 수학 지식만이 아니었습니다. 즐거움, 호기심, 열심, 재미를 느끼게 했습니다. 그래서 감탄, 감격, 감명, 감동한 것입니다. 감정이 마치 성수처럼 제 마음을 흠뻑 적신 것입니다.

초심을 유지하기

스케일이 큰 명강사를 무작정 따라 한다고 명강사가 되는 것은 아닙니다. 명강의는 강의 목표, 청중의 특성, 강연장 즉 환경에 맞춰진 강사의 스케일과 스타일이 최적화된 결과이기에 다른 강사에게는 적합하지 않을 수 있습니다. 따라서 모두에게 적용되는 최고의 강의법은 없으며, 그 대신 각 상황과 강사에 적합한 최적의 강의법만 존재한다고 할 수 있습니다. 강의법에는 정답이 없습니다.

제가 고등학교 때 수학 선생님의 옷차림 스타일을 따라 하기는 했지만 그 때문에 명강사가 된 것은 아닙니다. 다양한 스타일의 옷을 맞춰 입을 센스도 없고 여러 벌을 장만할 돈도 없었기에 그냥 하나로 통일해서 매일 같은 옷을 입었던 실용적인 측면도 있었습니다. 하지만 저에게 그것은 초심을 잃지 않게 해주는 일종의 상징물이 되었습니다. 저는 초심을 잃지 않아서 좋은 강사가 되었다고 믿습니다.

선생님의 강의 방식을 그대로 따라 한 것도 아닙니다. 그러나 선생님께서 보여주신 수학에 대한 열정, 칠판에 줄 하나를 그을 때도 최선을 다하시는 진정성과 전문성, 학생들에게 푸근한 보금자리 같은 존재로 다가오신 친밀성, 숨 쉬는 것조차 잊을 정도로 몰입하며 수업하는 도중에 씩 웃게 만드는 여유와 유머, 이런 것들이 오랫동안 기억되었고 그것을 본받고 싶었습니다. 이러한 강사의 스케일이야말로 모든 명강사가 본받아야 하는 모습이라고 생각합니다.

문제는 이러한 스케일은 눈에 잘 보이지 않기 때문에 따라 하기 어렵다는 것입니다. 그래서 초보 강사는 눈에 보이는 스타일을 따라 하기 쉽습니다. 명강사의 몸짓과 목소리 톤을 흉내 내는 것입니다. 파워포인트 슬라이드 글씨체와 디자인을 모방합니다. 어디선가 농담을 따와서 맥락 없이 던집니다. 물론 이런 것들이 잘 되면 좋을 것입니다.

자신만의 강의법 스타일을 구사할 능력이나 경험이 없어서 어차피 남을 모방해야 한다면 당연히 명강사를 모방하는 게 좋겠지만 마치 남의 옷을 입은 듯 어색할 수 있습니다.

명강사의 자질 알아차리기

그러나 우리는 남을 따라 할 이유가 없습니다.* 우리 모두는 명강사의 자질을 지녔기 때문입니다. 아주 어릴 때 우리는 소통의 달인들이었습니다. 그러나 자라는 동안 말을 크게 하면 야단맞고, 말을 천천히 하면 느리다고 핀잔받고, 말을 빨리 하면 못 알아듣겠다고 타박받았습니다. 그 결과 우리는 주눅이 들고 남 앞에서 말하는 즐거움은커녕 공포감을 느끼게 되었습니다.

이제 이 부정적 감정의 실체를 깨달았으면 좋겠습니다. 그땐 우리가 아주 어리고 힘이 없을 때였습니다. 이제는 아무도 대놓고 야단치거나 핀잔을 주거나 타박하지 않습니다.

오히려 청중은 강사가 좋은 강의를 성공적으로 해주기를 바라고 응원합니다. 생각해 보세요. 청중은 어떤 마음으로 강의장에 앉아 있을까요? 강의가 형편없기를 바랄까요? 강사가 실수하길 기다릴까요?

세상에 그런 청중은 없습니다. 이미 강의장에 들어왔고, 강의를 들어야 하는 상황입니다. 어차피 시간을 보내야 한다면 강의가 유익하길 바랍니다. 강사가 잘하기를 바랍니다. 약간의 실수가 나오더라도 강사가 성공적으로 강의를 마치길 마음으로 지지합니다. 청중은 강사의 편이며, 강사를 응원하고 있다는 사실에 자신감을 얻으시기 바랍니다.

우리는 학교에 다니면서 남의 말 듣기 연습만 했는데도, 말을 상당히 잘한다는 사실을 아십니까? 그러니 강의법을 조금만 더 배우고 실천한

● 초보 강사는 명강사의 겉모습을 보고 따라 하려고 애쓴다.
경력 강사의 명강사 면모는 눈에 잘 보이지 않는다.

다면 얼마나 잘할 수 있겠습니까? 강의법을 배우는 데는 많은 시간이 필요하지 않습니다. 시작만 하면 됩니다. 기본을 튼튼하게 갖추면 됩니다.

문제를 예방하기

"손동작을 과하게 쓰는 편인데, 줄일 방법이 있을까요?"

"아직도 강의할 때 많이 떨립니다. 가끔 숨이 막힐 정도로 심할 때도 있습니다. 떨지 않는 비결이 있을까요?"

"질문을 독차지하는 청중이 꼭 있고, 말을 길게 하는 질문자도 있습니다. 이럴 때 질문자가 기분 나쁘지 않게 말을 끊을 수 있는 방법을 알려주세요."

제가 강의법에 대한 강의를 한 후 가장 많이 받는 질문들입니다. '이러이러한 문제가 발생했는데 어떻게 해야 하나요?'라는 것입니다. 많은 강사가 문제 상황에 대한 대비책을 알고 싶어 합니다. 이에 대한 제 답변은 '그런 상황이 발생하지 않도록 예방하는 게 좋습니다'입니다.

질문자를 놀리거나 비아냥거리는 게 아닙니다. 제 진심에서 나온 답입니다. 문제가 한 번 발생하면 상황을 회복시키거나 해결하기 쉽지 않기 때문입니다. 회복하는 기술을 배우는 데 시간과 노력을 투자하는 대신, 좋은 강의법의 기본을 배워 아예 그런 상황이 발생하지 않도록 하는 게 상책입니다.

그러려면 먼저 강의법의 기본을 알아야 합니다. 그런 후 상황과 조건에 맞는 실천 기법들을 선택하면 잘못될 확률을 낮출 수 있습니다. 부실한 기초 위에 아무리 화려한 기법을 갖춘들 한 번에 와르르 무너질 수 있습니다. 기본이 부실하면 백약이 무효입니다. 예방이 최고이며, 최고의 예방은 기본을 갖추는 것입니다.

기본이란 어느 강의 상황에서도 다 적용되는 내용이기에 언택트 시대가 오든 가든 상관없습니다. 오프라인 면대면이든 온라인 비대면이든 강의의 기본은 같습니다. 강의를 담는 플랫폼은 달라져도 강의를 풀어나가는 방식은 같기 때문입니다. 활용하는 도구는 달라져도 강사가 주도할 일은 여전히 같습니다. 기본을 먼저 제대로 구축한 후에 각 상황에 맞는 추가적인 사항을 배우는 것이 순서입니다.

세 가지 기본 갖추기

강의법의 기본이란 어떤 강의를 하더라도 모든 강사가 고려해야 하는 내용입니다. 저는 이를 크게 세 영역으로 나눕니다. 강의 준비, 강의 기술, 그리고 강의 기준입니다.

시중에 유통되는 강의법 매뉴얼은 대체로 두 번째에 해당하는 구체적인 강의 기술에 대한 안내입니다. 이 책에도 강의 기술들은 언급되지만, 매우 새롭고 명료하게 해석되어 여러분의 이해를 한층 도울 것입니다.

아쉽게도 강의 준비에 대한 매뉴얼은 거의 없습니다. 있더라도 매우 추상적이거나 얄팍한 수준입니다. 또한 특정 강의 주제를 염두에 둔 내용이어서 일반화하기 어렵습니다. 강의 내용을 알아야만 이에 대해 어떻게 준비하라고 조언해 줄 수 있기 때문에 그 내용을 다루는 집단 밖으로는 잘 전달되지 않습니다. 그래서 강사들은 대체로 각자 알아서 고독하게 강의를 준비합니다.

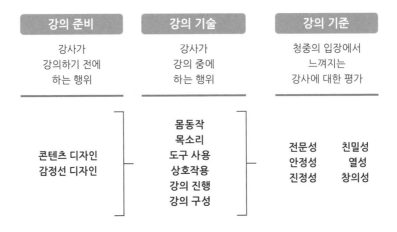

그림 1-2 강의법의 세 가지 기본 영역

물론 교육대학과 사범대학에서 교사 지망생들에게 강의안을 준비하는 방법을 가르치기는 합니다. 그러나 대체로 강의안이란 '어떤 내용을 얼마만큼 어떻게 전개해 나갈까'를 준비하는 것입니다. 강의 내용을 논리적으로 조리 있게 흐르도록 하는 고민은 콘텐츠 디자인입니다. 하지만 좋은 강사는 생각만이 아니라 감정도 전달합니다. 그래야 감동을 줄 수 있고, 동기부여를 할 수 있습니다.

생각의 흐름에도 기승전결과 플롯이 있듯이 감정의 흐름에도 굴곡이 있고 강약이 있습니다. 이를 다루는 것을 저는 '감정선 디자인'이라고 부릅니다. 콘텐츠와 감정선을 디자인해야 강의 준비가 잘 되었다고 말할 수 있습니다. 그래서 이 책에서는 감정선의 디자인에 대해서도 다룰 것입니다.

감정선 디자인은 바로 언택트 시대 강의법의 핵심이기도 합니다. 강사와 청중이 한 시공간에서 함께 숨을 쉴 때에는 '감'을 의식적으로 디자인하지 않더라도 어느 정도 본능적으로 자연스럽게 조율할 수 있습니다. 그러나 이러한 '감'이 차단되거나 교류가 원활하지 않을 때에는 의식적으로 개입하고 사전에 디자인해야 합니다. 이는 강의 준비가 어느 때보다 더 중요해진 이유입니다.

명강사, 누구나 될 수 있지만 아무나 되지 않는다

강의를 준비한다는 것은 '뭔가에 준해서 함'이라는 뜻을 내포하고 있습니다. 그 '준함'이 바로 '기준'입니다. 기준이 없다면 준비를 제대로 할 수 없습니다. 강의 준비를 위해 사전에 많은 노력을 했는데, 정확히 무엇을 어떻게 해야 할 것인지에 대한 생각이 없거나 부족하다면 좋은 결과를 얻기 어려울 것입니다.[*]

노력이 낭비되지 않게 하기 위해 강사는 기준을 가지고, 그 기준에 맞추어 콘텐츠와 감정선을 디자인해야 하며, 강의 효과를 극대화하기 위해 강의 현장에서 다양한 강의 기술을 활용해야 합니다.

기술은 중립적인 도구입니다. 날카로운 칼과 마찬가지입니다. 목적에 맞게 잘 쓰면 훌륭한 도구이지만, 잘못 쓰면 흉측한 무기가 됩니다. 강의 기술도 무엇을 위해 어떻게 사용하는가에 따라 판단이 달라집니다. 기준은 '생각과 틀'이며, '판단할 수 있는 잣대'입니다.

• 초보 강사의 준비는 낭비되기 십상이다.
　경력 강사는 기준을 가지고 준비한다.

저는 강의 기준에 대한 내용을 '매크로 강의법'이라고 부릅니다. 마이크로 강의법에 해당하는 몸동작, 목소리, 도구 사용 등 구체적인 기법에 대비하여 붙인 이름입니다. 이 책의 다음 부분에서는 이들 세 가지 영역을 차례대로 살펴볼 것입니다.

물론 기준과 기술은 완전히 분리된 것은 아니며, 서로 상호작용을 하기에 기준을 이야기할 때 상당 부분 기술에 대해서도 언급할 것입니다. 그래야 구체성을 가지게 됩니다.

강의의 시간적 차원은 강의 전과 강의 중, 강의 후로 구분했습니다. 청중 입장에서는 강의가 준비된 후 강의가 진행되고, 그로 인하여 어떤 결과가 나타나는 흐름이라고 할 수 있습니다. 강사의 입장에서는 가장 먼저 강의 기준을 인지하고, 이에 필요한 강의 기술을 확보하거나 본인이 지닌 강의 기술을 염두에 두고 강의를 준비해야 합니다. 따라서 이 책에서는 강의법의 세 가지 영역을 강사의 인지적 흐름 순으로 소개하려고 합니다.

이 책에 소개된 강의법을 다 통달해야 강사가 되는 것은 아닙니다. 강의하는 게 그렇게 어려운 일이었다면 강사라는 직업이 수천 년 동안 이어져 내려왔을 리 없겠지요. 배울 수 있는 강의법이 있으니, 명강사는 누구나 될 수 있습니다. 배운 강의법을 실천하면 됩니다.

'강의법에 정답이 없다'는 말은 끝이 없다는 말과 같습니다. 그러니 '끝장'을 볼 수도 없고, 꼭 봐야 하는 것도 아닙니다. 일단 시작해 보세요. 이것저것 시도해 보면서 경험을 쌓아가면 실력이 서서히 향상될 것입니다. 첫 2년을 실험 기간으로 여기고, 여러 스타일을 바꿔가면서 적용해 보기를 권합니다. 나쁜 습관은 굳어지기 전에 수정하는 게 좋습니다. 서서히 스케일이 커질 것입니다.

강의법과 교수법은 다르다

다음 장으로 넘어가기 전에 미리 구분해야 하는 단어가 있습니다. 바로 강의법과 교수법입니다. 이 둘은 다릅니다. 그래서 명교수가 명강사가 아닌 경우가 흔합니다. 대학에서 최고라고 소문난 교수가 어느 외부 강의 행사에 초청되었을 때 놀랍게도 실망스러운 강의를 하는 경우를 종종 봅니다. 왜 그럴까요?

이런 현상이 일어나는 가장 큰 원인은 '강의'와 '강사'라는 용어가 아무 때나 쓰이고 있기 때문입니다. 대학에서 하는 강의나 외부에서 하는 강의나 똑같이 '강의'라고 부르기 때문에 마치 같은 행위라고 착각하는 것입니다. 하지만 둘 사이에는 엄연히 차이가 있습니다. 그 차이를 인지하지 못하고 대학에서 학생에게 하는 식으로 외부 강의를 하게 되면 청중이 실망할 확률이 높습니다.

또한 강의와 유사한 강연, 연설, 수업, 발표도 별다른 구분 없이 섞어서 사용합니다. 사실 일반인이야 애써 구분할 필요가 없지만, 전문 강사라면 이들을 구분할 수 있어야 각 상황에 맞는 강의법을 배우고 활용하는 좋은 강사가 됩니다.

이 책은 주로 일회성 특강을 염두에 두었습니다. 초·중·고와 대학의 교수, 교사, 강사는 한 학기 내내 이어지는 수업을 합니다. 둘 사이에는 차이점도 있지만 공통점도 많습니다. 그래서 강의법은 모든 교수자에게 적용되며, 학교와 직장에서 하는 발표에도 강의법이 상당 부분 적용됩니다. 강의법, 교수법, 발표법 사이의 공통점과 차이점을 더 알고 싶은 독자는 '부록 1'을 보기 바랍니다.

2장

강의 기준

스타일은 바꾸고
스케일을 키워라

1

스타일과 스케일의
조화를 이루는 법

최고의 강의는 없어도 최고의 강사는 있습니다. 최고의 강사가 지닌 성실함, 전문성, 청중을 존중하고 배려하는 마음 등은 아마도 책임 있는 강사가 공통적으로 지녀야 하는 보편적 요소일 것입니다.

강의법에는 최고가 아니라 최적이 있을 뿐입니다. 그러니 명강사를 무조건 모방한다고 해서 명강사가 되지는 않습니다. 예를 들어 전문성과 진정성을 어떻게 표현할 것인지, 어떻게 확보할 것인지에 대한 정답은 없습니다. 수많은 방법이 있을 수 있습니다. 선택의 여지가 많고, 여기에 강사가 독자적으로 창의력을 가미할 수 있는 기회가 주어집니다. 그래서 강의 준비는 힘든 일이지만 저는 그 과정이 너무 재미있습니다.

자유롭게 선택할 수 있다고 해서 강사 맘대로, 멋대로 강의해서는 안 됩니다. 강의에 정답은 없지만 오답은 있습니다. 예를 들어 강사는 강의에 지각해서는 안 됩니다. 아무리 재미있어도 누군가에게 상처가 될 수 있는 농담을 해서도 안 됩니다.

이처럼 모든 강사에게 적용되는 명백한 오답이 있는 반면, 한 강사에게 좋은 강의법이 다른 강사에게는 독이 될 수 있는 모호한 경우도 있습니다. 심지어 어느 순간에는 좋았던 강의법이 다른 순간에는 역효과를 내기도 합니다. 강의에는 그만큼 변수가 많아서 일종의 모험이라고도 할 수 있습니다.

모험에 도전할 때 우리 몸에는 아드레날린과 도파민이 분비됩니다. 긍정심리학의 선구자인 미하이 칙센트미하이 교수는 이 상태를 가리켜 흥분되고 행복한 '몰입의 즐거움'이라고 했습니다. 그래서 정답 없는 일에 도전할 때는 힘들어도 행복한가 봅니다.

여섯 가지 강의 기준

이제 최고의 강사와 최적의 강의에서 볼 수 있는 핵심 요소를 살펴보겠습니다. 저는 강의의 기준을 청중의 입장에서 보고 느낄 수 있는 여섯 요소로 요약합니다. 배울 바가 많은 **전문성**, 현장을 안다는 **친밀성**, 신뢰를 주는 **안정성**, 감동을 주는 **열성**, 선한 영향력으로 누군가에게 기여하고자 하는 **진정성**, 재미를 주는 **창의성**입니다. 이 여섯 가지는 청중이 강의를 들으면서 의식적으로 분석하고 판단하는 이성적 요인이 아닙니다. 오히려 무의식적으로, 느낌으로 다가오는 감정적 요소에 가깝습니다.

이 여섯 요소는 여러 방식으로 분류될 수 있는데, 먼저 짝으로 구분해 보겠습니다. 전문성과 친밀성이 한 세트, 안전성과 열성이 한 세트, 진정성과 창의성이 한 세트입니다.

세트의 한 짝인 전문성, 안정성, 진정성은 반드시 있어야 하는 필수 요소입니다. 다른 짝인 친밀성, 열성, 창의성은 필수 요소를 보완해 주는 선택 요소입니다.

필수 요소와 선택 요소의 차이를 진정성-창의성 세트를 예로 들어 살펴보겠습니다. 강사가 진실해야 청중은 강사를 신뢰하고 메시지를 경청합니다. 하지만 강의 내내 진지하기만 하면 강의실 분위기가 무거워지고 엄숙해질 수 있습니다. 자칫 지루해질 수도 있다는 뜻입니다. 그래서 강의 중간중간에 창의성을 발휘해 밝고 가벼운 요소를 넣어 조화를 이루어야 합니다.

비유하자면, 진정성이 밥이라면 창의성은 반찬 혹은 양념이라고 할 수 있습니다. 배가 고플 때는 밥만 먹어도 고맙지만, 반찬이 있을 때 훨씬 더 맛있게 잘 넘어갑니다. 만약 배가 그다지 고프지 않다면 더욱더 맛깔난 양념이 빠져선 안 될 것입니다.

반면 창의성은 과하거나 적절하지 않다면 없느니보다 못합니다. 약간의 유머 있는 멘트는 가라앉은 강의실 분위기를 쇄신하는 차원에서 적절할 수 있습니다. 그러나 정도를 넘은 경우, 예를 들어 강사의 연애 이야기는 아무리 재밌더라도 코미디 혹은 개그에 불과할 뿐 '강의'라고 할 수는 없습니다. 청중은 이런 이야기를 쓸데없는 말, 시간 때우기 등으로 오해할 수 있습니다. 마치 양념이 아무리 맛있어도 너무 과하면 많이 먹을 수 없고 금방 물리는 것과 같습니다.

전문성, 안정성, 진정성은 모든 강사가 기본적으로 갖추어야 하고, 이를 보완하는 친밀성, 열성, 창의성은 각 강사가 자신의 특성과 개성과 재능을 반영하여 선택할 수 있습니다. 전자는 강사의 스케일을 보여주고,

그림 2-1 스타일과 스케일

후자는 강사의 스타일에 해당합니다.

스케일은 강사의 크기를 의미합니다. 스케일이 큰 강사에게는 존경하는 마음이 저절로 생깁니다. 높은 전문성에 압도되고, 큰 나무처럼 안정적인 모습에 기대고 의지하고 싶어지고, 깊은 진정성에 감복하게 됩니다.

큰 스케일의 강사는 여러 모습으로 나타납니다. 동네 할아버지같이 친근할 수도 있고, 차마 다가가기 어려운 존재로 느껴질 수도 있습니다. 차분하게 차근차근 강의하는 분부터 입과 눈에서 불을 뿜어내듯 열정적으로 강의하는 분도 있습니다. 검은 양복 차림에 넥타이를 반듯하게 맨 젠틀맨이 있는가 하면 청바지에 스웨터를 걸친 캐주얼 차림을 선호하는 멋쟁이도 있습니다. 강사의 개성과 취향이 반영된 스타일입니다. 같은 스케일이라도 다양한 스타일이 존재합니다.

마찬가지로 같은 스타일이라도 너무나 다른 스케일을 보여주기도 합니다. 예를 들어 대기업의 신제품 설명회에는 보통 정장 차림의 전문 MC가

나섭니다. 그런데 애플의 CEO는 직접 제품을 소개했습니다. 더 파격적인 것은 CEO인 스티브 잡스의 스타일이었습니다. 청바지에 까만 티셔츠 차림으로 나타난 그에게 사람들은 '과연 혁신의 아이콘 스티브 잡스'라고 칭송했습니다.

만일 지금 제가 그렇게 하면 아무리 같은 혁신을 외친들 그저 스티브 잡스의 아류가 될 뿐입니다. 같은 스타일이라고 해서 같은 스케일은 아니기 때문입니다.

스케일은 커야 하고 스타일은 적합해야 한다

스케일과 스타일은 복잡하게 연결되어 있습니다. 유능한 강사는 스케일이 크고 스타일은 적합합니다. 본인에게 적절하고, 강의 상황과 목표에 적합하다는 뜻입니다. 스케일과 스타일이 조화를 이룰 때 강의는 좋은 반응을 얻습니다.

훌륭한 강의를 하기 위해 강사는 조절할 수 있는 부분을 조절하되, 지켜야 하는 것은 고수해야 합니다. 청중과 상황에 맞게 스타일을 자유자재로 바꿀 수 있는 강사가 유능한 강사입니다. 또 강사가 스케일을 키우면 다양한 청중과 상황을 담아낼 수 있는 능력이 생깁니다. 그러니 스케일을 키우면 스타일을 지킬 수 있고, 스타일을 바꿀 수 있어야 스케일이 커집니다. 스타일은 바꾸고 스케일은 키워야 합니다.●

● 초보 강사는 고급 스타일을 고수한다.
경력 강사는 고급 스케일의 고수이다.

2

전문성
모든 방법을 총동원하여
신뢰를 얻어라

"아, 저 강사 전문성이 있네."

최소한 강사는 이 평가만큼은 들어야 합니다. 청중은 강사가 자신보다 더 많은 지식과 정보를 알고 있다고 여겨야 강사를 신뢰하고 강의에 귀를 기울일 테니까요. 그래서 저는 여섯 가지 기준 중 전문성을 가장 먼저 내세웁니다.

전문성에는 좀 야속한 면이 있습니다. 있더라도 잘 안 보일 수도 있고, 빈약한 전문성이 잘 포장되어 눈가림할 수도 있기 때문입니다. 학교에서 수업할 때는 한 학기를 보내면서 그것이 서서히 구분됩니다. 하지만 일회성 강의에는 그러한 시간적 여유가 없습니다. 그래서 강사는 전문성을 빨리 보여줘야 합니다.

전문성을 나타낼 수 있는 방법을 총동원하세요. 슬라이드를 사용한다면 첫 화면에 이력과 경력을 써 넣으세요. 내세울 만한 게 없다면 소속 기관의 위상이나 명성을 빌려도 됩니다. 그것마저 없다면 옷차림과 자세에서 강사의 면모가 돋보이도록 신경 쓰세요. 권위가 느껴지는 목소리나 말투도 도움이 됩니다.

청중이 강사의 인품과 인격까지는 느낄 수 없더라도 최소한 전문적인 첫인상을 느끼도록 노력해야 합니다.

전문성의 시작은 이력과 경력

어떤 청중은 강사의 이력과 경력을 이미 알아본 후 강사의 전문성을 높게 사서 강의를 들으러 옵니다. 강의의 주최자는 강사의 이력을 앞세워 전문성을 홍보하기도 합니다. 이력과 경력을 살피는 것 외에 강사의 전문성을 판단하는 별다른 방법이 없기 때문일 것입니다.

예를 들어 『정의란 무엇인가』의 마이클 샌델 교수의 강의가 유독 한국에서 폭발적인 인기를 끈 이유 역시 '하버드대학 교수'라는 이력이 한국에서는 전문성을 나타내는 '보증수표'이기 때문입니다. 물론 샌델 교수는 인기에 걸맞은 전문성도 있고, 하버드대학에서도 최고로 인정받는 학자입니다. 하지만 샌델 교수가 명문대 교수가 아니었다면 한국 청중의 반응은 달랐을지도 모릅니다.

이력과 경력을 내세우는 것을 못마땅하게 여기는 청중도 있습니다. 자기 자랑을 늘어놓는 강사를 겸손하지 못하다고 느끼는 것입니다. 하지만 강사는 그 위험부담을 기꺼이 감수해야 합니다. 청중에게 강사의 전문성에 대한 확신을 주는 게 더 중요합니다.

제가 이 책 앞머리에 제 자랑을 많이 했습니다. 제가 강의법에 관해서는 독보적임을 내세웠습니다. 만일 제가 겸손하기 위해 '저는 특출나게 강의를 잘하는 강사가 아닙니다'라고 했다면, 여러분이 이 책을 읽어야 할 이유가 있을까요? 그래서 저는 염치 불고하고 자랑을 했습니다.

그러나 한 줄 쓸 때마다 약간 머뭇거린 것도 사실입니다. 모두 팩트이긴 하지만 정도를 맞추기가 어려웠기 때문입니다. 혹시 과하지는 않았는지, 제 판단이 순간 흐려지지는 않았는지 조심스러웠기 때문입니다. 그래서 저는 제 가족과 출판사 편집팀에게 내용의 적절함에 대해 검토를 받습니다.

전문성은 옷차림에서도 반영된다

만약 제가 반바지 차림으로 강연장에 들어선다면 어떨까요? 전문성에 대한 기대가 무너지게 될 것입니다. 강사는 붉은색 재킷이나 백구두같이 튀는 옷차림을 피해야 합니다. 여성이라면 울긋불긋한 드레스나 무지개색으로 염색한 머리는 자제해야 합니다.

어떤 강사는 옷차림과 몸치장은 개인 스타일이므로 존중되어야 한다고 합니다. 맞습니다. 그러나 누구도 문상 갈 때 화려한 색의 옷과 귀금속으로 치장하지는 않습니다. 아무리 검정색을 좋아하더라도 돌잔치에 갈 때는 피합니다. 개인 스타일을 내려놓아야 할 때와 장소가 있습니다. 어떤 옷을 입는지는 개인의 스타일이지만, 옷차림 또한 강의 목표에 부합하도록 하는 것이 강사의 능력입니다.

반면 이미 스타 강사가 되었다면 개성 있는 옷차림이 또하나의 경쟁력이 될 수도 있습니다. 실제로 그런 일이 있었습니다. 예전에 어느 단체에서 혁신을 주제로 한 강의가 가능한지 문의를 받은 후에 실제로 강사로 선정된 사람을 보고 충격을 받은 적이 있었습니다. 비닐 시스루 바지를 입은 젊은 연예인이라니! 그때 저는 외국에서 오래 살아서 몰랐지만 혁신의 아이콘인 그 청년이 선택된 건 너무 당연하지요. 혁신적이기 때문에 속이 다 비치는 비닐 바지를 입을 엄두를 냈을 것이고, 또 그럴 수 있었기 때문에 혁신가라고 평가받았을 것입니다. 그에게 튀는 옷차림은 하버드대학에서 초대할 정도로 인정받는 강사의 경쟁력이었던 것입니다.

정제된 말하는 모습과 방식

전문가는 청산유수여야 할 필요는 없지만 말에 조목조목 앞뒤가 맞고 문장에 체계가 있습니다. 말을 함부로 하지 않고 단어 하나도 세심하게 선택합니다. 전문용어를 사용하되, 충분히 이해할 수 있도록 배려합니다. 말하는 모습과 말하는 방식이 정제되었습니다. 말에 논리와 조리가 있고, 정확한 어휘력으로 메시지가 명료합니다.

전문가는 '아' '음' '에' 등 아쉬운 말 습관이 없습니다. 습관적으로 '솔직히 말하자면……'으로 시작하는 말은 역으로 신뢰를 깎습니다. 청중은 이런 어투에 신경이 거슬릴 수 있습니다.

전문가는 저속어와 비속어, 유행어를 남발하여 인기몰이를 하지 않습니다. 은어도 자제하고, 반말이나 막말을 하지 않습니다. 한 번은 웃고 넘어갈 수 있어도 자꾸 들으면 불쾌해지고, 침범당하는 기분에 불편해지기 때문입니다. 전문가의 어투에는 안전한 거리가 확보됩니다.

그런데 제가 어투에 대해 말할 때면 좀 꺼림칙합니다. 제 발음이 좋지 않기 때문입니다. 제가 말하는 것만 들으면 '설마 저 사람이 강사야?' 할 정도로 발음이 어눌합니다. 그래도 저는 그것을 걱정하지는 않습니다. 명강사가 되는 데 발음 정도는 문제가 안 된다는 사실을 알기 때문입니다.

몇 년 전 KBS 아나운서실에서 저를 초대한 적이 있습니다. 강의법 강의를 해달라고 말입니다. 사회봉사 차원에서 아나운서들이 전국의 학교를 다니면서 '바른 말 고운 말' 강의를 하는데, 너무나 스트레스를 받고 힘들어한다는 것입니다. 학생 수백 명이 동원된 강당 또는 실내운동장에서 학생들이 좋아할 것 같지도 않은 '국어' 강의를 해야 하는 게 얼마나 힘들겠습니까?

저는 걱정했습니다. 아나운서라고 하면, 발음에서는 정확하고 깔끔하기로 단연 최고인 사람들 아닙니까? 그들 앞에서 제가 입을 여는 순간, 강사의 전문성에 대한 신뢰도는 바닥으로 떨어지지 않겠습니까?

특단의 조치가 필요한 순간이었습니다. 저는 사회자가 소개한 후 강단으로 나갔습니다. 그리고 아무 말 없이 첫 슬라이드를 스크린에 띄웠습니다.

"오늘은 역사적인 날입니다."

곧바로 반응이 나왔습니다.

"뭐지? 뭐지?"

아나운서들의 호기심이 자극되었습니다. 저는 계속 침묵하면서 다음 슬라이드를 넘겼습니다. 스크린에는 다음 문구가 영화의 엔딩 크레딧처럼 한 줄씩 서서히 올라왔습니다.

"발음이 가장 나쁜 강사가 발음이 가장 좋은 분들에게 강의를 하는 날이기 때문입니다."

아나운서들의 웃음이 터졌습니다.

만약 제가 제 발음이 나쁘다는 것을 억지로 숨기려고 했다면 그 강의는 크게 실패했을 것입니다. 그 대신 저는 제 약점을 먼저 밝히고 나갔습니다. '나한테 좋은 발음을 기대하지 마시오'라는 메시지를 처음부터 전달한 것입니다. 결과적으로 강의가 시작된 지 첫 20초 만에 아나운서들은 저를 강사로 받아들일 준비가 되었을 뿐 아니라 저에게 무언가 배울 수 있을 것이라는 기대감이 생겼습니다. 20초 만에 강사로서 전문성을 확보한 셈입니다.

군이 해명하자면, 제 발음이 안 좋은 이유는 나쁜 습관이 아니라 선천적인 문제라서 노력으로 해결되지 않습니다. 제 혀가 평균보다 상당히 짧아서 말의 첫음절이 온전히 발음되지 않는 것입니다. 청중이 강사가 말하는 첫음절을 못 알아듣는다면 얼마나 답답하겠습니까?

저는 이 문제를 해결하기 위해 말하기보다 보여주기에 투자했습니다. 예를 들어 저는 보통 강사보다 몸동작을 훨씬 많이, 그리고 크게 합니다. 그리고 파워포인트 슬라이드를 성심성의껏 준비합니다. 제 장점은 철저한 준비성과 끊임없이 노력하는 성실함입니다. 저는 제 단점을 장점으로 극복해 냈다고 자부합니다.

전문성은 이력, 학력, 옷차림, 어투 등으로 확보할 수 있지만, 어느 하나가 최우선이라거나 치명적이라고 할 수는 없습니다. 이 중 하나에 약점이 있다면 충분히 보완할 수 있는 다양한 장치와 기술이 있습니다. 여러분도 강사로서 단점이 있을 테지만, 장점으로 그 단점을 충분히 보완할 수 있습니다.●

● 초보 강사는 전문성으로 단점을 보완해야 한다.
　경력 강사는 단점마저 전문성으로 승화시킨다.

3

친밀성
청중의 심리를 배려하라

'이론은 빠삭한데 현장은 쥐뿔도 모르네.'

강사에 대한 이런 평가는 아주 흔합니다. 이럴 때 강사를 섭외한 쪽에서는 당황스럽습니다. 최고의 전문가를 초빙했는데 청중한테 호응을 얻지 못했으니까요.

분명히 강사의 이력과 경력을 보고 '전문가'를 섭외했는데 왜 이런 일이 발생할까요? 청중은 전문가 중에서도 자신들이 가려워하는 곳을 긁어주고 직면한 문제에 대한 해결책을 제시해 주는 강사를 좋아하기 때문입니다.

저는 강사가 강의 주제와 관련해 청중이 겪는 문제점이나 그들의 관심사에 대해 잘 알고 있음을 나타내는 정도를 '친밀성'이라고 부릅니다. 이는 개인적으로 가깝다는 '친근'의 개념이 아니라, 청중이 겪는 상황을 잘 알고 있다는 의미입니다. 청중과 견문이 일치함을, 청중에 대해 아는 척만 하는 게 아니라 실제로 세밀하게 알고 있다는 것을 강조하는 개념이지요. 또한 겉만 아는 게 아니라 상세하게 안다는 뜻이 담겨 있습니다.

경력보다 경험, 이력보다 매력

학력과 경력은 독서실에서 공부해서 얻을 수 있습니다. 반면 경험은 현장에 나가야만 얻어집니다. 실제 상황을 겪어보면 생생하게 살아 있는 경험담을 지니게 됩니다. 즉, 강의라는 스토리텔링에 담아낼 스토리가 준비됩니다.

이론은 이상일 뿐 현장에서는 허상이 되는 경우도 많습니다. 그래서 강사는 현장에서 청중의 입장이 되어본 적이 있어야만 청중과 공감대를 형성할 수 있습니다.●

학교와 독서실만 오가며 학력을 높게 쌓은 강사는 많습니다. 그래서 풍부한 경험으로 청중을 이롭게 하는 강사는 단연 돋보입니다.

좋은 사례가 있습니다. 저는 삼성이 운영하는 대학생 멘토단인 삼성드림클래스에서 수년간 강의를 했습니다. 학업이 힘든 중학생들을 대상으로 방과 후에 학습 지도 봉사를 하는 대학생들에게 멘토링 기술을 소개하는 강의였습니다. 강의 시작에 앞서 사회자가 저를 화려하게 소개합니

● 초보 강사는 경험을 과소평가하는 실수를 범한다.
경력 강사는 경험을 과대평가하지 않도록 조심한다.

다. 전 미시간공과대학 교수, 학생성공센터 센터장, 학습센터 센터장 등 멘토링과 관련된 저의 모든 이력을 읊어줍니다. 고마운 일이지요. 제 전문성을 확실히 밝혀주었으니까요. 그래서 저는 강단에 올라가서 한마디만 보탭니다.

"여러분은 학업을 힘겨워하는 중학생을 대상으로 멘토링을 하는 대학생들이지요? 그렇다면 저는 여러분의 선배입니다. 저도 그런 일을 많이 했으니까요. 7년 전 일입니다……"

그리고 제가 시설 아동들을 대상으로 6년간 멘토링을 한 사례를 들려줍니다. 이로써 청중과 유대감을 확실하게 확보하는 것입니다.

매력은 당기는 힘입니다. 서로 가까워지는 개념입니다. 매력은 생김새에 대한 평가가 아닙니다. 미남·미녀여야 매력이 있는 것은 아니라는 뜻입니다.

실제 연구 결과가 있습니다. 성형수술을 한 사람에 대해 수술 전후를 평가하게 했더니 수술 후의 얼굴이 더 잘생겼지만 매력에는 전혀 차이가 없다고 평가했다고 합니다. 매력은 외모가 아니기 때문입니다.

이런 연구도 있습니다. 사람들에게 똑같은 사람이 다른 표정을 짓고 있는 사진을 보여줬습니다. 그랬더니 인상을 찡그리고 있는 사진은 매력적이지 않다고, 미소를 짓는 사진은 매력적으로 느꼈습니다. 매력은 사람의 특성이 아니라 그 사람의 긍정적 정서 상태라는 사실입니다.

요약하자면, 오늘 강의 내용이 재밌고 유익할 것이라는 자신감과 청중을 존중하며 반갑게 대하는 강사의 긍정적 에너지가 청중에게 매력적으로 다가가는 것입니다.

옷차림 대신 알아차림

친밀성은 '청중에 대한 알아차림', 즉 청중이 무엇을 알고 싶어 하고 어떤 니즈가 있는지를 아는 것을 말합니다. 다시 말해 알아차림은 청중의 선호도에 대한 것입니다.

예를 들어 저는 공무원연수원 특강에 초대받았다고 하면, 사전에 청중의 남녀비율, 나이, 학력 수준, 경력 정보 등을 물어봅니다. 친밀성이란 청중 한 명 한 명을 개인적으로 안다는 것을 의미하는 것이 아니라 청중 전체에 대한 알아차림을 뜻합니다. 단, 그들을 한 특성으로 묶어버리는 선입견이나 고정관념에 사로잡히면 안 됩니다. 또 그들을 정형화하는 실수를 범해서도 안 됩니다.

더 중요한 알아차림은 청중과 강사 사이의 공통점입니다. 연결고리를 찾아내야 공감대를 형성하기 쉽기 때문입니다. 남의 사정은 그와 비슷한 처지에 있는 사람이 가장 잘 아는 법입니다. 청중은 동정받기를 원하지 않습니다. 공감해 주는 강사와 한마음을 이룹니다.

강의하는 곳에 대한 알아차림도 필요합니다. 그래서 저는 대형 강의실인지 조그만 강의실인지, 어떻게 좌석이 배치되어 있는지, 스크린 크기는 어느 정도인지, 스크린이 4:3 비율인지 16:9 비율인지도 알아봅니다. 강의장 사진을 인터넷에서 찾아보기도 하고, 강연장 정보를 섭외자에게 이메일로 받아서 확인하기도 합니다.

만일 강의가 여러 행사 중 하나라면 전체 일정을 알아봅니다. 제 강의 앞에 어떤 행사들이 있는지, 다른 강의가 있지는 않은지, 그렇다면 어떤 강사가 어떤 주제로 강의하는지도 살펴봅니다. 그래야 청중의 입장에서 생각할 수 있고 그에 맞춰서 준비할 수 있습니다. 중복되는 주제가 있다면 강의 내용을 수정해서 그 부분을 줄이거나 삭제합니다.

제 옷차림은 청중에 따라 달라집니다. 일반인을 대상으로 강의할 때는 정장 차림에 넥타이를 맵니다. 권위를 내세우기 위해서가 아니라, 예복을 갖춤으로써 상대방을 최대로 존중한다는 제 마음을 전달하기 위해서입니다.

그러나 제가 어떤 복장을 하든 별로 개의치 않을 청중이라면 제가 가장 편안해하는 하얀 셔츠에 노타이로 강의합니다. 그런 청중이 어떤 청중일까요? 사실 잘 모르지만, 그냥 '감'으로 판단합니다. 그래서 저는 제 '감'이 틀릴 가능성을 염두에 두고 강의 갈 때는 항상 재킷과 넥타이를 준비합니다. 강의장에 들어서는 순간 제 '감'이 맞았는지 틀렸는지를 알게 되기 때문에 틀렸다면 잠시 화장실에 들러 넥타이를 매고 재킷을 입으면 됩니다.*

친근한 어투로 청중에게 다가가기

전문성이 학문적 논리에 초점을 맞추는 것이라면, 친밀성은 청중의 심리를 배려하는 것입니다. 전문가는 논리적으로 조리 있게 강의를 진행해야 합니다. 하지만 한 시간 내내 그렇게 하면 청중은 지치게 됩니다. 그렇기 때문에 어떻게 청중에게 심리적으로 편안하게 다가갈 것인지도 고민해야 합니다. 청중이 강사의 설명을 들으면 명료함과 동시에 명쾌함을 느껴야 합니다.

● 초보 강사는 알아차림 없이 옷차림에 신경 쓴다.
　경력 강사는 옷차림마저 신경 써야 한다는 알아차림이 있다.

처음부터 끝까지 '다'나 '까'로 말을 맺기보다는 '요'를 중간중간 사용하면 부드럽습니다. '이해하기 바랍니다'는 확고하지만 '이해하기 바래요'는 여지를 남깁니다. '이해가 됐습니까?'는 무뚝뚝한 어투이고 '이해가 됐나요?'라고 하면 온화하고 친절한 어투입니다.

강사가 청중에게 반말을 하는 경우가 있습니다. 나이 든 강사가 어린 청중에게 하는 경우도 있고, 젊은 인기 강사가 소위 대중에게 하는 경우도 있습니다. 저는 둘 다 부적절하다고 생각합니다.

반말은 분명히 격식을 깨고 친근함을 줍니다. 시장에서 장사하는 사람이 손님을 끌기 위해 반말을 하기도 하지요. 그냥 식구처럼 허물없이 대한다고 말입니다. 대부분은 별 거부반응을 보이지 않을 것입니다. 후배가 선배에게 반말을 하면 형제처럼 둘 사이가 가까워졌다는 증거가 되기도 합니다. 그래서 강사가 대중에게 중간중간 반말을 섞으면 강사와 친해진 것같이 느껴진다는 것입니다.

하지만 저는 이런 방식을 지양합니다. 위험한 착시현상이기 때문입니다. 반말은 친근함을 줄 수도 있지만 경계선을 허물 수도 있습니다. 친하다 보면 조심하지 않게 될 확률이 높아집니다. 방심하는 바람에 순간적으로 두고두고 후회할 말을 하게 될 수 있습니다.

저는 그런 불상사를 확실하게 예방하기 위해 어린 청중에게도 깍듯하게 존칭어를 사용합니다. 친밀감은 반말이 아니라 다른 방식으로도 충분히 만들어낼 수 있기 때문입니다.

더불어 저는 존칭어에 대한 한국의 전통과 문화를 소중하게 여깁니다. 아무리 직책이나 학력이 높아도 본인보다 나이가 많은 사람에게는 존칭어를 사용하는 게 기본입니다.

그래서 저는 저보다 어린 사람을 개별적으로 만날 때는 가끔 반말을 하기도 하지만 다수가 모여 있다면 무조건 존칭어를 사용합니다. 그들의 나이를 다 합치면 제 나이보다 훨씬 많을 테니까요. 그러니 강사는 다수가 모인 대중을 대상으로 말할 때는 항상 존칭어를 사용해야 합니다. 존칭어 사용은 청중을 존중하는 마음을 한시도 잊지 않게 하는 방법입니다.•

덧붙이자면, 불특정 다수가 참석하는 강연회도 있지만 회사 또는 학교에서 개최하는 강의처럼 서로 아는 청중이 모이는 경우도 있습니다. 그 경우 강사는 확실히 외부인이자 초대받은 손님입니다.

그러나 일단 강의가 시작되면 강사가 주인이 되고 청중이 강사의 손님이 됩니다. 내 집을 찾아준 손님을 맞이하러 현관까지 나가서 반갑게 인사하듯, 저는 청중에게 다가가서 청중을 맞이합니다. 눈을 마주치고 밝은 표정으로 환영합니다. 그게 강사로서 강의에 대한 주인의식을 갖는 최고의 방법입니다.

• 초보 강사는 청중에게 친구 대하듯 다가간다.
　경력 강사는 청중이 친해지고 싶어 다가오게 한다.

4

전문성과 친밀성의 조화
명강사는 멘토다

전문성과 친밀성은 한 세트의 짝입니다. 이 둘은 서로 상반된 특성을 지녔습니다. 전문성은 위로 올라가는 특성을, 친밀성은 아래로 내려가는 특성이 있습니다. 이 둘이 짝이라는 것은 전문성과 친밀성이 서로 조화를 이루어야 한다는 의미입니다.

전문성이란 강사의 지적 권위를 내세움으로써 강사가 최소한 강의 주제와 관련된 지식과 정보에 관해 청중보다 '우월함'을 알리는 것을 의미합니다. 이에 반해 친밀성이란 강사가 자신을 낮추는 방식으로 확보할 수 있습니다. '당신이 경험한 것과 내가 경험한 것은 유사하다' '우리는 동격이며 동일하다'는 메시지를 보내는 것입니다. 그래야 청중과 눈높이를 맞추고 청중과의 관계를 조율할 수 있습니다.

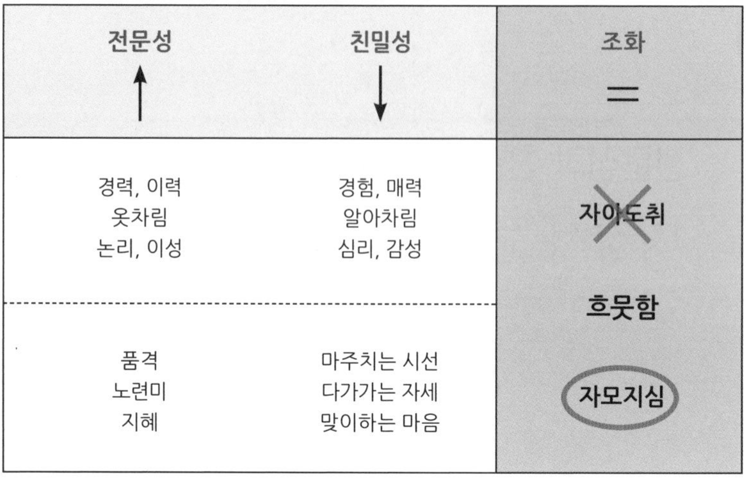

전문성	친밀성	조화
↑	↓	=
경력, 이력 옷차림 논리, 이성	경험, 매력 알아차림 심리, 감성	✗ 자아도취 흐뭇함
품격 노련미 지혜	마주치는 시선 다가가는 자세 맞이하는 마음	(자모지심)

그림 2-2 강사의 전문성과 친밀성

　조율하는 예를 들어보겠습니다. 저는 정장이라는 옷차림으로 청중과 심리적 거리를 유지합니다. 친근한 어투로 청중과의 거리를 좁힙니다. 옷차림이 주는 시각적 요소와 어투가 주는 청각적 요소를 잘 활용하여 저와 청중 사이에 적당히 편하고 안전한 거리를 유지합니다. 비언어적으로 거리를 유지하기 때문에 언어가 부드러울 수 있는 여지가 생깁니다. 그 반대 조합인 친구 같은 옷차림에 딱딱하고 권위적인 어투는 상상조차 하기 싫습니다.

　다행히 저는 석좌교수라는 호칭 때문에 청중이 저를 높게 봅니다. 그래서 저는 청소년에게도 깍듯한 존칭어로 상대를 높여줍니다. 그래서 둘 사이에 동등함이 느껴지도록 유도합니다. 반대로 연륜이 없어 보이는 강사가 반말로 청중을 압도하려고 하는 경우는 정말 보기 거북합니다.

강사와 청중이 서로 동등해지는 길은 두 가지가 있습니다. 서로 하대하면서 함께 아래로 내려가는 길과, 서로 존중해 주면서 함께 위로 올라가는 길이 그것입니다. 저는 후자를 선택합니다.

쉬운 길은 아닙니다. 위로 가기는 힘들고, 아래로 내려가는 것이 편해 보입니다. 그러나 일단 위에 올라가면 편하기는 아래와 매한가지입니다. 위는 더 큰 세상을 만나게 합니다. 강사는 청중을 위로 이끌어주는 안내자가 되어야 합니다.

지식과 청중을 연결해 주는 촉매자

전문성이 강사와 강의 내용 사이의 연관성을 강조한다면, 친밀성은 강사와 청중 사이의 연관성을 찾는 행위입니다. 강사는 내용과도 연결돼 있어야 하고 청중과도 연결되어야 합니다. 청중은 강사를 통해 새로운 내용을 소개받습니다. 강의가 끝난 후 청중 스스로가 '더 알고 싶다'는 반응이 나온다면 좋은 강의였다고 할 수 있습니다.

강의는 중매와도 같습니다. 중매쟁이는 남녀 양쪽을 소개시켜 주고, 자신은 빠집니다. 좋은 만남이었다면 남녀는 스스로 만남을 이어갈 것입니다. 강사도 지식과 청중을 서로 만나게 해줍니다. 만약 강의가 좋았다면 청중은 더 많은 내용을 스스로 찾아볼 것입니다.

중매쟁이 비유가 마음에 들지 않는다면 '촉매자'라고 해도 좋습니다. 촉매제는 화학반응에 관여해서 두 물질을 연결시키되, 촉매제 자체는 두 물질의 일부가 되지 않습니다. 강사는 지식과 청중을 연결시키되, 본인이 오래 개입하지는 않습니다. 강사는 연예인과 달리 청중과 애착관계를 맺지 않고 청중의 삶을 향상시켜 주는 촉매자입니다.

지식이 넘쳐나는 언택트 시대에 청중은 필요한 지식을 강사를 통하지 않더라도 쉽게 접할 수 있습니다. 따라서 이제 강사는 지식을 전달하기보다는 청중과 지식 사이를 연결시키는 역할에 집중해야 합니다. '지식 중간 도매상'의 역할에서 벗어나 '지(知)연 컨설턴트'로 변신해야 합니다.

전문성과 친밀성

촉매자나 지연 컨설턴트라는 어감이 싫다면 조금 거창하지만 멘토라고 해보겠습니다. 전문성만 내세우면 지식 중간 도매상에 그칠 것이고, 친밀성만 내세우면 수다쟁이가 될 수 있습니다. 둘 다 좋은 강사의 모습이 아닙니다. 멘토는 전문성과 친밀성의 조화가 이루어질 때 가능한 수준입니다. 전문성(이성)과 친밀성(감성)의 조화를 이룬 멘토가 청중에게 다가갈 때, 강의 메시지가 머리로만이 아니라 마음으로 받아들여집니다. 마음을 움직이는 명강사가 됩니다.

멘토는 경력으로도, 경험으로도 되지 않습니다. 지금까지 살아온 강사의 인생이 드러나는 품격의 개념이기 때문입니다. 인품과 인격은 언행으로 나타납니다. 멘토는 말로만 가르치는 것이 아니라 몸과 마음으로 가르치는 스승입니다. 강사(師)는 스승입니다.

어느 강연에서 "학교에서 방과 후 강사가 짧은 치마에 여러 개의 귀걸이를 주렁주렁 달고 손톱에 긴 인조손톱을 붙이고 아이들을 가르칩니

● 초보 강사는 지식 중간 도매상이나 중매자다.

경력 강사는 멘토이며 스승이다.

다. 괜찮은 걸까요?"라는 질문을 받았습니다. 제 답에 따라 저는 '꼰대'가 될 수도 있고, 개인의 인권을 침해한다는 공격을 받을 수도 있는 순간이었습니다.

저는 당당하게 대답했습니다. 그런 스타일은 잘못됐다고 말입니다.

만약 학교에서 학생들에게 미니스커트와 여러 개의 귀걸이, 손톱 매니큐어가 허락된다면 강사가 그렇게 하는 것은 아무 문제가 되지 않습니다. 그런데 학생들은 못 하게 하면서 강사는 한다면, 좋은 모델링이 되지 않습니다. 강사가 강의실 밖에서 어떤 스타일을 선호하는지는 참견하지 않아도 됩니다. 하지만 강의실 내에서 강사는 스승으로서 존재한다는 점을 명심해야 합니다.

'천과인강' 시대에 환영받는 멘토

언택트 시대는 '인강(인터넷 강의)'이 대세입니다. 주제는 이루 말할 수 없이 다양합니다. 백 가지 과목이 아니라 천 가지 과목에 대해, 1분짜리부터 1시간짜리 인강이 넘쳐납니다. 한때 학습자의 곁에 자리잡았던 '백과사전'은 이제 박물관 아이템이 되어버렸고, 그 자리를 '천과인강'이 대체한 셈입니다.

대박을 터트린 수많은 인강 중 넥타이를 매는 방법과 면도하는 방법을 알려주는 강의가 있습니다. 전문 기술도 아니고, 찾아보기 어려운 정보도 아닙니다. 강사가 미남이거나 특별한 말재주가 있는 것도 아닙니다. 그런데도 수많은 청년들이 그 강의에 푹 빠졌습니다.

이유는 간단합니다. 모두가 바쁘게 사는 시대에 청년들은 그 간단한 넥타이 매는 방법과 면도하는 방법을 아버지나 삼촌한테서 배운 적이 없습니다. 물론 누구에게 배우지 않아도 누구나 쉽게 혼자 터득할 수 있는 기술입니다. 하지만 사람은 사람에게서 그 지식을 전해 받기를 원하는 것입니다. 지식이 아니라 지혜가 필요한 부분이라는 뜻입니다.

인간은 본질적으로 관계 속에서 살아가는 존재입니다. 그래서 꼭 현실 공간에서 면대면이 아니더라도, 비록 온라인이라는 가상공간을 통해서라도 '사람에게서' 정보와 지식을 건네받고 싶어 합니다. 즉, 멘토가 필요한 시대인 것입니다. 비록 인강이더라도 인간다움이 존재하는 강의를 선호하는 이유입니다.

인간다움이란 지성과 감성이 조화를 이룬 상태입니다. 전문성과 친밀성이 조화를 이룬 강사는 언택트 시대에도 환영받습니다. 천과인강 시대에는 멘토가 명강사입니다.

자아도취와 자모지심

전문성과 친밀성을 지닌 멘토 강사는 강의가 끝난 후 엄청난 흐뭇함을 느끼게 됩니다. 그런데 이 흐뭇함에는 두 종류가 있습니다. 위험한 흐뭇함과 안전한 흐뭇함입니다.

위험한 흐뭇함은 자아도취입니다. '오늘 내 강의 끝내줬어. 내 한마디 한마디에 사람들이 다 주목했어' '아, 오늘 내가 청중들을 갖고 놀았어' 이런 흐뭇함은 자기가 의도한 대로 강의가 잘 풀렸다는, 자기 자신에 대한 만족감입니다. 경계해야 하는 흐뭇함입니다.

좋은 흐뭇함은 자모지심(慈母之心)입니다. 즉, 엄마가 아기에게 젖을 물릴 때 느끼는 흐뭇함입니다. 그 과정은 아프지만 아기가 필요한 것을 힘껏 빨아들일 때 엄마가 엄청난 흐뭇함을 느끼듯, 강사도 힘들게 강의하지만 청중이 필요한 내용을 힘껏 받아들일 때 정말 흐뭇합니다. 자신의 니즈가 아니라 타인의 니즈가 충족되었음에 대한 만족감입니다. 환영해야 하는 마음입니다.

자아도취는 남은 안중에도 없고 오로지 자신에게 흠뻑 빠진 흐뭇함인 반면, 자모지심은 관계 속에서 이롭게 기여함으로써 맛볼 수 있는 흐뭇함입니다. 차원이 다른 흐뭇함입니다.

5

안정성과 열성
설렘을 잃지 마라

지금까지 매크로 강의법의 첫 세트인 전문성과 친밀성에 대해 살펴보았습니다. 이 둘은 서로 상반된 특성을 지녔으며, 서로 조화를 이루어야 위력을 발휘합니다. 다음 두 세트, 즉 안정성과 열성, 진정성과 창의성은 똑같은 구조를 지녔으므로 각각 묶어서 설명하겠습니다.

두 번째 세트는 안정성과 열성이라는 짝입니다. 안정성은 강사 스스로 감정을 얼마나 잘 조절하는가에 대한 척도입니다. 강사가 불안정하면 청중은 불편함을 느끼고 강의를 듣는 것이 거북하게 됩니다. 강사가 편안해야 청중이 끝까지 함께할 수 있습니다.

안정성을 확보하기 위하여

안정성은 주로 목소리 톤의 높낮이, 말의 속도와 몸동작에서 나타납니다. 안정성이 없는 강사의 특징은 다음과 같습니다.

- **목소리 톤:** 감정이 붕 떠 있거나 스트레스를 받으면 목소리 톤이 저절로 높아집니다. 일시적으로 높은 톤은 강조가 필요할 때 도움이 되지만 지속되면 신경을 자극합니다.

- **말의 속도:** 평소에 말을 차분히 하던 사람도 시간에 쫓기거나 마음이 급하면 여유가 사라지면서 말 속도가 빨라집니다. 그러면 듣는 사람의 마음도 다급해집니다.

- **몸동작:** 스트레스를 받거나 불편할 때 우리는 손과 다리를 떠는 등 불필요한 몸동작을 하게 됩니다. 얼굴 근육이 바르르 떨리기도 하고, 눈을 깜빡거리거나 손가락을 꼼지락거리기도 하며, 머리카락을 계속해서 옆으로 넘기거나 무의미한 손짓을 하기도 합니다. 이런 불안한 행동이 지속되면 청중도 따라서 불안해집니다.

스트레스를 받으면 미세하고 반복적인 행동을 하는 것은 자율신경계의 교감신경이 작동하기 때문입니다. 그래서 강사는 자신이 불안해 보이는 행동을 하는지 잘 의식하지 못합니다. 때문에 평소에 스트레스를 관리하여 평정심을 유지하는 연습을 해야 합니다.

심호흡만으로 마음을 안정시킬 수 있습니다. 날숨은 부교감신경계를 작동시키면서 몸을 이완시켜 줍니다. 특히 강단에 올라가기 전에 심호흡을 몇 차례 해보세요. 서너 번만 해도 크게 도움이 됩니다.

또한 강의 전이나 혹은 도중에라도 천천히 걷는 것이 도움이 됩니다. 커피를 많이 마신 상태라면 강단에 올라가기 전에 물도 충분히 마시는 게 좋습니다.

평소에 운동하고, 마음을 편하게 만드는 기술을 연마하세요. 여가, 명상, 마음 챙김, 기도 등 마음에 드는 방식으로 꾸준히 하시길 권합니다. 돌부처처럼 스트레스에 꿈쩍도 하지 않는 능력자가 되라는 게 아닙니다. 스트레스를 받더라도 재빨리 평온함을 되찾을 수 있는 회복탄력성과 정서적 유연성을 갖추어야 한다는 뜻입니다.

청중이 가장 원하는 모습, 열성

그런데 강사가 너무 안정되면 어떤 일이 벌어질까요? 청중들이 편안한 나머지 졸게 됩니다. 그래서 안정성은 열성과 조화를 이루어야 합니다. 강사는 열성을 통해 청중에게 정서적 에너지를 공급해 주어야 합니다. 강사가 열성을 보여야 청중이 강의에 집중할 수 있습니다.

오랜 시간 동안 진행되는 강의라면 청중이 지치지 않고 끝까지 잘 들을 수 있도록 도와주는 요소가 바로 강사의 열성입니다. 강사는 청중에게 영향을 주는 존재가 되어야 합니다. 청중이 강사에게 가장 원하는 모습은 열성입니다.

앞에서 안정성을 확보하기 위해 음(톤)을 내리라고 했습니다. 그러면 열성을 보이기 위해서는 음을 높여야 하는 것일까요? 아닙니다. 올라가야 하는 것은 음이 아니라 힘입니다. 말에 힘이 있어야 합니다. 에너지가 넘쳐난다는 의미가 아니라 정성이 깃들어 있다는 뜻입니다.

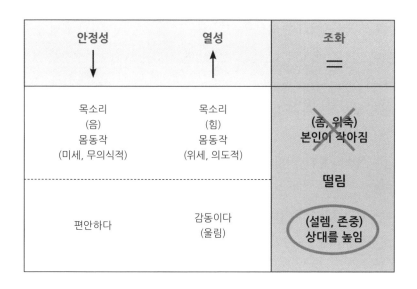

안정성 ↓	열성 ↑	조화 =
목소리 (음) 몸동작 (미세, 무의식적)	목소리 (힘) 몸동작 (위세, 의도적)	~~(좀, 위축) 본인이 작아짐~~ 떨림
편안하다	감동이다 (울림)	(설렘, 존중) 상대를 높임

그림 2-3 안정성과 열성

정성은 '온갖 힘을 다하려는 참되고 성실한 마음'입니다. 목소리가 클 필요가 전혀 없습니다. 조용히 이야기하더라도 말 한마디 한마디에는 높낮이와 장단이 있습니다. 그래서 듣기 지루하지 않습니다. 말 뒷부분을 흐리면 힘이 빠집니다. 처음부터 끝까지 에너지를 유지하는 게 중요합니다.

만약 강사가 강의에 대해 열의가 없는 것처럼 느껴진다면 청중이 그 강의를 열성적으로 듣기를 기대할 수 없습니다. 기운 없이 진행되는 강의는 청중을 피곤하게 합니다.

안정성은 무의식적인 미세한 행동과 관련된 반면, 열성은 의도적으로 하는 위세(威勢)한 행동으로 나타납니다. 모두가 다 볼 수 있도록 '확실하게' 움직이는 것입니다. 의도적으로 하는 큰 행동들은 강사의 표현 능력입니다. 자신감이 있어야 나오는 행동이며, 자신감은 준비를 철저히 했을 때 나옵니다.

열의 있는 강사의 특징을 구체적으로 살펴보면 다음과 같습니다.

- **목소리 톤**: 목소리에 힘이 있고 호소력을 담아냅니다.

- **말의 속도**: 단조롭지 않고 말 내용에 적합하게 변화하면서 박진감이 있습니다.

- **몸동작**: 의도적인 제스처가 동반되어 말하는 내용을 보완하거나 부각시킵니다.

열의 있는 강사의 몸동작에는 생동감이 있고, 목소리는 분명하고, 강의는 팽팽하게 진행되고, 메시지는 확실하고, 말 한마디에 자신감이 서려 있습니다. 열의 있는 강의는 시간 가는 줄 모르고, 끝날 때는 오히려 아쉬운 마음까지 듭니다. 자신의 강의 모습을 보면서 청중 입장에서 열의가 느껴지는지 관찰해 보세요.

열성은 커피에 들어 있는 카페인이 주는 에너지가 아닙니다. 보약이나 특식의 힘도 아닙니다. 순간의 힘이 아니라 건강할 때 나오는 저력입니다. 꾸준히 운동해서 건강을 유지해야 하는 이유이기도 합니다. 몸뿐만 아니라 마음도 정신도 건강해야 합니다. 강사 자신이 아니라 강의 내용을 돋보이게 하는 것이 건강한 정신입니다. 강사는 이로운 스승임을 항상 기억하세요.

'쫄'이 아니라 '설렘'

열성은 편안함을 주는 안정성에 대칭되는 개념이지만, 그렇다고 해서 청중에게 불편함을 준다는 의미는 아닙니다. 안전성과 열성은 둘 다 떨림과 관련된 개념입니다. 떨림에는 두 종류가 있습니다.

혹시 여러분은 많은 사람 앞에서 말을 하려고 하면 떠십니까? 그렇다면 저와 같은 정상적인 사람이라는 뜻입니다.

미국 정신건강센터 연구에 의하면, 사람들의 74퍼센트가 '발표 불안증'을 경험한다고 합니다. 남 앞에서 말을 한다는 것은 상당한 스트레스를 유발합니다. 이때 신경계가 각성되기 때문에 근육이 긴장하고 경련을 일으킬 수도 있습니다. 소위 '싸우거나 도망가기 위해' 근육을 준비시키고, 주의를 집중하기 위한 태세에 돌입하는 것입니다.

저는 이 떨림이 좀 심했습니다. 학창 시절에는 수업 시간에 손을 들지 못했습니다. 질문이나 대답을 하려고 손을 들려고 하는 순간, 심장이 터질 것 같고 숨이 막혔습니다. 근육이 뭉치고 속이 울렁거리고 메슥거리고 현기증이 일어나서 거의 토할 지경이 되었습니다. 사실 이건 다 아드레날린과 코티솔이 분비되는 정상적인 스트레스 반응입니다. 다행히 지금은 이 정도는 아니지만, 여러 사람 앞에서 말을 하려고 하면 여전히 떨립니다.

강의를 처음 할 때는 대부분 다 떱니다. 강사 혼자서 백 명, 천 명의 청중들을 상대해야 하는 상황인데 작아지는 게 당연합니다. 한마디로 '쫄아서' 떠는 것입니다. 떨림 자체는 자연스러운 것이지만, 몸이 원하는 대로 움직여주지 않고 제멋대로 움직인다는 게 문제입니다. 팔다리가 떨리고, 목소리 톤이 올라가고, 얼굴이 씰룩거리고, 손가락을 꼼지락거립니다. 안정성과는 완전히 동떨어진 모습과 행동이 뒤따릅니다.

그런데 경험이 차곡차곡 쌓이면 상황이 더 이상 새롭지 않습니다. 그러면 떨림이 사라질까요? 당연히 사라집니다. 강의를 수십 번 하다 보면 능숙해져서 노련미도 쌓이고 웬만한 변수에는 대처할 수 있는 자신감이 넘칩니다. 청중이 백 명이든 천 명이든 어차피 한 무리일 뿐, 만만해 보입니다. 그런데 만약에 그런 상황이 왔다면요? 조금 쉬어야 할 때가 된 것입니다.

강사가 떨림을 잃는 순간, 좋지 않은 일들이 벌어지기 시작합니다. 실수하게 됩니다. 긴장감이 사라졌다는 것은 실수할 수 있는 상태가 되었음을 의미합니다. 그래서 떨림은 사라지면 안 됩니다.

단, 떨림의 종류가 달라져야 합니다. 긴장해서 떨리는 게 아니라 설레서 떨려야 합니다. 어릴 때 소풍 가기 전날 느꼈던 설렘, 마음에 드는 이성과 데이트하러 가기 전에 느꼈던 설렘을 기억해 보세요. 설렘은 좋은 일이 벌어질 것이라는 흥분된 기대감입니다.●

좋은 사람을 만날 것이라는 기대 없이 억지로 등 떠밀려서 나가는 만남에는 설렘이 없을 것입니다. 상대방에 대한 존중도 없습니다. 강사가 청중과의 만남에 더 이상 설렘이 느껴지지 않는다면 결국 청중에 대한 존중심이 사라졌다는 의미입니다. 그래서 설렘을 잃으면 안 된다는 것입니다.

설렘을 지키는 방법이 있습니다. 저는 같은 강의를 백 번 하더라도 매 강의에서 청중은 다들 처음 만나는 사람들임을 알아차립니다. 오늘 강

● 초보 강사는 졸아서 떱니다.
　경력 강사는 설레서 떱니다.

의에는 누가 올까? 어떤 마음으로 올까? 어떤 질문을 할까? 처음 만나는 대상에게는 설렘을 느낄 수 있습니다.

그래서 저는 강의 대신 청중에 초점을 맞춥니다. 강의 내용은 같더라도 청중이 다르면 다른 강의인 것입니다. 그래서 매 강의가 새로운 경험이고, 긴장되는 기분이 듭니다.

설렘은 떨림입니다. 그 떨림이 청중에게 전달되어 청중의 마음에 울리는 것입니다. 강사와 청중이 공명을 이루면 감동이 생겨납니다.•

가끔 강사가 그 울림을 인위적으로 만들어내기 위해 실제로 울면서 강의하는 경우도 있습니다. 그러나 그건 열정이 아니라 열광입니다. 자신의 감정에 빠진 것입니다. 열광은 청중을 구경꾼으로 전락시킵니다. 이와 반대로 열정적인 강의는 박진감이 있고, 강사의 진지한 태도가 청중에게 전염되어 강사와 함께 '지적(知的) 한마당'을 이루게 됩니다.

강사가 슬픈 이야기를 하면서 눈물을 흘리면 청중이 따라 울기도 합니다. 동정의 눈물일 수도 있고, 동감의 눈물일 수도 있습니다. 그러나 그건 순간의 감정일 뿐입니다. 강의가 끝나면 언제 울었냐는 듯 아무 느낌이 없습니다. 명강사는 청중에게 눈물이나 흥분이 아니라 감동을 선물합니다. 감동이 있는 강의는 여운이 길게 남습니다.

• 초보 강사는 청중에게 잘 보이려고 하기에 좁니다.
  경력 강사는 청중과 잘 만나려고 하기에 설렙니다.

6

진정성과 창의성
어른십 있는 강의를 하라

이제 마지막 세트인 진정성과 창의성에 대해 살펴보겠습니다. 전문성과 친밀성, 안정성과 열성은 위로 올라가는 요소와 아래로 내려가는 요소로 이루어진 짝입니다. 하지만 진정성과 창의성은 위아래로 움직이는 요소가 아닙니다.

진정성의 '진정'은 차분히 가라앉는다는 의미의 진정(鎭靜)이 아니라 참된 마음이라는 의미의 진정(眞情)입니다. 이와 대비되는 창의성 역시 꾸밈이라는 의미를 내포하지만 거짓을 의미하지는 않습니다. 그래서 저는 이 세 번째 세트를 위아래가 아니라 느낌표와 물음표의 조화로 여깁니다.

진정성은 강의에 불편하고 직면하기 두려운 부분이 있더라도 일단 강사를 믿고 따라가게 하는 힘입니다. 그 결과로 청중은 깨달음과 희망을 느끼게 됩니다. 그래서 진정성은 느낌표입니다.

창의성은 재미와 즐거움을 가져다줍니다. 청중들에게 많은 질문을 떠올리게 하고, 더 알고 싶은 호기심과 답을 찾고 싶은 궁금증을 유발합니다. 그런 의미에서 창의성은 물음표입니다.

문답에 깨달음이 있듯이 느낌표와 물음표는 단짝입니다. 진정성과 창의성은 무위와 꾸밈처럼 서로 상반되지만 조화를 이루는 한 쌍이라고 할 수 있습니다.

진정성과 느낌표

진정성은 세 가지로 확보할 수 있습니다. 바로 언행일치, 표리일체, 시종일관입니다. 즉, 말하는 것과 행동이 같아야 하고, 겉과 속이 같아야 하고, 시작과 끝이 같아야 합니다.

진정성이 있는 강사는 '이 사람은 그냥 언변 좋은 약장수가 아니라 말하는 바를 스스로 실천하는 사람'이라는 느낌을 줍니다. 말과 행동이 다르면 위선입니다. 겉으로는 훤한데 강의 도중 점점 어두운 면이 드러나거나, 강의를 시작할 때는 열정적인데 중간쯤 지나면 본인이 지쳐서 강의가 끝날 때쯤에는 시큰둥해진다면 강사와 강의에 대한 신뢰는 사라질 것입니다.

진정성은 무위(無爲)이며, 정서적으로 담담한 상태이며, 넓고 큰 기개인 호기(浩氣)가 강사한테 느껴집니다. 진정성의 결과는 감명이며, 청중의 입에서 '오늘 강의 정말 좋았어요!'라는 감탄사가 절로 나오게 합니다.

진정성은 청중을 존중하는 마음에서 비롯합니다. 먼저 '존중'의 반대어

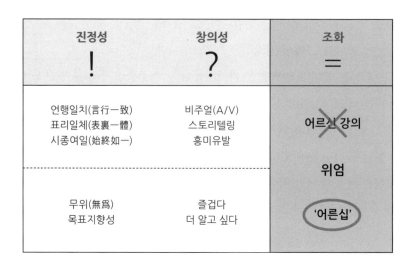

그림 2-4 진정성과 창의성의 조화

인 '무시'의 뜻을 살펴볼까요? 무시는 영어로 'ignore'로 '없는 존재처럼 취급하다'는 뜻입니다. 중국에서는 홀(忽) 또는 홀략(忽略), 홀시(忽視)라고 합니다. 그러니 무시는 상대의 존재가 없어서 내 눈에 안 보이는 게 아니라 상대의 존재가 내 앞에 엄연히 있고 내 눈에 보이기는 하지만 내 의식에 전혀 들어와 있지 않다는 뜻입니다.

그러니 무시당하는 입장에서는 얼마나 마음이 괴롭겠습니까? 처음에는 섭섭할 것이고, 슬프거나 화가 날지도 모릅니다. 무시당하는 기간이 길어지면 결국 똑같이 상대방을 무시하게 됩니다. 서로가 서로에게 투명인간이 돼버리는 겁니다.

우리는 상대방이 무시당하는 기분이 들지 않도록 조심하고 또 조심해야 합니다. 보다 적극적인 방법으로, 상대방을 존중해야 합니다.

국어사전에서는 존중을 '높이어 귀중하게 대함'이라고 풀이합니다. 그러나 이는 높을 존(尊), 귀중할 중(重)이라는 한자 풀이에 불과한 뜻풀이입니다. 영어로는 흔히 'respect'라고 하지만, 이는 존경이라는 개념도 포함되어서 약간 애매합니다.

그래서 저는 존중을 '존중(存重)'이라고 표현하고 싶습니다. 존재 자체를 소중히 여긴다는 뜻입니다. 상대방이 나보다 우월해서, 지위가 높거나 능력이 많아서가 아니라 나보다 못하고 미약하더라도 그 존재 자체가 숭고한 것이므로 소중히 여겨야 한다는 뜻입니다. 그런 뜻에서 존경은 가치 판단에 따른 행동이고, 존중은 무조건적인 태도에 가깝습니다. 강사는 청중을 존중해야 합니다.

미간으로 미소 짓기

앞서 친밀성과 매력의 연관성을 언급하면서 미소 짓는 얼굴이 매력적이라는 이야기를 했습니다. 사실 강사들은 미소를 머금고 강의하는 경우가 흔합니다. 한자리에 한 시간 이상 앉아 있는 것만도 힘든데, 상을 찡그리고 있는 강사를 내내 쳐다보는 건 상당히 고통스럽겠지요.

최소한 미소라도 지어서 그 고통을 덜어줄 수만 있다면 얼마나 좋겠습니까? 그런데 강사가 미소를 어떻게 짓느냐에 따라 고통이 심화될 수도 있다는 사실을 알고 계시나요?

미소에는 두 종류가 있습니다. 긍정적 감정에서 자연스럽게 나타나는 표정은 '뒤센 미소'입니다. 그리고 표정만 억지로 웃는 가짜 미소를 '팬암 미소'라고 합니다. 프랑스의 신경학자 기욤 뒤센이 발견한 뒤센 미소는 광대뼈와 눈꼬리 근육이 움직이는 '진짜 미소'입니다. 반면 팬암 미소는 항

공사인 팬암이 승무원들에게 고객 서비스 차원에서 미소를 훈련시킨 후로 이런 명칭이 붙었다고 합니다.

얼핏 보면 두 미소는 같아 보입니다. 둘 다 입꼬리와 눈꼬리가 약간 올라가니까요. 하지만 팬암 미소는 사실상 감정노동입니다. 전혀 기쁘지도 즐겁지도 반갑지도 않은데 그런 표정을 짓고 있어야 한다는 것은 그저 고통이기 때문입니다.

고통을 받는 사람이 자신을 보고 있는 사람에게 즐거움을 선물할 수는 없습니다. 그래서 강사가 가짜 미소를 지으면 어색하고, 오랜 시간 바라보기 불편합니다. 강사는 진정성이 있어야 합니다.

우리 한국에는 '미간 미소'가 있습니다. 입과 눈이 웃는 게 아니라 미간이 환히 퍼지는 것입니다. 입꼬리와 눈꼬리가 살짝 위로 당겨지는 게 아니라, 이마가 양옆으로 당겨지는 느낌이 듭니다. 마음이 편할 때, 그리고 상대방을 온 마음으로 환영하고 맞이할 때 미간이 미소를 짓게 되는 것은 당연합니다.

창의성과 물음표

이른바 이야기꾼이라고 하는 사람들이 있습니다. 이야기를 재미있게 하는 사람들입니다. 이야기에 주의를 집중하게 하고, 슬라이드를 화려하고 신기하게 꾸밉니다. 입담이 거침없고 재치와 위트가 있습니다. 많은 웃음을 줍니다. 이들은 대단한 창의력의 보유자입니다.

아무리 좋은 내용이라도 설명이 재미없고 지루하면 효과가 없습니다. 청중이 강의에 푹 빠져 시간 가는 줄 모를 정도로 즐거운 강의를 준비하기 위해 꼭 필요한 요소가 창의성입니다.

강사가 창의성을 발휘할 수 있는 영역은 많습니다. 강의법에는 정답이 없으며, 같은 주제와 내용이라도 강사마다 다르게 구성하고 표현할 수 있습니다. 무궁무진한 변이가 가능한 만큼 창의성을 발휘할 여지가 큽니다. 강의 콘텐츠 디자인 자체가 창의적인 과정입니다. 스토리에 반전과 유머를 넣을 때, 콘텐츠를 시청각 자료에 담아낼 때, 슬라이드를 꾸밀 때 창의력이 동원됩니다.

그러나 강사는 단순한 이야기꾼이 아닙니다. 강의는 그냥 재미를 위한 것이 아니기 때문입니다. 필요 이상의 재미는 오히려 본질에 주의를 집중하는 데 방해가 됩니다. 창의력도 강의 목표에 충실하고, 적당해야 합니다.

이야기꾼의 창의성은 즐거운 경험을 위한 것입니다. 강사는 학습의 즐거움을 위해 창의력을 발휘합니다. 청중은 강의 자체를 즐거워하기보다는 강의로 인하여 자신이 발전하는 결과에 기쁘고 즐거워합니다. 그래야 스스로 알고자 하는 호기심이 발동됩니다. 즐겁게 만들어주는 게 창의성입니다. 목표는 진정성이고, 그 방법은 창의성이라고 할 수 있습니다.

어르신과 어른십

어떤 분야의 최고 전문가가 하는 강의를 듣는데, 강사는 노련하고 강의는 세련되었습니다. 위엄도 느껴집니다. 그런데 마음이 동하지 않습니다. 이런 경우를 서구에서는 '통조림 강의(canned speech)'라고 부릅니다.

통조림 음식은 고급 음식이 아닙니다. 내용물을 오래 유지하기 위해 인위적인 가공 약품이 들어가 있고, 통조림 특유의 냄새도 나지요. 그 냄새를 덮고 다양한 소비자의 입맛에 맞추려다 보니 양념이 진합니다.

한두 번은 맛있게 먹어도 금방 질리고, 몸에 그리 좋지도 않아서 오래 먹지 못합니다. '통조림 강의'를 하는 강사도 오래가지 못합니다.°

저는 이런 강의를 '어르신 강의'라고 부릅니다. 이야기 레퍼토리가 다양하고 언변이 좋아서 강의는 재미있습니다. 하지만 내가 더 많이 안다는 거만한 태도를 보이고, '라떼는 말이야' 운운하면서 자기 이야기를 많이 합니다.

반면 진정성이 있는 강의를 저는 '어른십 강의'라고 부릅니다. 어른십은 '어른 리더십'이라는 뜻입니다. 좋은 강의는 똑같은 재료를 쓰더라도, 똑같은 과정을 거치더라도 그때그때 새롭게 만들어낸 요리 같아야 합니다. 그래야 신선하고 유익합니다.

얼마 전 전국 초·중·고 교장 선생님 만여 명을 대상으로 90분 강의를 한 적이 있습니다. 이백 명씩 나눠서 총 50회기의 강의를 6개월에 걸쳐 진행했습니다. 같은 강의를 매주 평균 두 번꼴로 한 셈입니다. 그야말로 통조림 강의가 될 수밖에 없는 상황이었습니다.

하지만 저는 매번 마치 처음 하는 강의처럼 신선함을 유지하려고 애썼습니다. 제가 택한 방법은 매 강의에 무조건 최소한 한 장의 슬라이드를 수정하는 것이었습니다. 같은 내용이라도 순서를 조금 바꾸어 구성해 보고, 조금 다른 사례를 포함시켜 보았습니다. 그것마저 안 되면 같은 슬라이드에 글씨 크기라도 바꿨습니다. 시간적 여유가 있으면 발표 내용 중 한 단락을 완전히 다른 내용으로 대체하기도 했습니다.

° 초보 강사는 청중을 즐겁게 해주려고 애쓴다.
  경력 강사는 어느덧 청중이 즐거워한다.

슬라이드 한 장을 바꾼들 무엇이 얼마나 달라지겠습니까. 당연히 내용은 하나도 달라지지 않습니다. 그러나 그렇게 할 때 제 마음도 초심과 달라지지 않습니다. 강의 내용이 교장 선생님에게 유익하고 이롭길 바라는 마음도 달라지지 않았습니다. 첫 번째 강의부터 50번째 강의가 끝날 때까지 시종일관 열정을 가지고 강의하게 되었습니다.•

청중은 강사를 평가하기 위해 강의장에 모이지 않습니다. 청중은 좋은 강사한테서 좋은 이야기를 듣고 싶어 합니다. 강사가 어른스러운 강사이길 바라면서 강의장에 들어옵니다. 강사는 이미 좋은 조건에서 강의를 시작하는 셈입니다. 반은 이미 성공했습니다. 나머지 반은 강사에게 달렸습니다.

• 초보 강사는 유익한 내용을 전해준다.
　경력 강사는 유익하게 살도록 도와준다.

7

정답은 없지만
오답은 있다

제가 강의법에 대한 강의를 할 때 가장 흔히 받는 질문은 '이럴 때 어떻게 하면 좋을까요?'라는 식의 질문입니다.

"교수님은 강의 때 많은 최신 정보와 딱 맞는 연구 결과를 인용하는데, 그런 자료를 어떻게 수집하나요?"

"저는 초보 강사인데, 강의 스크립트를 일일이 다 쓰는 게 좋은가요, 아니면 핵심만 간단히 적는 게 좋을까요?"

"강의 중에 동영상을 사용할 때는 어느 정도 길이가 적당할까요?"

명색이 명강사라고 하니 분명히 정답을 알고 있을 것이라고 기대하는 모양입니다. 이런 질문에 답하기가 가장 곤란합니다. 강의에는 정답이 없기 때문입니다.

그래서 제 답은 시시하게도 '경우에 따라서'라는 조건이 사족처럼 붙을 수밖에 없습니다. 명쾌한 해결책을 기대한 질문자가 실망할 것임을 뻔히 알면서도, 한 경우에만 해당하는 반쪽짜리 답변을 마치 정답인 것처럼 제시할 수는 없기 때문입니다. 상황에 따라 강의법은 수시로 달라져야 하기에, 매 상황이 다르고 여러 가지 변수가 있으므로 정답은 존재하지 않습니다.

하지만 오답은 있습니다. 이렇게 하면 안 된다는 것은 있다는 뜻입니다. 예를 들어 어떤 상황과 경우에도 청중을 얕잡아보거나, 청중의 니즈에 무관심하거나, 준비가 덜 된 강의를 하면 안 됩니다. 즉, 강사가 하지 말아야 할 것은 분명히 존재한다는 뜻입니다.

꼭 이래야 한다는 것은 없으므로 매 순간 판단이 요구됩니다. 정답을 알면 마음이 참 편할 텐데 말입니다. 판단할 필요 없이 그대로 적용하면 될 테니까요. 정답이 없을 때는 그것이 상황에 따라 적합한가, 적절한가, 적당한가, 정도껏인가를 판단해야 합니다. 정도를 한참 벗어나면 오답이 됩니다.

적당한가, 정도껏인가?

그 정도를 아는 길이 두 가지 있습니다. 하나는 많은 경험을 통하여 '감'을 지니는 방법입니다. 왜 그 정도가 되어야 하는지 설명하기는 어렵지만 확신이 듭니다. 이 알아차림은 지식이 아니라 상식입니다. 노련미이자 지혜입니다. 문제는 그 '감'을 지니게 될 때까지 많은 시행착오를 거쳐야 한다는 것입니다.

다른 하나는 판단 기준을 정식으로 배우는 방법입니다. 마치 판사가 배워서 익힌 법률이라는 잣대를 지니고 판단하는 것처럼, 강사도 강의법을 배워서 자신의 강의가 정도에서 벗어났는지 아닌지를 스스로 판단할 수 있는 생각의 틀을 지니는 것입니다.

예를 들어 몸동작은 매우 중요한 비구어적 소통 방식입니다. 때문에 강사는 자신의 손동작을 의식하고, 의도를 가지고 의미 있게 움직여야 합니다. 생각해 보면 마이크를 잡은 손은 할 일이 있지만 다른 손은 할 일이 없습니다. 그냥 몸 옆에 달려서 무의미한 행동을 반복하는 경우도 있습니다. 이는 보기에 좋지 않을뿐더러 메시지 전달에 방해가 될 수도 있습니다. 그렇다고 해서 그 손을 아예 움직이지 못하게 주머니에 넣어버리는 것도 좋아 보이지 않습니다.

그렇다면 몸을 움직이되 '너무 과하지' 않으려면 어느 정도가 좋을까요? 이 질문에 대한 답을 하기 위해서는 판단 기준이 필요합니다. 그 기준이 바로 '강의 기준'입니다.

예를 들어 청중은 기본적으로 안정성을 느껴야 하므로 강사의 몸동작은 정적이어야 하지만 필요한 시점에서는 강사의 열정을 느낄 수 있도록 동적이어야 하기도 합니다.

또한 제스처에서 전문가의 면모 또는 카리스마가 드러나면서 동시에 친밀감 있게 다가가는 모습도 보여준다면 강의를 경청하고픈 마음이 더 생길 것입니다.

즉, 몸동작의 적절성에 대한 기준은 안정성, 전문성, 열성과 친밀성 등입니다. 이러한 여러 효과를 조화롭게 이룰 수 있는 정도가 적합하다는 뜻입니다.

적합한가, 적절한가?

강의는 상황에 적합하고 적절해야 합니다. 어느 강사가 진지하게 강의를 하던 중 갑자기 애교 섞인 코맹맹이 목소리로 추임새를 넣었습니다. 나이도 지긋하고 경력도 많은 강사여서 청중은 뜻밖의 상황에 모두가 재미있게 웃었습니다. 그런데 10분쯤 후 강사가 또 같은 행동을 했습니다. 이번에도 다 함께 웃었습니다. 그러나 세 번째부터는 강사 혼자 웃었습니다. 청중은 질려버린 것입니다.

강사와 강의 기술이 서로 어긋나는 '미스매칭'은 처음에는 신선하지만 지속되면 불편합니다. 조화를 깨는 것은 신선함이고, 조화가 깨진 상태는 불편함이기 때문입니다.

아마도 그 강사는 다른 강사의 그런 기술이 좋아 보였을 수도 있습니다. 또는 가끔 그렇게 '깨는' 행동을 하는 것이 최고의 강의법이라고 배웠을 수도 있습니다. 문제는 강사가 청중이 더 이상 긍정적으로 반응하지

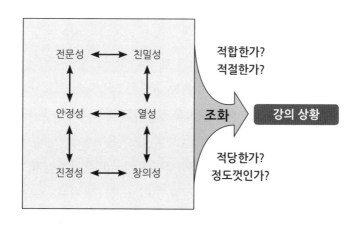

그림 2-5 강의 **목표와 강의 기준**

않고 있다는 사실을 알아차리지 못했다는 것입니다. 강사 스스로 좋아하고 그것을 확신한 나머지 청중의 시큰둥한 반응이 눈에 들어오지 않은 것입니다.

열성도 마찬가지입니다. 상황 혹은 강의 목적에 어울리지 않는 정도의 열정은 강사의 의도가 아무리 훌륭하더라도 청중에게는 열의가 아니라 열광으로 비춰질 수 있습니다.

강사 자신의 취향이 판단 기준이 되어서는 안 됩니다. 자신의 입장이 아니라 청중의 입장을 배려한 판단 기준이 적용되어야 합니다. 그래서 어떤 강의법을 채택하고 구사할 것인지를 판단하는 일은 매우 어려울 수 있습니다. 다시 강조하지만, 최고의 강사는 있어도 최고의 강의법은 없습니다. 그리고 최고의 강사는 상황에 따라 최적의 강의법을 선택하고 그것을 적절하게 구사하는 강사입니다.

최고의 강의법 vs 최적의 강의법

만약 최고의 강의법이 존재한다면 그것을 배워서 실천하면 될 것입니다. 하지만 아쉽게도 절대적으로 우수한 강의법이란 존재하지 않습니다. 매우 다양한 강의법이 있으며, 강의를 효과적으로 하기 위해서는 여러 상황적 요소와 개인적 요소를 고려해 적합하고 적절한 방법을 선택해야 합니다.

강사가 고려해야 하는 요소는 다양합니다. 강의의 목적과 상황, 형식뿐만 아니라 청중의 나이, 학력, 수, 성별, 그리고 강의장 시설도 고려 대상입니다. 같은 주제라도, 같은 목적을 이루고자 하는 특강이더라도 조건과 상황이 다르면 다르게 준비해야 합니다.

강의 시간도 고려해야 합니다. 점심 식사 직후에는 이론 중심 강의를 이끌어가기 어렵습니다. 실습이나 질문 등 청중의 참여 기회가 많아야 식후에 몰려오는 졸음을 쫓아낼 수 있습니다.

자발적으로 참여한 청중인지 동원된 청중인지에 따라서도 강의법은 달라져야 합니다. 동원된 청중을 대상으로 하는 경우에는 강의 초반에 '왜 이 강의를 들어야 하는지'에 대해 청중을 설득해야 하는 부담이 따릅니다.

이토록 많은 변수에 휘둘리지 않는 방법은 하나입니다. 바로 강사의 스케일을 키우는 것입니다. 전문성을 확보하고, 안정적으로, 진실하게 강의하면 됩니다.

이 세 가지 요소는 서로 맞물려 있습니다. 전문성은 튼튼한 배와 같습니다. 평정심을 갖춘 배는 바람과 파도 등의 변수에 흔들리지 않습니다. 정북을 가리키는 북두칠성에 시선을 고정하면 배의 방향이 잠시 틀어지더라도 결국 목적지에 도달하게 해줍니다. 정도를 걷게 하는 진실성이 바로 그 북두칠성입니다.*

깨침, 깨달음, 희망을 담은 선물 보따리

강사가 이처럼 강의 기준에 따라 강의법을 준비하고 강의 기술을 동원하는 최종적인 목표는 무엇일까요? 강사는 왜 이토록 열심히 노력해야 할까요? 강사의 의로운 일이란 과연 무엇일까요?

---

* 초보 강사는 스타일에 신경 쓴다.
  경력 강사는 스케일로 신경 끈다.

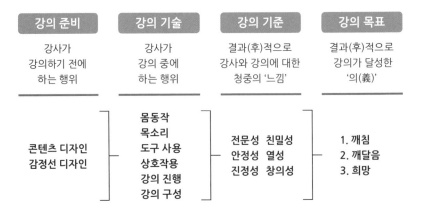

강의 준비	강의 기술	강의 기준	강의 목표
강사가 강의하기 전에 하는 행위	강사가 강의 중에 하는 행위	결과(후)적으로 강사와 강의에 대한 청중의 '느낌'	결과(후)적으로 강의가 달성한 '의(義)'
콘텐츠 디자인 감정선 디자인	몸동작 목소리 도구 사용 상호작용 강의 진행 강의 구성	전문성 친밀성 안정성 열성 진정성 창의성	1. 깨침 2. 깨달음 3. 희망

그림 2-6 강의 목표

　저는 궁극적으로 강의란 청중에게 깨침, 깨달음, 희망을 선물하는 일이라고 생각합니다. 스케일이 큰 강사는 청중에게 깨침, 깨달음, 희망을 선물합니다. 강의라는 바구니에 선물이 꼭 하나만 들어 있어야 하는 것은 아닙니다. 스타일마저 좋은 강사의 강의 바구니는 다양한 선물들이 들어 있는 종합 선물 세트입니다.

　깨침은 모르고 있던 사실에 대한 새로운 알아차림입니다. 강의는 어두운 곳을 밝혀주는 일입니다. 강사는 깨치어주는 고마운 사람입니다.

　깨침이 '머릿속이 새로운 내용으로 업데이트되는 것'이라면, 깨달음은 '새로운 버전으로 업그레이드되어 한층 발전된 능력을 지니게 되는 것'입니다. 성찰할 여유 없이 주입되는 새로운 지식과 정보는 깨달음을 주지 않습니다. 그저 머리가 깨질 듯 아프게만 합니다. 방대한 양의 정보가 넘치는 언택트 시대에 청중은 지식이 아니라 지혜에 굶주려 있습니다. 강의의 목표는 지식이 아니라 지혜를 전달하는 것이 되어야 합니다.

힐링은 과거의 아픔에서 벗어나는 일이고, 희망은 새로운 시각으로 비전을 지니고 현재의 절망에서 미래로 나아가는 일입니다. 사람을 움직이는 것은 감정입니다. 감정을 뜻하는 영어 'emotion'은 '움직임이(-motion) 밖으로 나오다(e-)'는 뜻을 내포하고 있습니다. 감정이 행동의 원동력이라는 뜻입니다. 강사는 사람의 마음을 움직이는 감정코치입니다.

제 스승님은 저에게 새로운 의식을 불러일으켜주셨고, 새로운 능력을 갖추게 도와주셨으며, 제 진로에 결정적인 영향을 미치셨습니다. 지식의 차원을 넘어 살아가는 모습마저 변화시키셨습니다. 그래서 저는 제 스승님께 감사합니다. 스승님을 인생의 멘토로 섬기고 그와 닮은꼴 강사로 살아가려 노력합니다.

마음을 움직이는 명강사는 청중에게 생각과 감정을 함께 전달하는 능력을 지닌 강사입니다.

3장

강의 기술
최고의 강사는
어떻게 행동하는가

1

보이는 것과
들리는 것

강의 기술은 강사가 행하는 구체적인 행동과 보여주는 모습에 대한 내용입니다. 청중의 입장에서는 눈에 보이고 귀에 들리고 느껴지는 강사의 면면들이기도 합니다.

한 강의실을 상상해 보겠습니다. 강사가 어떤 태도와 자세로 강의를 하고 있으며, 어떤 구체적인 행동을 하나요?

일단 강의를 시작하기를 기다리면서 대기하는 모습이 눈에 들어옵니다. 강의 시작과 함께 강단에 올라 말을 하기 시작합니다. 동시에 표정도 짓고 몸짓도 합니다. 판서를 하거나 스크린에 슬라이드를 띄웁니다. 청중에게 질문을 하거나 질문을 받기도 합니다. 강사의 목소리가 들리고, 몸동작과 도구를 사용하면서 청중과 상호작용하는 모습이 보입니다. 이제 강의가 끝나고 강사가 마무리를 짓습니다.

좋은 강의는 한 편의 영화처럼 기승전결이 있고, 호기심을 자극하는 플롯이 있으며, 긴장감을 고조시키는 클라이맥스가 있습니다. 당연히 재미도 있고 만족감을 줍니다. 이 모든 것을 바로 강사가 연출해 내는 것입니다. 즉, 강사는 작가처럼 강의 시나리오를 구성하고, 감독처럼 전 과정을 진행합니다.

이렇게 구체적으로 보이고 들리는 면들은 개별적으로 사소해 보이기도 합니다. 그래서 이런 것들까지 고려하고 고민할 가치가 있는지 의심스러울 때도 있습니다. 맞습니다. 하나하나는 사소할 수 있습니다.

그러나 이들이 유기적으로 결합되어 강사의 전문성, 안정성, 진정성, 친밀성, 열성, 창의성에 대한 청중의 느낌을 좌우합니다. 청중은 이러한 기준으로 강사의 메시지를 신뢰할 것인지, 어느 정도 받아들일 것인지, 나중에 더 알아볼 것인지, 실천으로 옮길 것인지를 결정하게 됩니다. 물론 이 과정은 상당 부분 무의식적으로 진행되지요.

저는 이러한 강사의 행동과 모습을 여섯 가지 기술 영역으로 구분합니다. 이를 청중의 입장에서 가장 쉽게 또는 강하게 인지되는 순서로 나열해 보겠습니다.

① 몸동작
② 목소리
③ 도구 사용
④ 상호작용(청중과의 관계)
⑤ 강의 진행
⑥ 강의 구성

이 여섯 가지 기술 영역은 확연히 구분되는 영역은 아닙니다. 서로 부분적으로 겹치기도 합니다. 예를 들어 도구 사용과 강의 구성은 서로 밀접하게 연관되어 있습니다. 강의 구성을 언급할 때 판서를 할 것인지 슬라이드를 사용할 것인지를 논해야 하기 때문입니다. 또한 목소리와 몸동작은 청중과의 상호작용에 핵심을 이룹니다. 일부 몸동작은 청중과의 관계를 염두에 둔 행동이니까요.

이렇게 서로 연결된 영역을 편의상 순차적으로 나열하면서 설명한다는 점을 말씀드리고자 합니다.

모든 기술과 기준은 서로 연결되어 있다

예를 들어 '청중을 보면서 말하라'는 몸동작 기술은 친밀성을 확보하는 데 중요합니다. 하지만 시선이 청중에게 가려면 정서적으로 안정되어 여유가 있어야 하니, 이 기술은 안정성이 확보되었다는 전제하에 가능합니다.

또 그 여유는 철저한 준비로 강의 내용이 강사의 머릿속에 확실하게 인지되었을 때 가능한 것이니 전문성과 직결되기도 합니다. 즉, 강사의 시선 처리 기술은 친밀성, 안정성, 전문성 등 세 가지 강의 기준과 연관된다고 할 수 있습니다.

또 한 가지 기술이 여러 기준과 연관되는 것처럼, 여러 가지 기술이 합쳐져서 하나의 기준을 만족시키기도 합니다. 예를 들어 강사의 시선은 안정성과 연관되지만, 안정성의 모든 것은 아닙니다.

안정성을 확보하기 위해서는 목소리 톤이 낮아야 하고, 내용이 전개되는 속도가 청중의 이해도에 적합해야 하고, 슬라이드는 매끄럽고 정돈돼야 합니다. 즉, 안정성은 몸동작을 비롯해 목소리 톤, 강의 진행, 강의 구성 등 다양한 영역의 여러 기술들이 종합적·통합적으로 이루어낸 결과라고 할 수 있습니다.

강의는 과학인 동시에 예술

강사가 말도 잘하고 내용도 참 좋은데, 이유는 모르겠지만 강사에 대해 전혀 신뢰가 느껴지지 않는 경우가 있습니다. 목소리가 불안정해서인지 강의 구성에 짜임새가 없어서인지 잘 모르겠지만, 어쨌든 전문가 같아 보이지 않습니다. 이와 반대로, 강의는 좀 어설픈 것 같은데 왠지 그 강사에게 깊숙이 빠져드는 경우도 있습니다.

청중은 강사의 언행 전체를 통합적으로 평가합니다. 하나하나를 따로

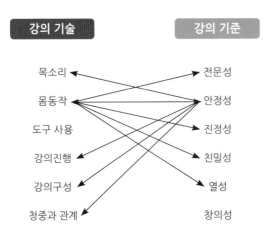

그림 3-1 강의 기술과 강의 기준의 연관성

따로 듣고 보지만 누적되고 종합된 결과를 '감'으로 느끼는 것입니다.

강의법에는 논리와 구조와 체계가 있으며, 연구 결과로 입증되고 설명될 수 있으니 강의는 분명히 분석이 가능한 과학입니다. 하지만 너무나 많은 요소들이 복합적으로 상호작용하면서 시너지를 내기 때문에 그것을 종합하는 과정은 예술입니다.

마지막으로, 강의 기술은 노력으로 얻을 수 있는 역량입니다. 예를 들어 목소리의 높낮이, 톤, 크기, 말의 속도 등은 조절할 수 있는 것들입니다. 그리고 강의법이란 원하는 효과를 내기 위해 강사가 의도적으로 조정하는 기술을 가리킵니다.

2

몸동작은
의도적으로 하라

강의법에서 몸동작은 강사가 비구어적 소통의 일환으로 팔, 다리, 손 등 몸의 일부분을 움직이는 행위를 가리킵니다. 앞에서도 안정성과 열성을 설명하면서 몸동작과 관련한 여러 사례를 언급한 바 있습니다. 몸동작과 관련해 가장 핵심적인 내용은 크게 두 가지입니다.

첫째, 미세하고 무의식적인 몸동작은 흔히 스트레스와 습관에서 나오는 행동이므로 자제해야 합니다. 자신이 강의하는 모습을 동영상으로 찍어 보거나 타인의 피드백을 받아서 자신의 몸동작에 불필요한 동작이 무엇인지 알아차리고, 습관을 고치는 것이 중요합니다.

둘째, 의도적인 몸동작은 비구어적 소통 능력이기 때문에 노력을 통해 향상시켜 나가야 합니다. 어떤 몸동작이 청중에게 어떻게 비치는지를 알고 효과적인 몸동작을 연마해서 더 이상 의식하지 않아도 적절하게 나타나는 새로운 습관이 되도록 만들어야 합니다.

여기에서는 몸 전체의 움직임과 상황에 따라 적합한 움직임의 정도, 움직임에 대한 새로운 시각 위주로 설명하겠습니다.

강의실 전체를 활용하기

대부분의 경우 강사는 마이크가 놓인 연단 뒤에 서서 강의를 합니다. 강사와 청중이 공간적으로 분리된 상태입니다. 반면 무선 마이크를 사용하거나 무대가 없는 소규모 강의실인 경우에는 강사가 자유롭게 움직일 수 있기 때문에 강사가 더 큰 공간을 활용할 수 있습니다. 또한 뒤에 있는 청중에게도 물리적으로 다가가서 관계를 맺을 수 있습니다.[*]

흔히 강의실 뒤쪽이나 출입문이 가까운 가장자리에 앉은 청중은 강의에 소극적일 확률이 높습니다. 그렇게 한쪽 발만 강의실 안에 들여놓은 분들이 강의에 다가오기를 기다리지 말고, 그들에게 다가가세요. 물리적으로 거리를 좁히면 마음도 가까워집니다.

강의실 전체가 강사의 공간입니다. 강사는 강의실의 주인입니다. 주인이 안방에만 머물러야 할 이유가 없습니다. 소중한 손님을 맞이하기 위해 대문까지 나가듯이, 강사도 모든 청중을 소중하게 맞이할 수 있는 기회를 놓치지 마세요.

● 초보 강사에게 강의 무대는 청중 앞 강단이다.
　경력 강사에게 강의 무대는 청중의 마음 안이다.

그런데 강사가 청중에게 너무 가까이 가도 안 됩니다. 둘 사이에 편안한 거리가 있습니다. 강사가 지켜야 할 선도 있습니다.

첫째, 서로의 시선 안은 공동체의 영역입니다. 강의를 할 때에는 모든 청중을 시선 안에 두어야 합니다. 둘째, 한쪽 팔이나 양쪽 팔을 벌린 정도의 거리는 개인적·사회적 거리입니다. 주로 대화를 나눌 때 두는 거리입니다. 셋째, 반팔 안은 아무나 들어갈 수 없는 친밀한 영역입니다. 좋든 싫든 사적 감정이 생길 수 있는 거리이며 배우자·자녀·연인에게 허용되는 거리임을 유의하세요. 절대로 침범하지 마세요.

서 있는 자리 옮겨주기

사람은 한 시간 동안이나 한곳에 시선을 집중하다 보면 자연스럽게 졸게 되어 있습니다. 그래서 강의 중간중간 가끔 자리를 옮겨서 청중의 시선 방향을 바꿔주면 주의를 집중하는 데 도움이 됩니다. 그러나 너무 자주 이리저리 오가면 오히려 분위기가 산만해질 수 있습니다.

저는 의도적으로 단상을 오르락내리락합니다. 전문성이 확보되어야 할 때에는 가끔 높은 곳에 올라가서 이야기하고, 친밀성을 보여야 할 때는 가끔 아래로 내려가서 말합니다. 강사의 전문성의 위치를 시각적으로 부각시키는 셈입니다. 또 친밀성을 위해서는 온몸으로 청중에게 다가가기도 합니다.* (이때에도 45센티미터 이내의 거리는 침범해서는 안 됩니다.)

---

* 초보 강사는 한곳에 있거나 주위를 서성거린다.
  경력 강사는 한곳에 있다가 어디론가 활보한다.

제가 일부러 '가끔'이라고 여러 차례 강조한 것을 눈치채셨습니까? 강사가 너무 자주 오르락내리락하면 청중이 불편하기 때문입니다. 그리고 강사가 청중에게 너무 가까이 다가오는 것을 싫어하는 청중도 배려해야 합니다.

단, 움직일 때 부산하거나 분주해 보이지 않도록 주의하세요. 정처 없이 떠도는 식이 아니라, 목적지가 있어 보이는 발걸음이 되어야 합니다. 청중 안으로 들어간다면 확실하게 청중을 향해서 가세요. 목적지에 도달하면, 그 청중과 짧게 눈을 마주칠 정도의 시간만 잠시 머무르세요. 너무 오래 서성거리면 불편합니다.●

영화배우 vs 연극배우

몸동작의 크기는 강의장의 규모에 따라 달라집니다. 소규모 강의 시에는 작고, 대규모 강의 시에는 커야 합니다. 영화배우와 연극배우의 몸동작 차이를 생각해 보면 이해하실 수 있을 것입니다.

연극배우는 무대 위에서 몸동작을 과장되게 해야 청중이 볼 수 있습니다. 반면 영화배우는 카메라가 클로즈업을 하기 때문에 미세한 움직임이 다 전달되므로 몸동작을 크게 할 필요가 없습니다.

저는 대학에서 주로 백 명에서 이백 명이 수강하는 대규모 강의를 했기 때문에 몸동작이 대체로 큰 편입니다. 30년간 대학 강의를 하면서 큰

● 초보 강사의 발걸음은 정지되었거나 정처 없다.
경력 강사의 발걸음에는 방향이 있고 목적지가 있다.

몸동작이 습관처럼 되었습니다. 그러나 몇 안 되는 청중 바로 앞에서 과한 몸동작을 하면 청중이 얼마나 불편하겠습니까? 소규모 강의실에서는 청중과 강사 사이의 거리가 얼마 되지 않기 때문에 몸동작의 크기를 줄여야 합니다.●

목소리 크기도 마찬가지로 강의장 규모에 따라 달라져야 합니다. 마이크를 사용하더라도 대규모 강의실에서는 기본적으로 목소리가 쭉 뻗어나가는 '오페라 발성법'을 써야 합니다. 그런 발성은 확실히 좋은 능력이지만, 작은 강의실에서 이런 발성을 쓰면 앞에 앉은 청중은 괴로울 수 있습니다. 상황에 따라 발성도 조정해야 합니다. 특히 요즘은 비말의 움직임도 걱정해야 하는 시대입니다.

표정도 한숨도 몸동작

몸동작에는 한 가지가 더 있습니다. 바로 표정입니다.

표정(表情, expression)이란 표출된 감정이란 뜻으로, 감정으로 인해 몸이 무의식적으로 어떤 형태를 취한 모습을 가리킵니다. 흔히 표정은 얼굴에 가장 잘 나타나기 때문에 일상적으로 얼굴 표정을 뜻하지만, 표정에는 미세한 몸의 움직임까지 포함됩니다. 수치심 때문에 고개 숙인 모습, 우울감 때문에 어깨가 처진 모습, 긴장감 때문에 다리를 떠는 모습 등이 다 표정입니다.

● 초보 강사의 강의는 '스피치'다.
　경력 강사의 강의는 '퍼포먼스'다.

스트레스를 받으면 입술이 바르르 떨리고 성대가 경직되어 목소리가 높아지고 불안정하게 됩니다. 숨이 얕아지고 가빠집니다. 그러면 더 불안해지면서 숨결이 더 순조롭지 못하게 되는 악순환에 빠집니다. 이럴 때 저절로 한숨을 쉬게 됩니다. 옛말에 한숨을 쉬면 복이 달아난다는 말이 있습니다. 실제로 스트레스는 불행감을 가져다주니 한숨은 복이 나가는 과정 그 자체라고 말할 수 있습니다.

사실 남 앞에 서서 시선의 중심이 된다는 것 자체가 스트레스입니다. 남 앞에서 말을 한다는 것 역시 큰 스트레스입니다. 그래서 초보 강사는 강의하면서 긴장하는 게 당연하고, 몸의 여러 부위가 떨리기도 합니다. 속이 울렁거리고 메슥거립니다. 강사는 이런 미세한 동작이 나오지 않도록 관리해야 합니다.

그런데 강사가 한숨을 쉬는 경우가 상당히 흔합니다. 강의장 시설이 낙후되었다고, 스크린이 너무 작다고, 음향이 고르지 않다고 말입니다. 무언가 부족하거나 불편할 때 아쉬움과 함께 한숨을 쉬는 것입니다.

"어휴, 스크린이 너무 작아서 글씨가 잘 보이지 않네요. 어쩌지!"

"소리가 자꾸 끊기네요. 흠."

아쉬운 강의의 원인을 강사가 아니라 강의실 환경에서 찾습니다. 하지만 청중 앞에서 한숨 쉬면서 불평해서는 안 됩니다. 이런 한숨은 강사가 스트레스를 받고 있다는 증거일 뿐이고, 동정을 얻고자 하는 초라한 태도입니다. 청중에게도 아무런 도움이 되지 않습니다.

실제로 강의실에서 가장 불편하고 힘든 사람은 한 자리에 오랜 시간 가만히 앉아 있어야 하는 청중입니다. 그런데 강사는 청중은 안중에 없고 자신이 힘들고 불편한 것만 신경 쓰고 있는 셈입니다. 스케일이 작은 강사의 모습입니다.

청중을 배려하는 강사는 스케일이 큽니다. 앞에서 든 예와 같은 상황에서 스케일이 큰 강사는 이렇게 말합니다.

"스크린이 작아서 글씨가 잘 보이지 않네요. 죄송합니다. 제가 사전 점검을 했다면 글씨 크기를 좀더 키워 왔을 텐데요."

"소리가 끊겨서 듣기 힘드셨지요. 다행히 이게 마지막 부분입니다."

문제를 강사의 책임으로 돌리고, 청중에게 사과합니다. 그렇다고 해서 청중은 강사가 문제의 원인이라고 생각하지 않습니다. 이런 말은 '저도 지금 힘들지만, 여러분을 위해 최선을 다하는 중입니다'라는 메시지를 전달하는 것입니다. 불편한 상황에서 자신의 감정에 빠지는 게 아니라 청중의 감정을 담아냅니다.

청중은 공감력이 높은 강사를 좋아합니다. 책임지고, 최선을 다하고, 청중의 입장을 먼저 고려하는 강사에게 전문성과 안정성을 느낍니다.●

항상 청중을 향한 시선으로

저의 시선은 항상 청중에게 향합니다. 이후 상호작용을 설명할 때 자세히 살펴보겠지만, 시선은 전문성, 친밀성, 안정성, 진정성과 두루 연결되어 있기 때문입니다.

시선이 청중을 향하는 방법은 세 가지가 있습니다. 눈동자만 움직이기, 고개를 돌려 얼굴을 움직이기, 온몸을 돌려 움직이기 등이 그것입니다.

● 초보 강사는 청중이 자신이 힘들다는 사실을 알아주길 바란다.
경력 강사는 청중이 앉아 있는 것 자체가 힘든 일임을 안다.

청중은 강사가 눈동자만 돌려 쳐다보면 불쾌해합니다. 고개만 돌리면 마지못해 쳐다보는 것 같아 조금 불편해합니다. 그러나 몸 전체가 움직이면 온 마음으로 대해주는 것 같아서 좋아합니다. 그래서 저는 청중을 볼 때 눈과 고개만 돌리는 것이 아니라 온몸을 돌립니다. 이 밖에도 제 시선이 항상 청중으로 향하게 하는 몇 가지 방법들이 있습니다.

첫째, 컴퓨터를 사용할 경우 컴퓨터를 강사 앞에 설치하고 강사가 컴퓨터 모니터를 볼 수 있게 합니다. 그래야 뒤돌아보지 않고도 스크린을 확인할 수 있습니다.

둘째, 컴퓨터를 앞에 설치할 수 없는 경우에는 강의장을 둘러보며 스크린을 반사하는 거울 역할을 하는 소품이 있는지 찾아보세요. 거울이 아니더라도 약간만 반사되면 최소한 스크린의 내용이 강사가 설명하는 내용과 일치하는지 정도는 뒤돌아보지 않고도 확인할 수 있습니다.

셋째, 시계를 앞쪽에 배치해서 언제든 시간을 볼 수 있게 하세요. 만약 강의실에 시계가 없다면 시계 앱이 켜진 스마트폰을 앞에 두세요. 손목시계를 보는 행동은 피해야 합니다. 비록 시간을 관리하기 위한 책임 있는 행동이더라도 청중에게는 빨리 강의를 끝내고 싶은 몸짓으로 잘못 전달될 수 있기 때문입니다. 강사의 맞은편에 시계가 있다면, 뒤 스크린을 비추는 거울 역할도 할 수 있습니다.

넷째, 청중이 질문하거나 강사의 질문에 답을 할 때에는 몸을 그 청중에게 돌린 후 한 발자국이라도 그 방향으로 다가갑니다. 강사가 청중에게 다가가고 있다는 것을 행동으로 확실하게 표현하는 것입니다.

티끌이 모여 태산

이번에는 매우 사소한 몸동작에 대해 살펴보겠습니다. 앞에서 언급하지 않은 세세한 조언들입니다. 이런 것들을 강사가 한두 번 한다고 무언가 특별히 달라지지는 않겠지만 지속되면 강의에 영향을 미칩니다.

① 단상에 기대거나 손을 올려놓지 마세요. 강의는 많은 에너지가 소비되기 때문에 어딘가 몸을 의지하고 싶어집니다. 단상에 몸을 살짝 기대거나 손을 올려놓으면 심리적 안정을 얻기도 합니다. 하지만 구부정한 모습이나 뭔가 붙잡고 있는 모습은 강사를 약해 보이게 합니다. 강의에 도움이 안 됩니다. 평소에 체력을 기르는 게 제일 좋습니다.

② 소위 '짝다리' 짚지 마세요. 보기 흉하기도 하고 거만하다고 오해받기 쉽습니다. 비뚤어진 자세는 몸이 피곤할 때 나타나는 모습이지만, 자세가 비뚤면 역으로 몸을 더 피곤하게 만듭니다. 평소에 체력을 키우세요.

③ 몸을 앞뒤 또는 좌우로 흔들지 마세요. 청중을 불안하게 만듭니다. 가슴을 내밀고 다리를 조금 벌리세요. 그래야 자세가 안정되고 곧아집니다. 또 가슴을 내민 열린 자세는 자신감이 내비치는 자세이기도 하기 때문에 청중의 신뢰를 얻습니다.

④ 손을 가슴이나 배에 얹지 마세요. 방어적이고 소극적으로 보입니다. 가끔 강사가 볼록 튀어나온 배를 손으로 가리는 경우가 있습니다. 아닙니다. 가려지지 않습니다. 오히려 '자살골'입니다. 배에 청중의 시선을 모으는 역효과를 내기 때문입니다. 손에 자유를 주세요.

⑤ 바닥이나 천장을 쳐다보지 마세요. 시선이 청중에게 향해야 하는 이

유는 그것이 청중과 상호작용을 하는 데 핵심이기 때문입니다. 그러나 초보일 때에는 청중의 시선이 부담스러워 눈 마주침을 피하게 됩니다. 강의 준비가 덜 되었을 때도 마찬가지입니다. 둘 다 자신감이 결여된 상태입니다. 준비하고 또 준비해서, 청중의 시선에 당당할 수 있는 정신적 상태를 만들어야 합니다.

⑥ 시선이 살짝 머물게 하세요. 시선은 청중을 향해야 하지만, 레이저총처럼 정조준하거나 디너쇼 레이저처럼 마구 휘저어서는 안 됩니다. 시선은 잠시 머물러야 합니다. 서로 마음이 통할 수 있는 시간을 허락해야 합니다. 단어 하나 정도의 시간은 약간 짧고, 긴 문장 정도의 시간은 조금 깁니다. 너무 길면 청중이 부담을 느끼게 됩니다. 시선이 머무는 시간은 말 한마디 정도, 1~3초 정도가 좋습니다.

언택트로 강의할 때: 몸동작

온라인 강의의 경우 청중은 강사가 보여준 것만 보지 않습니다. 부족하거나 부실한 모습이 있더라도 시간이 흐르면 그만인 시대는 끝났습니다. 온라인 강의를 듣는 청중은 화면에 나타나는 모습 일부를 확대해서 세밀하게 볼 수도 있고, 심지어 동영상을 잠시 멈춰서 장시간 분석할 수도 있습니다. 강사 입장에서는 참으로 곤란한 상황입니다.

저는 화면에 비친 제 모습을 싫어합니다. 고개를 숙일 때마다 숱 없는 머리카락이 신경에 거슬리고, 피부의 큰 땀구멍과 여드름 흔적이 흉해 보입니다. 어쩌다 조명까지 잘못 받으면 이런 흠이 크게 부각되는 것 같아 스스로 민망해지기도 합니다.

자연스럽게 외모에 신경을 쓰게 되고 옷차림에도 마음이 쓰입니다. 이는 저에게는 파격적인 변화입니다. 저는 평생 외모나 옷차림 같은 스타일에 신경을 쓰지 않고 살아온 사람이기 때문입니다. 가끔 텔레비전에 출연할 때는 메이크업을 전문가에게 맡기게 되는데, 제발 눈썹을 그리지 말아달라고 부탁하곤 합니다. 하지만 눈썹이 흐리면 사람이 힘없어 보인다고 거절당하기 일쑤입니다. 사실 그렇기는 합니다. 눈썹이 분명 이목구비를 뚜렷하게 만들어주니까요.

또 6대 4 가르마를 자꾸 2대 8로 넘기려고 합니다. 그래야 텅 빈 정수리가 조금이라도 가려진다고요. 텔레비전 화면에 제가 좀더 잘 보이도록 도와주려는 마음은 정말 고맙지만 저는 항상 다시 6대 4로 되돌려달라고 요구합니다. 지난 60년간 지켜온 6대 4 가르마를 포기할 수 없어서입니다.

가끔 저를 알아보는 청중이 '텔레비전에서 보던 모습과 똑같네요'라는 말을 할 때가 있습니다. 저는 그런 말을 들을 때가 가장 뿌듯합니다. 그러나 온라인 강의를 위해 카메라 앞에 자주 서야 하는 요즘에는 '나도 피부 관리라도 한번 받아볼까' 하는 생각이 불쑥 떠오르기도 합니다. 뒤늦게 외모에 신경을 써야 하는 참으로 야속한 세상이 온 것입니다.

온라인 강의는 공간 개념을 바꿔놓았습니다. 대규모 강의라도 소규모 강의처럼 해야 합니다. 청중이 백 명 또는 천 명 심지어 만 명이더라도 마치 개별적으로 만나는 것처럼 해야 합니다. 일대일 면담과 같은 상황에서 연극배우처럼 움직이고 오페라 가수처럼 말을 한다면 얼마나 부적절하겠습니까?

그래서 다음과 같은 점을 주의하면 좋습니다.

① 몸동작이 너무 크지 않도록 조심해야 합니다.
② 온라인과 오프라인을 병행하는 강의의 경우 기본적으로 오프라인

의 형식을 취하세요. 온라인 청중도 마치 오프라인 강의를 듣는 느낌을 받도록 말입니다. 또 다소 소외된 느낌이 들 수도 있기 때문에 강의 중간중간에 카메라를 정면으로 응시하면서 온라인 청중에게 다가가는 것도 좋습니다.

③ 발표 자료를 담은 컴퓨터를 카메라 바로 밑에 두세요. 컴퓨터 스크린이 카메라 렌즈 바로 아래에 위치하면 강사는 컴퓨터 스크린을 봐도 카메라 렌즈를 보는 효과를 낼 수 있습니다. 그러면 온라인상의 청중은 강사가 정면을 보고 있으므로 마치 자신을 보는 것처럼 느껴집니다.

④ 온라인과 오프라인 병행 강의를 진행할 경우 강사의 시선이 분산되기 쉽습니다. 청중이 띄엄띄엄 앉아 있을 때와 마찬가지입니다. 예전에는 불특정 다수를 바라보게 되어 청중과 강사가 서로 에너지를 주고받되 개인 대 개인의 차원이 아니어서 심리적 부담이 줄어들었지만, 듬성듬성 앉아 있는 청중을 쳐다보면 매 순간 일대일 관계가 됩니다. 서로 부담스러울 수도 있지만, 반대로 그 친밀성을 즐길 수도 있습니다. 후자를 선택하세요.

3

목소리는
노래 부르듯이

가수가 아니더라도 노래 부르기를 연습하는 경우는 많은데, 왜 매일 하는 말하기는 그냥 나오는 대로 내버려둘까요? 노래 부르기와 말하기 둘 다 공기가 목에 있는 성대를 통해 나오는 과정인데, 왜 우리는 둘을 다르게 대할까요?

여러분은 목소리에 대해 얼마나 알고 있나요? 자신이 듣는 자신의 목소리와 남이 듣는 자신의 목소리 중 어떤 게 듣기 좋은 목소리일까요? 자신이 듣는 자신의 목소리와 녹음된 목소리가 다른데, 어떤 목소리가 진짜 자기 목소리일까요? 과연 '진짜 자기 목소리'라는 게 있기나 할까요?

정답을 짧게 이야기해보겠습니다. 남이 듣는 목소리와 녹음된 목소리가 나의 진짜 목소리입니다. 하지만 타고나는 '진짜' 목소리는 없으며, 얼마든지 바꿀 수 있습니다. 목소리는 사용법을 배우고 조절하면 더 잘 사용할 수 있는 시청각 도구가 되기도 합니다. 이제 목소리에 대해 조금 더 자세히 살펴보겠습니다.

나를 배반하는 진짜 목소리

아직까지 저는 녹음된 자신의 목소리를 듣고 좋아하는 사람을 만나보지 못했습니다. 우리는 녹음된 자신의 목소리를 들으면 두 가지 이유로 충격을 받습니다.

첫째, 자기 목소리가 아닌 것 같습니다. 남의 목소리인 것 같습니다. 그러나 자신의 목소리임을 확인하는 순간, 녹음기를 확 꺼버리고 싶은 충동이 들기도 합니다. 바로 두 번째 이유 때문입니다. 녹음된 목소리는 자신이 듣는 목소리보다 훨씬 빈약하게 들립니다.

내가 듣는 내 목소리는 매우 풍요롭고 부드럽고 깊이 있게 들립니다. 그런데 녹음된 목소리는 빈약하게 들리는 것입니다. 그렇게 들리는 것일 뿐 아니라, 실제로도 그렇습니다. 왜 그럴까요?

사람이 말을 하면 성대에서 음파가 나옵니다. 그 음파가 공기를 통해 청중에게 다가가는 것이며, 청중은 그 음파만 전달받습니다. 그런데 내가 내 목소리를 들을 때는 추가 음파를 듣게 됩니다. 공기를 통해서뿐만 아니라 턱뼈를 통해서도 음파가 전달되는 것입니다. 그런데 턱뼈는 밀도가 크기 때문에 음파가 더 빠른 속도로 전달됩니다. 그래서 두 음파가 약간의 시간차를 두고 겹쳐서 들리는 것입니다. 이는 노래방에서 에코를 넣으면 더 풍부한 소리처럼 들리는 것과 같습니다.

그런데 목소리는 두개골을 통해서도 여러 갈래로 들어옵니다. 그리고 인체 각 부위의 밀도에 따라 음파에 약간 변이가 일어납니다. 그러니까 에코만이 아니라 마치 화음까지 들어간 것처럼 풍성하게 들립니다. 당연히 너무나 듣기 좋습니다.

그러나 그것은 나의 착각입니다. 좋은 줄로만 알았던 목소리가 완전히 딴판이니 마치 배반당한 기분이 들 테지만 현실을 직면해야 합니다. 강사는 싫어도 꼭 녹음된 자신의 목소리를 들어봐야 합니다. 그게 청중이 듣는 강사의 '진짜' 목소리이기 때문입니다.

편한 목소리를 찾기

노래 경연 대회에서 전문가들이 3단고음을 내지르는 가수에게 '타고난 목소리'라고 극찬합니다. 맞습니다. 목소리는 성대의 울림에서 나오는 것인데, 성대의 크기와 두께는 타고나는 특질입니다. 일반적으로 넓은 음역대를 오가는 재능은 타고난 능력입니다.

하지만 명강사라고 해서 명가수처럼 5옥타브를 오갈 필요는 없습니다. 심지어 일반인이 노래를 부를 때처럼 2옥타브도 필요 없습니다. 네 가지 성조가 있는 중국어로 강의하지 않는 이상 거의 하나의 음을 사용합니다. 그리고 가장 편한 음을 사용합니다. 여기서 '편하다'란 본래 목청과 관련된 근육에 힘을 주지 않는 신체적 상태를 뜻합니다.

그런데 우리는 편안할 때를 잘 의식하지 않습니다. 우리는 생존을 위해 불편한 것만 의식하도록 디자인된 존재이기 때문입니다. 예를 들어 배가 고프거나 아플 때만 배를 의식하지, 평상시에는 배를 의식하지 않는 것처럼 말입니다. 그래서 힘을 쓰지 않는 신체적으로 편안한 상태와 인지적으로 편안한 상태를 동일시하게 됩니다.

자, 여기에서 생각해 봅시다. 신체적으로 불편한 상태가 오래 지속되면 우리는 거기에 적응해서 그것이 불편한지 의식하지 못합니다. 비정상이 정상처럼 느껴지는 것입니다. 그 예가 바로 스트레스를 지속적으로 느낄 때입니다. 스트레스를 받으면 성대가 조여서 음이 올라가는데, 그 목소리를 '진짜' 목소리인 줄 아는 것입니다.

문제는 스트레스로 인해 성대가 조여져서 높아진 목소리는 청중의 신경을 거슬리게 한다는 점입니다. 불편함에서 발성된 음이기 때문에 듣는 사람에게 그 불편함이 고스란히 전달됩니다.

단지 음의 높이만이 아닙니다. 코맹맹이 소리, 얇은 소리, 쉰 소리, 힘없는 소리 역시 청중에게 불편함을 줍니다. 하지만 발성하는 습관에 불과하기 때문에 얼마든지 바꿀 수 있습니다.

가수는 목소리 자체를 악기로 여깁니다. 그러니 강사의 목소리도 악기 소리에 비유하면 좋을 것 같습니다. 트롬본을 상상해 볼까요? 연주자가 숨을 크게 들이쉬고 마우스피스에 입을 대고 배의 힘으로 공기를 붑니다. 슬라이드를 움직이면서 음을 조정합니다. 나팔꽃 같은 혼이 있어서 소리를 확대합니다. 목소리에도 이에 해당하는 부분과 과정이 있습니다.

먼저 숨쉬기를 보겠습니다. 평균적으로 성인은 흉식으로 약 3초를 주기로 하여 들숨 반 날숨 반을 쉽니다. 이런 호흡으로는 약 1.5초간만 말을 하게 됩니다. 한 번에 최단 문장밖에 나오지 않게 됩니다. 그러니 일단 강사는 호흡의 주기를 대폭 늘려야 하고, 긴 문장에 힘을 끝까지 실으려면 복식으로 호흡해야 합니다.

공기가 성대를 통과하면서 음파를 생성합니다. 성대의 생김새는 타고나더라도 질감은 컨디션에 따라 달라집니다. 운동도 하고, 건강한 음식도 먹고, 명상이나 마음 챙김이나 기도 등 몸과 마음을 편하게 하는 방법을 각자 찾아서 평소에 실천하는 게 중요합니다. 물론 성대를 말랑말랑하게 유지하기 위해서는 물도 많이 마시는 게 좋습니다.

그 다음에는 울림통을 고려해야 합니다. 사람에게도 울림통이 존재합니다. 보통 두성이라고 하면 머리가 울린다고 하고, 비음이라고 하면 콧소리라고 이야기합니다. 그런데 이것은 상상의 공간이 아니라 실제로 존재하는 공간입니다. 가슴에 손을 가볍게 대고, "아!" 하고 소리를 내보세요. 손에서 진동을 느낄 겁니다. 분명히 성대에서 나오는 소리인데, 온몸에서 소리가 울립니다.

만약 내 몸의 울림통을 활용하지 않고 목소리로만 소리를 내면 목이 빨리 쉬어버립니다. 한두 시간 강의한 후에 목이 아프다면 목에 힘을 많이 주었다는 뜻입니다. 힘은 목이 아니라 소리에 들어가야 청중에게 열의가 뜨겁게 전달됩니다. 목에 힘이 들어가면 그냥 따끔하게 아프기만 합니다.•

우리에게도 울림통이 여러 곳이 있는데, 목 자체, 입안, 코가 대표적인 기관입니다. 또 턱, 두개골도 울림통입니다. 사실 사람 몸 전체가 울림통입니다. 성대가 진동시킨 공기(숨)가 어떤 통로에 얼마큼씩 배분되었는지에 따라 다양한 음색이 생성됩니다.

남의 목소리를 따라 하는 성대모사는 누구나 할 수 있는 '장기'입니다. 누구나 목소리를 바꿀 수 있다는 뜻입니다.

'진짜' 목소리는 습관화된 목소리일 뿐이니 인위적으로 바꾼다는 것에 거부 반응을 가질 필요도 없습니다. 확실하게 타고난 얼굴마저 바꾸는

• 초보 강사는 목에 힘이 들어가서 목이 따끔하게 아프다.
경력 강사는 목소리에 힘이 실려서 청중을 뜨겁게 달군다.

세상인데 타고나지 않은 목소리를 바꾸는 것이야 얼마든지 괜찮지 않겠습니까?

강사는 다양한 목소리를 내보면서 실험해 보는 훈련이 필요합니다. 정말로 편안한 상태에서 애쓰지 않고도 나오는 목소리는 청중에게도 편안하게 들립니다. 약간의 노력으로 더 듣기 좋은 목소리를 본인의 '진짜' 목소리로 만들 수 있습니다.

발음과 말의 속도

사실 발음은 악기에 비유할 수 없는 부분입니다. 발음은 훈민정음에 설명된 대로 치음, 순음, 아음, 설음, 후음으로 구성됩니다. 즉, 이, 혀, 혀뿌리, 입술, 목구멍 모양새로 발음이 만들어지기 때문에 선천적인 요소가 있는 것은 분명합니다. 예를 들어 발음에는 혀가 상당히 중요한 역할을 하는데 저는 선천적으로 혀가 짧기 때문에 좋은 발음을 내는 데 한계가 있습니다.

제가 택한 해결책은 두 가지입니다. 첫째, 청각적으로 부족한 면을 시각으로 보완합니다. 둘째, 변화를 주는 것입니다. 말은 강약과 장단의 변화가 있어야 오래 들어도 싫증나지 않습니다.

평소에 목소리가 나긋나긋하고 조용조용히 말하다가 중요한 부분에 가서 힘을 주면 청중은 주의를 집중하게 됩니다. 반대로 힘 있게 말하다가 갑자기 소곤소곤 말하면 귀를 쫑긋하게 됩니다. 사람은 변화에 민감하기 때문입니다.

말의 속도도 그렇습니다. 항상 빨리 말하면 청중이 힘들어합니다. 그리고 항상 느리게 하면 청중은 더 힘들어합니다. 왜일까요? 말이 느리면 청중은 딴생각에 빠지기 쉽습니다.

말의 속도는 대략 정보의 양과 비례하는데, 사람의 두뇌는 말의 속도보다 여섯 배 정도 더 많은 양의 정보를 처리할 수 있다고 합니다. 그래서 강사가 말을 너무 느리게 하면 청중은 다른 생각으로 그 공백을 메우게 됩니다. 청중이 혼자서 삼천포로 빠지기 쉽다는 뜻입니다.

그래서 웬만한 달변이 아니라면 청중을 말로만 끌고 가기 어렵습니다. 저는 달변이 아니어서 그 해결책으로 시각적 자료를 활용합니다. 청각적으로 전달하는 정보에 시각적 정보를 더하면 처리해야 할 정보의 양이 대폭 늘기 때문에 청중의 생각을 제가 원하는 방향으로 유도할 수 있습니다. 그래서 청중은 강의가 끝날 때까지 저와 함께 가게 됩니다.

앞에서 목소리에 변화를 주는 게 중요하다고 했지만, 너무 극적인 변화는 적절하지 않습니다. 목소리에 애교를 섞는 것, 갑자기 남의 어투를 흉내 내는 것 등 기교가 들어간 말은 듣기 불편합니다.

잠깐, 기교나 기술이나 같은 말이 아닌가요? 지금까지 강의법 기술에 대해서 이야기했는데, 기교가 들어가면 불편하다고 하니 약간 혼란스러울 수도 있습니다.

실은 두 단어는 한끗 차이입니다. 뉘앙스만 약간 다를 뿐이니까요. 기교는 길쭉한 것을 휘어서 예쁘게 만드는 과정을 상상하게 합니다. 작은 솜씨와 재주와 꾀를 떠올립니다. 반면 기술은 목적지에 가는 길을 연상하게 합니다. 법도(기준)가 있는 방법이라고 느껴집니다.

그래서 강의 기교는 청중을 자극하는 것 자체가 목적이고, 강의 기술은 강의 목적지에 도달할 때에 느끼는 감동을 주는 것이 목적입니다.

앞서 진정성은 무위라고 한 바 있습니다. 무위는 꾸밈이 없는 상태입니다. 목소리에 꾸밈이 없으면 듣기 편안해서 안정성마저 느껴집니다.

언택트로 강의할 때: 목소리

온라인 강의에는 몸동작이 크게 위축되고 목소리에 많이 의존하게 됩니다. 그래서 오프라인에서 몸동작이 컸던 강사는 힘들어할 것이고 언변이 좋은 강사는 유리할 것입니다. 그러나 몇 가지 주의할 점이 있습니다.

① 말을 신중하게 해야 합니다. 언변이 좋은 강사는 오히려 더 조심해야 합니다. 많은 말을 하다 보면 간혹 말실수를 할 수 있습니다. 오프라인에서는 실수를 알아차리고 곧바로 수정해서 청중의 이해와 양해를 구할 수 있습니다. 그러나 온라인 강의에서는 누군가 실수한 부분만 잘라내어 앞뒤 맥락 없이 공개한다면 매우 난처한 상황에 처할 수도 있습니다.

② 중요한 대목은 슬라이드에 적어놓으세요. 특별히 신경을 써서 준비한 강의가 기록되어 오랫동안 청중에게 제공된다면, 강사가 더 많은 청중에게 자신의 메시지를 전달할 수 있게 되는 최상의 상황이고 명예로운 일입니다. 하지만 심혈을 기울이지 못한 강의마저 기록으로 남는다면 무척 부담됩니다.

③ 말을 대화하듯이 하세요. 온라인 청중만을 위한 강의를 할 때 청중은 강사와 일대일로 대면하는 느낌을 받습니다. 그래서 강사가 웅변하는 것처럼 강연하면 어색합니다. 일대일 대화를 나누는 어투가 적합합니다.

④ 말이 입안에서 머뭇거려진다면 들숨을 쉬세요. 그래서 말 사이에 '엄' '음' '이제' 등 불필요한 말을 제거하세요. 말은 날숨일 때만 나오니 들숨을 쉬면 말을 막는 효과도 있으며 동시에 스트레스 해소에 도움이 됩니다.

예를 들어 저는 블랙홀처럼 느껴지는 카메라 렌즈를 보고 강의를 하면 자꾸 정신이 멍해지는 경험을 했습니다. 그러다 보니 처음에는 말이 끊어지기 일쑤고, 버벅거리는 순간의 연속이었습니다. 그래서 '음' '흠' '어' 등 의미 없는 단어들이 반복적으로 튀어나왔습니다. 생각이 잘 안 되니 말문이 막혀서 뜸을 들이는 것입니다. 스타일이 구겨졌습니다. 그러나 이제는 카메라 렌즈를 보고도 머뭇거리지 않습니다.

⑤ 짧은 침묵은 할 말이 없을 때를 가리키는 것이 아니라 하고 싶은 말을 강조하는 방식입니다. 초보 강사는 침묵하는 강사를 청중이 좋지 않게 평가할 것이라는 두려움을 지녔습니다. 그러나 사실 청중은 잠깐씩 침묵할 줄 아는 강사를 높게 평가합니다. 그러니 침묵을 쉼표로 여기고 안심하고 즐기세요.

⑥ 눈과 몸짓으로 쉼표를 표현하세요. 말 대신 비구어적으로 소통하세요. 말이 머뭇거려질 때 스트레스를 받으면 청중의 눈길을 피하고 싶을 것입니다. 그 대신 청중에게 무언으로 말을 하려는 자세를 택하세요. 점점 자신감이 생겨서 쉼표가 덜 필요하게 될 것입니다.

4

양념처럼
도구 쓰기

이제 도구 쓰기로 넘어갑니다. 강의법에서 가장 중요한 도구인 강사의 목소리와 몸동작은 이미 앞서 설명했습니다. 다른 도구를 굳이 사용하지 않고도 충분히 명강의를 할 수 있습니다. 그러나 요즘엔 교회, 성당, 절에서도 시청각(AV) 도구를 사용합니다.

저는 35밀리미터 슬라이드를 트레이에 넣어서 프로젝터로 스크린에 보여주는 시절부터 A4 용지 사이즈의 OHP 필름을 오버헤드를 통해서 보여주었던 시절을 기억합니다. 어느덧 이 둘은 사라졌고 이제는 컴퓨터와 빔프로젝터를 사용합니다. 아마 시간이 조금 지나면 이런 2차원적인 AV는 사라지고 홀로그램과 같은 3차원 도구가 대세가 될 것입니다.

도구를 사용하면 청중에게 보여주고 들려줄 수 있는 콘텐츠의 범위가 훨씬 더 확대되고 더 강한 느낌과 감동을 줄 수 있습니다. 비록 내용을 담아내는 플랫폼은 계속 달라지겠지만 내용을 구성하는 방식은 별로 달라지지 않습니다. 즉, 도구 쓰기에 있어서 기계적 하드웨어는 시대의 흐름에 따라 변하더라도 소프트웨어 차원에서는 같은 원리가 적용됩니다.

판단 기준은 청중

요즘 청중들은 정보를 귀로 듣기보다 눈으로 보기를 선호한다는 연구 결과가 있습니다. 그뿐 아니라 강의 시간에 듣기와 보기를 함께 할 때의 학습 효과는 듣기만 했을 때보다 거의 다섯 배나 높다고 합니다.

시각적 자료는 언어의 한계를 벗어날 수 있게 해줍니다. 따라서 파워포인트, 동영상 등 시각적 효과가 높은 도구를 알맞게 활용하면 강의에 큰 도움이 됩니다.

이때 파워포인트는 아주 편리하기 때문에 새로운 문제가 생기기도 합니다. 예를 들어 어느 강사가 매우 화려하게 꾸며진 프레젠테이션 슬라이드를 사용합니다. 화면이 옆으로 밀려가듯이 넘어가고, 무대 조명이 밝혀지듯 서서히 나타나고, 이미지가 바람같이 흩어지기도 합니다. 크고 작은 글씨체가 다양합니다. 문장이 한 줄씩 쓰이다가 반짝거리고 뱅글뱅글 돌기도 합니다. 화면 곳곳에 재미있는 이미지와 생동감 있는 애니메이션으로 가득합니다.

저는 이 강사에 대해서 두 가지를 확신할 수 있습니다. 첫째, 이 강사는 열정이 대단하다는 것입니다. 슬라이드 한 장 한 장에 이토록 많은 애니메이션을 동원하려면 많은 시간을 투자해야 합니다. 강의에 애정과 열정이 없으면 가능하지 않습니다. 둘째, 파워포인트 초보 사용자라는 점입니다. 프로그램에 있는 애니메이션을 이것저것 한 번씩 다 써보고 싶었을 것입니다. 신기하고 재미있었을 것입니다.

시청각 자료가 너무 없어도 밋밋할 테지만, 너무 많으면 정신없습니다. 강사가 좋으니까, 재밌으니까, 신나니까 하면 안 됩니다. 강사 입장에서 판단하면 안 된다는 뜻입니다. 비록 이것도 보여주고 싶고 저것도 보여주고 싶은 마음이 청중을 위한 것이라고 해도 이는 강사의 생각(의도)과 강사의 감정(보여주고 싶은 욕구)을 벗어나지 못한 것입니다. 강사는 청중의 입장에서 적당한가, 적합한가, 정도껏인가를 판단해야 합니다.

그래서 청중이 달라지면 똑같은 주제로 똑같은 내용을 강의하더라도 슬라이드는 달라집니다. 한 청중에는 적합하더라도 다른 청중에게는 적합하지 않을 수 있기 때문입니다.

저는 시청각 내용에 애니메이션을 넣으려고 투자하는 시간을 다른 곳에 투자합니다. 저 자신을 좀더 '애니메이션화'되도록 하는 방법에 투자하는 것입니다. 자료가 아무리 생기 넘치더라도 강사가 피곤에 찌들어 있거나 떨려서 사색이 되어 있으면 아무 소용이 없습니다.

그래서 저는 운동합니다. 한 시간 걸을 시간이 없으면 108배를 합니다. 18분이면 충분합니다. 평정심을 가져다주는 회복탄력성 기술도 연마합니다. 그래야 좋은 설렘을 만날 수 있습니다.● 아무쪼록 강사의 최고의 도구는 자신의 몸과 마음이라는 사실을 명심하시기 바랍니다.

● 초보 강사는 슬라이드에 애니메이션을 활용한다.
　경력 강사는 강사가 애니메이션화되어 있다.

글씨도 그림도 색깔도 다 정보

파워포인트 프로그램에 올라온 샘플 슬라이드를 보면 멋있는 배경 이미지들이 기본적으로 들어가 있습니다. 많은 공공기관, 학교, 회사에서 이런 슬라이드를 공식처럼 사용합니다.

그런데 제 슬라이드에는 배경 이미지가 전혀 없습니다. 그래서인지 파워포인트가 막 사용되기 시작할 무렵에 청중은 제 강의에 조금 실망했을지도 모릅니다. 명색이 명강사인데 슬라이드에 그림과 색채가 별로 없고, 주로 흑백 글씨에 가끔 그림이 들어 있을 뿐이었으니까요. '조벽 교수의 슬라이드는 좀 촌스럽다'는 평도 들었습니다. 그러다가 몇 년 후에는 '조벽 교수의 슬라이드가 왜 우수한지 이제 알겠다'는 평가가 여기저기서 들려왔습니다.

왜 그런 상반된 평가가 나왔을까요?

먼저 글씨도, 색깔도, 모양도 정보라는 사실을 알아야 합니다. 청중의

깨달음 2

'강의법'이란 게 존재한다.

배울 수 있는 것이며
성실하게 노력하면 갖출 수 있다.

그림 3-2 **심플한 디자인의 파워포인트**

입장에서는 이 모든 시각 정보를 뇌가 처리해야 합니다. 예쁘게 만든다고 색깔을 넣고, 재미있다고 그림과 사진을 넣고, 멋있다고 모션을 가미하면, 보는 순간은 좋아 보이는데 정도를 넘으면 눈을 감게 됩니다. 강의 내용 자체를 이해하는 것도 힘든데 불필요한 정보를 대하면 뇌가 피곤해지기 때문입니다. 잘못된 목표로 청중의 두뇌를 혹사시키지는 말아야 합니다.

파워포인트가 처음 등장했을 때는 강사도 청중도 모두 '초보'였습니다. 그래서 모두 화려하고 예쁘고 역동적인 슬라이드를 세련된 것으로 인식하고 그런 슬라이드를 선호했습니다. 하지만 이제는 강의에 직접 도움이 안 되는 화려한 색깔과 예쁘고 멋있는 이미지들에는 시큰둥한 반응을 보입니다. 역시 심플한 게 오래갑니다.•

그런데 제 슬라이드가 가끔 많은 내용으로 빼곡할 때가 있습니다. 4장 '콘텐츠 디자인하기'에서 설명하겠지만, 그런 경우에는 슬라이드는 같은 틀을 유지하면서 새로운 내용이 추가되는 방식을 사용함으로써 실제로 청중에게 전달되는 정보의 양이 넘치지 않도록 조절합니다.

바탕색과 글자 색, 글씨체 선택법

슬라이드는 화려함보다는 대비도가 중요합니다. 글씨 색깔이 슬라이드 배경 색깔과 차이가 덜 날수록 눈이 피곤하며, 차이가 클수록 글씨가

• 초보 강사의 슬라이드는 '슬릭'하고 '스웩'하지만 싫증 난다.
  경력 강사의 슬라이드는 '슬림'하고 '심플'하지만 심오하다.

배경에서 톡 튀어나오는 것처럼 잘 구분되고 또렷이 보입니다. 좋은 대비도는 주로 밝은 바탕에 검은 글씨 또는 반대로 어두운 바탕에 밝은 글씨를 쓰는 방식입니다.

발표의 귀재 스티브 잡스가 검정색에 가까울 만큼 어둡고 짙은 파란색 바탕에 흰 글씨를 사용한 후 많은 강사들이 따라 하는 붐이 일어났습니다. 어두운 파란색은 편안함과 안전함을 의미하며, 그래서 신뢰와 평화의 느낌을 주는 색감입니다. 실제로 호흡과 맥박을 늦추는 효과가 있다고 합니다.

여기에 선명도를 높이기 위해 글씨에 흰색 대신 노란색을 사용하기도 합니다. 흰색에서는 깨끗함, 순수함, 단순함이 느껴지고, 노란색에서는 행복, 희망, 이상 등이 느껴집니다. 단순히 색깔만이 아니라 색감마저 대비시키는 고난도 기법입니다.

저는 그렇게 하지 않습니다. 왜냐하면 그 이유를 알기 때문입니다. 대형 강의는 주로 무대에 선 강사에게만 조명을 밝게 비추고 나머지 강의장은 어둡습니다. 그래야 청중이 많이 모였더라도 강의장 분위기가 차분하고 조용하게 유지됩니다. 이런 상황에서는 스크린이 어두워야 대중 관리가 되고, 또 내용도 잘 보이게 됩니다. 하지만 보통의 강의는 환한 곳에서 이루어집니다. 이럴 때 슬라이드는 대형 강의일 때와 반대로 하얀 배경에 검정 글씨가 적합합니다.

두 번째 이유는 색깔과 색감을 맞추는 일에는 엄청난 시간이 소요되는데, 그에 투자할 시간이 저에게는 없습니다. 바탕색이 흰색이 아닐 경우, 많은 고민거리가 추가로 발생합니다. 그림을 하나 넣으려고 해도 만만치 않습니다. 앞서 말씀드렸듯이 명강사의 스타일을 따라 한다고 명강사가 되는 것은 아닙니다. 강의법에는 정답이 없습니다. 스티브 잡스의 발

밋밋하지만 담백한 글씨체　　예쁘지만 피곤한 글씨체

밋밋하지만 담백한 글씨체　　예쁘지만 피곤한 글씨체

밋밋하지만 담백한 글씨체　　**예쁘지만 피곤한 글씨체**

그림 3-3 밋밋하지만 담백한 글씨체 vs 예쁘지만 피곤한 글씨체

표가 정답인 것도 아닙니다.

제가 권하는 색깔은 기본적으로 흰 바탕에 검정 글자 색입니다. 추가로 붉은 계열 색, 파란 계열 색, 그리고 회색으로 변화를 줍니다.

또 슬라이드에 예쁘고 한껏 멋을 부린 글씨체를 사용하는 강사가 많습니다. 가끔 특별히 정감을 강조해야 하는 경우, 예를 들어 시를 인용한다거나 대화 내용을 적을 때는 이런 글씨체가 적절합니다. 하지만 기본 폰트는 담백한 글씨체가 눈에 부담을 덜 줍니다. 이런 대표적인 글씨체는 고딕체입니다.

또한 글씨체는 되도록 처음부터 끝까지 한 가지로 유지하면 좋습니다. 변화는 볼드체(진한 글씨)와 색채로 강조하는 정도가 충분합니다.

동영상은 맑고 밝고 '쩔어야' 한다

이제 파워포인트 세대를 넘어 유튜브 세대가 왔습니다. 유튜브는 동영상입니다. 그림만으로는 안 되는 세상이 왔습니다. 이제 저는 동영상을

사용하는 기술에 많은 노력을 기울입니다.

제가 사용하는 동영상에는 세 가지 원칙이 있습니다. 간결하고 명료하고 흥미로워야 한다는 것입니다. 이런 요소들을 더 짧게 표현하면, '맑다, 밝다, 쩐다'가 될 수 있을 겁니다. 군더더기가 없으니까 맑고, 명료하다는 것은 밝다는 뜻이고, 흥미롭다는 말은 요즘 말로 '쩐다'는 뜻입니다.

제가 보여주는 동영상은 주로 매우 짧습니다. 10초, 20초, 30초 등 초 단위입니다. 필요한 부분만, 핵심 메시지를 전달할 정도의 분량만 쓰는 것입니다. 장황하지 않으니까 보는 순간 어떤 메시지를 전달하려는지 명확합니다. 제가 굳이 말로 설명할 필요가 없습니다. 필요한 만큼만 보니까 더 보고 싶은 마음도 생깁니다.

요즘 15초짜리 동영상만 허락되는 앱이 큰 인기입니다. 비디오 세대의 주의력이 고작 6초밖에 안 된다는 연구도 있습니다. 주의력이 7초인 금붕어보다 못하다는 충격적인 결과입니다. 이런 현상을 탓해봤자 소용없습니다. 그럼에도 불구하고 청중이 강의에 집중할 수 있도록 하는 능력을 지녀야 합니다.

1시간짜리 강의를 하면서 5분씩, 10분씩 동영상을 틀어놓는 강의는 지양해야 합니다. 물론 항상 예외는 존재합니다. 최근에 삼성병원 의료진을 대상으로 한 3시간짜리 강의에서 저는 마지막 시간에 13분짜리 동영상을 사용했습니다. 제가 강의한 내용을 간결하게 요약한 다른 강사의 강의를 들려준 것입니다. 매우 긴 강의였기에 10분이 넘는 동영상이더라도 적절한 길이라고 생각합니다.

마이크 선택법

마이크도 기본 도구가 되었습니다. 예전에야 강단에 마이크 스탠드가 놓여 있는 경우가 대부분이었지만 이제는 손에 드는 마이크도 있고, 옷깃에 다는 핀 마이크, 아이돌 가수처럼 귀에 거는 헤드셋 마이크, 이어셋 마이크도 있습니다. 강사에게 이들 중 선택하라고 하는 곳도 많아졌습니다. 아마 강사는 본인한테 익숙한 것을 선택할 것입니다.

그러나 선택해야 한다는 것은 각 도구에 장단점이 있다는 뜻이기도 합니다. 이를 두루 고려하지 않고 오로지 강사 본인의 습관 또는 선호도만 고려한다면 결국 강사의 입장을 먼저 생각하는 이류 강사를 벗어나지 못하는 것입니다. 일류 강사는 청중을 고려하고 강의 목적에 가장 부합한 것이 무엇인지를 판단 기준으로 삼습니다.

저는 대형 강의를 할 때는 핀 마이크 또는 헤드셋 마이크를 사용합니다. 반면 소형 강의에는 일부러 손 마이크를 사용합니다. 가장 익숙하기 때문이 아닙니다. 손놀림을 관리하기 위해서입니다.

소규모 청중 앞에서 큰 몸동작을 하게 되면 청중이 불편합니다. 반대로 대규모 강의장에서 몸동작이 작으면 멀리서 보는 청중까지 전달되지 않습니다. 그래서 저는 소규모 강의의 경우 최소한 한 손은 마이크에 고정시켜서 손동작을 자제합니다. 대규모 강의에는 두 손을 다 자유자재로 사용해서 몸동작을 극대화할 수 있도록 되도록 손 마이크를 사용하지 않습니다.

결국 '손'도 강의를 더 잘하기 위한 도구인 셈입니다. 핀 마이크를 사용할 경우, 갑자기 여유로운 손이 하나 더 생기게 됩니다. 한 손도 부자연스러운 상황이라면 핀 마이크는 상당히 부담스러울 수 있습니다. 그래서 저는 대형 강의가 아닐 때는 손 마이크를 선호합니다.

도구를 사용하려면 확실하게 준비하라

강의를 할 때 우리는 알게 모르게 많은 도구에 의존합니다. 그러나 파워포인트나 빔프로젝터 사용법을 잘 모르는 강사가 있습니다. 물론 시청각 기술자가 대기하는 대형 강연장도 있지만, 예외적인 경우입니다. 그래서 강사는 도구 사용법을 어느 정도 알아야 합니다.

도구는 기계이기 때문에 언젠가는 오작동하게 되어 있습니다. 가는 날이 장날이란 말이 있듯이 운이 나쁘게도 도구가 고장 나는 날이 바로 본인이 강의하는 날일 수 있는 것입니다. 그래서 저는 항상 백업을 준비해서 다닙니다.

일단 강의장에 컴퓨터가 있어도 제 개인 노트북을 가지고 갑니다. 노트북에는 당연히 강의에 필요한 파일이 들어 있지만 그 파일을 별도로 usb에도 담아 갑니다. 대형 강의를 할 때는 발표 파일을 클라우드에 보관해 두기도 합니다.

도구가 진화할 때마다 도구 사이의 연결도 문제가 됩니다. 예를 들면 컴퓨터와 빔프로젝터를 연결하는 포트가 계속해서 더 작아지고 영상과 음향 송출 라인이 하나로 압축되고 있습니다. 그래서 도구들의 브랜드와 버전에 따라 호환 문제가 발생합니다. 모든 변수에 다 대비할 수는 없지만 강사가 최소한 가장 흔하고 간단한 호환 장비는 갖출 수 있습니다.

저는 조그만 스피커도 준비해 갑니다. 의외로 현장에서 사운드 시스템 문제가 종종 발생하기 때문입니다. 현장에 있는 도구가 부실해서가 아니라 오히려 도구가 화려해서 문제가 발생합니다. 예전에는 전문가들이 사용하던 고급 사양의 장비를 일반 강의장에도 기본적으로 갖추었기 때문입니다.

노트북만 해도 음악 프로듀서가 사용하는 것처럼 사운드 퀄리티를 조정하고 사운드를 여러 스피커로 전달하는 장치가 들어 있습니다. 그래서 한번 잘못 건드리면 써야 할 사운드가 어디론가 사라져버리고 다시 찾기 어려운 경우가 종종 발생합니다. 이런 응급 상황에 대비해서 휴대용 스피커를 가지고 다니는 것입니다. 요즘은 손바닥만 한 스피커도 용량이 커서 웬만한 크기의 강의장에서는 제 역할을 해냅니다.

빔프로젝터의 뮤트와 프리즈 기능을 활용하기

빔프로젝터를 끄지 않고 화면을 차단하는 '뮤트(mute)' 기능과 화면 내용을 일시 멈추는 '프리즈(freeze)' 기능도 있습니다. 이런 기능을 잘 활용하는 것도 강의 기술입니다. 강의 중에 화면을 끄기 위해 빔프로젝터를 꺼버리면 다시 켜질 때까지 시간이 걸립니다. 불이 밝아질 때까지 우두커니 기다리다 보면 강의의 맥이 끊어지게 됩니다.

뮤트와 프리즈 기능을 꼭 사용해야 하는 순간이 있습니다. 강의 직전에 발표 파일을 세팅하거나 강의 중에 잠시 파일을 수정해야 할 때에는 화면을 일시 차단해야 합니다. 빔프로젝터를 켜놓은 상태에서 슬라이드 세팅 작업을 하게 되면 청중은 강의 발표 내용을 다 보게 됩니다. 그러면 강의에서 전달해야 할 신선하고 참신한 요소를 사전에 노출시켜서 효과가 반감될 수밖에 없습니다.

강사는 강의를 청중에게 드리는 선물로 여겨야 합니다. 청중이 선물을 하나씩 풀어볼 때 얼마나 즐겁고 기쁘겠습니까? 그런데 본의 아니게 발표 자료가 사전에 노출된다면 강사 스스로 선물 보따리를 다 풀어 헤치는 것과 다를 바 없습니다.

강의 중에 발표 파일을 세팅할 필요가 없도록 동영상과 인터넷 사이트는 미리 파일에 링크해 놓으세요. 그래서 스마트 포인터로 동영상을 작동시키고 외부 사이트로 연결되도록 하세요. 스마트 포인터는 기능이 간단할수록 좋습니다. 앞으로 움직이기와 뒤로 움직이는 버튼 둘만 있는 게 최고입니다. 너무 많은 기능이 있으면 강의하다가 실수로 엉뚱한 버튼을 눌러 발표가 헝클어지는 경우가 있습니다.

컴퓨터 위치 조정하기

앞서 몸동작을 설명할 때 시선을 청중으로 향하기 위해서는 컴퓨터 모니터를 강사가 볼 수 있도록 위치시키라고 한 바 있습니다. 그러나 대부분의 강의장에는 컴퓨터가 강사 양옆에 있는 벽 쪽 테이블이나 무대 뒤에 설치되어 있습니다. 그리고 화면을 벽 방향으로 돌려놓습니다. 공연장에는 컴퓨터가 공연장 맨 뒤 꼭대기에 있습니다. 강사에게는 좋은 위치가 아닙니다. 강사가 컴퓨터 모니터를 볼 수 없기 때문입니다.

강의 전용 강연장이라면 강사 앞에 별도의 모니터를 두어서 강사가 돌아서지 않고도 스크린 내용을 보도록 배려한 경우가 많습니다. 그러나 강사가 아닌 사람이 세팅을 준비한 것이기 때문에 아쉬운 점이 있습니다. 예를 들어 제가 모니터에서 보고 싶은 것은 현 슬라이드 내용이 아니라 다음 슬라이드 내용입니다. 그래야 강의를 좀더 자신 있게 진행할 수 있기 때문입니다.

그래서 저는 제 개인 노트북을 제가 쉽게 볼 수 있도록 앞에 추가로 놓고, '프레젠테이션 모드'를 사용하여 다음 스크린에 나오는 내용을 미리 볼 수 있게 합니다. 만약에 노트북을 더 가져다 놓을 수 있다면 추가 노트북 모니터에는 한꺼번에 여러 슬라이드를 볼 수 있게 합니다. 꼭 한 대의 컴퓨터만 사용할 이유는 없습니다.

예전에 오버헤드 프로젝터를 사용했던 시절에는 제가 두 대의 프로젝터와 스크린을 동시에 사용하는 모습에 청중이 놀라곤 했습니다. 그때 강사는 한 대의 프로젝터와 하나의 스크린을 사용하는 게 당연했으니까요. 지금 생각해 보니 두 개의 스크린을 붙이면 오늘날 표준이 된 16 : 9 스크린 비율과 비슷합니다. 제가 불문율을 파괴한 게 아니라 그저 시대를 조금 앞서 간 것뿐인 셈입니다.

도구 없이 강의해 보기

강사는 시청각 도구 없이도 청중들의 주의력을 장악할 수 있는 기본 능력을 지녀야 합니다. 도구는 강사를 돕는 것이지 대체하는 것이 아니기 때문입니다. 처음부터 시청각 도구에 의존하면 청중의 주의력을 강사에게 모으는 능력을 갖추는 것을 포기하는 셈입니다. 그래서 도구를 잘 사용하기 위해서는 먼저 도구를 사용하지 않고 강의를 해봐야 합니다.

여기서 '먼저'는 두 가지 시점을 말합니다. 강의 도입부와 초보 강사일 때입니다. 강의 도입부에는 청중의 주의력을 강사 본인에게 집중시켜야 합니다. 강의 초기에 강의의 주도력을 확보해야 한다는 뜻입니다. 반면 강사 초기에 도구 없이 강의를 해보는 것은 말로 강의하는 기본기를 충분히 갖추기 위함입니다. 어느 정도 기본이 갖추어진 후에는 시청각 도구를 앞부분이든 뒷부분이든, 짧든 길든, 화려하든 촌스럽든 강사 마음껏 활용해도 됩니다. 강사의 기본이 다져진 후에는 강사의 마음과 청중의 마음이 하나가 되어 있을 테니까요.

마이크 사용에도 같은 이치가 적용됩니다. 저는 40년 전부터 강의를 했는데, 그때는 강의실에 마이크가 비치되지 않았던 시대입니다. 백 명이 있는 강의실에서도 마이크 도움 없이 강의를 할 수밖에 없었고, 그 결과 마이크 없이도 멀리까지 퍼져나가고 쩌렁쩌렁 울리는 목소리를 가지게 되었습니다. 하루 종일 강의를 해도 목이 쉬지 않습니다.

마이크에 한번 의존하기 시작하면 성대가 훈련이 안 되고, 그러면 마이크 없는 날은 한 시간 수업에도 목이 쉬고, 잠기고, 고통스럽습니다. 그래서 특히 젊은 강사들에게 웬만한 상황에서도 잡음을 이겨낼 수 있는 성대를 가질 수 있는 연습을 하라고 조언합니다. 훗날 강사의 재산이 됩니다.●

언택트로 강의할 때: 도구 쓰기

마지막으로 온라인 강의에서 몇 가지 팁을 알려드리고자 합니다.

① 강의를 녹화하지 못하도록 하세요. 오프라인 강의를 할 때는 인터넷에 떠도는 이미지와 동영상을 맘껏 활용할 수 있습니다. 지적재산권법은 이러한 저작물들을 강사가 교육용으로 사용할 수 있도록 허용하기 때문입니다. 그러나 온라인이든 오프라인이든 상설로 게재되거나 유포되거나 타인에게 전달하는 것은 허용되지 않습니다.

강의를 온라인에 올리면 청중은 매우 쉽게 강의를 녹화할 수 있고,

● 초보 강사는 도구를 훌륭하게 사용하려고 한다.
  경력 강사는 본인 자체가 훌륭한 도구다.

그 녹화물을 다시 다른 곳에 올리는 경우도 흔합니다. 엄연한 불법 행위입니다. 강사는 이러한 법적 이슈마저 신경을 써야 합니다.

② 가능하다면 카메라를 여러 대 동원하세요. 강사를 촬영하고, 발표 자료가 있는 스크린을 공유하는 기본 용도 외에 추가 카메라가 오프라인 청중을 촬영해서 온라인 청중이 볼 수 있도록 해주면 온라인 청중도 오프라인 청중과 함께 강의실에 있는 분위기를 연출할 수 있습니다.

강의는 지식 전달이 아니라 강사와 청중이 한 시공간에서 함께하는 체험입니다. 그래서 저는 비록 몸은 만 리 밖에 있어도 마음과 정신은 함께할 수 있도록 노력합니다. 기술이 시공간의 한계를 극복할 수 있게 도와줍니다.

처음에는 여러 도구들을 연결하다 보니 크고 작은 문제가 발생하고 강의가 원활하지 않았습니다. 그러나 다행히 도구의 신뢰도가 점점 향상되고 도구끼리 호환 장비가 점점 필요 없어지고 있습니다.

이렇게 기술이 발전하다 보면 인공지능 AI가 강사의 역할마저 대신하지 않을지 걱정하는 사람도 있을지 모르겠습니다. 그러나 너무 걱정할 필요 없습니다. 역사적으로 볼 때 학습 도구의 발전은 강사의 수요를 증가시켰습니다. 책이 생기더니 학식을 쌓은 강사에 대한 수요가 크게 늘었고, 인터넷이 생기더니 온라인 강사 수요가 폭증했습니다. 마찬가지로 인공지능이 발전하면 인간의 지혜를 지닌 강사의 수요가 크게 증가할 것으로 믿습니다.

5

상호작용의 시작, 시선 처리의 모든 것

일반적인 강의 상황에서 강사와 청중 사이의 상호작용은 한정적입니다. 강의 중에 강사가 청중에게 묻기는 하지만 대답을 기대하지 않는 소크라테스식 질문, 청중이 실제로 대답하기를 요구하는 질문, 강의 마무리에 하는 질의응답 정도입니다. 가끔 청중들이 간단하게 실습할 기회가 주어지기도 하고, 강단에 올라오게 해 청중의 참여를 유도하기도 합니다.

그러나 강사는 아무 말 없이도 청중과 많은 상호작용을 할 수 있습니다. 특히 눈으로 소통하고 관계를 만들어나갑니다. 강의에서 강사의 시선이 매우 중요한 이유입니다.

사람이 외부 자극을 받아들이는 데는 주로 오감을 사용하는데, 이 중

시각을 통한 감각이 거의 85퍼센트를 차지합니다. 청각의 백 배나 됩니다. 그러니 사람이 서로 만나고 연결됨에 있어서 서로 눈을 마주치는 것을 제외하고는 이야기하기 어렵습니다.

눈은 서로에 대해서 많은 것을 보여주는 비구어적 소통 채널입니다. 말을 할 때 화자와 청자는 순차적으로 소통합니다. 하지만 시선은 쌍방향 소통의 통로입니다. 강사가 청중을 보는 일방적 행위가 아닙니다. 청중도 강사에게 무언으로 메시지를 전달합니다.

시선으로 연결하기

시선 처리는 청중과 소통하는 방법이자 동시에 관계를 맺는 기술입니다. 청중을 쳐다보지 않으면 청중이 강의 내용이 쉬워서 따분해하는지, 반대로 어려워서 혼란스러워하는지를 알 수 없습니다. 아무런 상호작용이 없다가 강의 끝 무렵에 청중에게 느닷없이 "질문 없습니까?"라고 물으면 청중은 조용할 것입니다. 갑자기 상호작용을 하자니 어색하고 불편하기 때문입니다.

청중에게 시선을 주는 행위는 청중에 대한 존중이며 청중과 연결하는 기본 방식입니다. 대화를 할 때 상대방이 쳐다보지 않는다면 답답함을 느끼게 되고, 그 상황이 지속되면 심지어 무시당하는 기분마저 듭니다. 시선 처리는 단순히 보는 행위만이 아니라 마음을 주고받는 방식입니다. 그래서 강사는 청중과 긍정적인 관계를 형성하기 위해서 반드시 시선을 청중에게 향해야 합니다.*

그러나 청중의 눈을 안 보는 강사들이 있습니다. 일반적으로 떳떳하지 못하거나 자신이 없을 때 상대방과 눈을 마주치지 못하고 피하게 됩니다. 강사가 강의 준비를 충분히 못 했다거나, 준비하기는 했지만 지식이나 정보가 빈약하다고 생각되는 상태에서는 청중의 눈을 피하게 되게 마련입니다. 이 경우 '안 본다'는 것보다는 '못 본다'는 말이 더 적합할 것입니다.

그냥 타인의 눈을 마주치는 것이 익숙하지 않아서 불편한 경우도 있습니다. 하지만 강의는 강사가 편안해지기 위해서 하는 게 아닙니다. 불편함을 감수하고 해야 할 일을 하는 게 강의입니다. 익숙해지도록 노력이 필요합니다.

주인의식을 가지고 시선을 두루 주기

애써 청중을 향해 시선을 돌리긴 하는데 강의실의 일정한 부분이나 몇몇 청중에게만 치우치는 경우가 많습니다. 예를 들어 강사는 평균적으로 가운데 앞쪽을 보게 됩니다. 얼굴과 표정이 더 잘 보이기 때문입니다. 그러면 강의실 양쪽 끝에 있는 사람들에게는 상대적으로 시선이 갈 확률이 떨어집니다. 이런 경우 강사의 시선을 못 받는 청중은 소외감을 느끼게 되며 학습 의욕을 잃게 될 수 있습니다.

이것은 과학적으로 입증된 사실입니다. 미국의 한 과학재단에서 대학교를 대상으로 조사를 했는데, 앞줄이나 가운데에 앉은 학생들의 성적이 A일 확률이 가장 높았습니다. 바로 강사의 시선이 가장 많이 가는 곳입

• 초보 강사에게 시선은 눈이 보는 방향이다.
  경력 강사에게 시선은 마음이 오가는 통로다.

니다. 이들은 학습 욕구가 크기 때문에 그 자리에 앉습니다. 반대로 수업 중에 딴짓을 하고 싶을 때는 강사의 시선이 잘 오지 않는 뒤쪽이나 양쪽 끝자리에 앉게 됩니다.•

좋은 강사는 그것을 그냥 방치하지 않습니다. 뒤쪽에 앉은 청중에게도 시선을 보냅니다. 그러면 청중은 긴장하고 집중하게 됩니다. 강사의 시선이 못 미치는 곳은 편합니다. 그러나 청중이 너무 편하면 안 됩니다.

시선을 두루 돌려야 하는 이유는 또 있습니다. 만약 강사가 편하다고 해서 한 사람만 계속해서 바라본다면, 그 사람은 부담스러워할 것입니다. 그래서 시선은 두루두루 나눠줘야 합니다.

이때 주의할 점은 시선을 너무 빨리 움직이지 말아야 한다는 것입니다. 청중이 자기의 눈이 강사의 눈과 마주쳤다는 사실을 의식할 때까지 한 청중에게 순간적으로 시선을 정지시켜야 합니다. 짧은 한마디 정도 말하는 시간 동안 시선을 머물게 하면 좋습니다.

그런데 놀랍게도 상당히 많은 강사가 한 군데만 봅니다. 그러면 안 된다는 것을 알기 때문에 시선을 돌리기는 하지만, 곧바로 시선이 돌아옵니다. 왜 그럴까요?

강의실에 백 명이 앉아 있으면 그중 왠지 내 마음을 편하게 해주는 사람이 꼭 있습니다. 그리고 정말 보기 싫은 사람도 있습니다. 그러면 강사는 자기 마음을 편하게 해주는 사람을 쳐다보게 됩니다.

왜일까요? 청중 중에는 그냥 조용히 앉아만 있는 사람들도 있고, 열심

• 초보 강사는 몸을 따라 시선이 움직인다.
　경력 강사는 시선을 따라 몸이 움직인다.

히 호응해 주는 사람도 있습니다. 그러면 후자를 쳐다보게 되어 있습니다. 일반적으로 사람들은 대화할 때 좋은 반응을 보이거나 편안한 얼굴이 있는 쪽을 보며 말하는 경향이 있습니다. 강사는 거기에서 안정감과 자신감을 찾고, 힘을 얻습니다.

사실은 청중이 강사에게 의지해야 합니다. 그 사람을 통해 알고 배우고자 하는 것은 의지하는 일입니다. 그런데 거꾸로 강사가 심리적으로 청중에게 의지한다면 썩 좋은 모습은 아닙니다.

시선의 방향만이 아니라 시선에 어떤 감정이 담겼는지도 중요합니다. 청중을 처음 만날 때 강사는 주인의식을 지녀야 합니다. 비록 강의에 초대받은 강사지만 강의가 시작되면 강사는 주인이고 청중은 손님입니다. 강사가 먼저 손님을 맞이하는 마음으로 청중에게 다가가야 합니다.[*] 청중에게 시선을 줄 때는 마치 그 강의실에 그 사람 한 명밖에 없는듯이 온 관심을 쏟아주세요.

또 소중한 손님을 맞이할 때 손님의 신분을 파악하기 위해 위아래로 훑어보지 않듯이 강사도 두리번거리는 표정을 삼가야 합니다. 소중한 손님에게 반갑거나 따뜻한 표정을 짓듯이 강사도 청중을 우호적인 표정으로 맞이해야 합니다.

• 초보 강사는 청중의 반응에 의지함으로써 그들에게 기댄다.
　경력 강사는 청중을 지지해 줌으로써 그들에게 기여한다.

강의장에 미리 가 있기

만약 여러분의 집에 손님이 오는데, 외출했다가 손님과 같이 현관에서 벨을 누르고 들어온다면 어떨까요? 만약 저녁 초대를 했다면 주인은 당연히 저녁 준비를 다 끝내고, 손님을 맞이하고, 인사도 충분히 나누고, 그런 다음 손님을 대접합니다. 손님이 들어올 때부터 음식 준비를 한다고 허둥지둥한다면 그것은 손님을 맞이하는 모습이 아닙니다.

좋은 강사는 강의 시간에 맞춰서 강의실에 도착하고, 도착하자마자 곧바로 강의하지 않습니다. 충분히 미리 와서 점검하고, 장비들을 테스트해 보고, 여유를 가지고 청중을 맞이해야 합니다.

한때 빔프로젝터와 컴퓨터 간 연결이 다소 불안정했을 때, 다양한 포맷의 동영상을 처리하는 소프트웨어들의 호환성이 낮았을 때는 저는 최소한 30분은 미리 가서 장비들을 점검했습니다. 지금은 IT 기술이 상당히 안정적이어서 15분 정도 여유만 있어도 충분합니다.

하드웨어 점검이 끝나면 저는 곧바로 미리 와서 기다리고 있는 청중들을 손님처럼 맞이합니다. 한 분 한 분에게 다가가 약간의 대화를 나누기도 합니다. '안녕하세요' '환영합니다' 등 간단한 인사도 나누고, '어떻게 오셨어요?' '일찍 오셨네요. 혹시 이 강의를 꼭 듣고 싶으신 이유가 있나요?'라고 묻기도 합니다. 그저 인사하기 위해서만이 아닙니다. 대화를 나누면서 청중에 대한 알아차림도 얻습니다.

아마도 일찍 온 청중은 강의에 좀더 적극적인 분들일 것입니다. 이 간단한 상호작용으로 그분들이 강의가 시작할 때까지 지루하게 기다리지 않게 배려하는 동시에 개별적으로 관심을 보여줌으로써 일찍 온 보람을 느끼도록 합니다. 다른 청중들이 강의장에 들어오면서 강사가 청중과 대화를 나누는 모습을 보면 강사에 대한 친밀성도 높아집니다.*

저는 강의장에 미리 가 있기 위해서 주로 대중교통을 이용합니다. 직접 운전을 하면 사소한 접촉사고만 나도 수습하느라 강의 시간을 맞출 수 없기 때문입니다. 실제로 제가 강의에 택시를 타고 가던 중에 접촉사고가 발생한 적이 있습니다. 저는 택시에서 내려 곧바로 다른 택시를 타고 이동했고, 아무 문제 없이 강의 시간에 맞출 수 있었습니다.

미국의 통계에 의하면 사람은 평균 18년에 한 번씩 자동차 사고를 낸다고 합니다. 그러니 자동차 사고는 언제든지 발생할 수 있습니다. 저는 그런 작은 확률도 없앨 수 있는 방법이 있다면 당연히 그 방법을 택합니다. 그래서 주로 지하철을 타고 다닙니다. 택시는 편하긴 하지만 교통 상황이 언제 어떻게 바뀔지 예측하기 어렵기 때문입니다.

제가 강의장에 미리 가 있지 못한 경우가 두 번 있었습니다. 수천 번 강의에 단 두 번이지만 마음에 새겨두고 있습니다. 한 번은 기업체 강의였는데 초청 기관에서 보내온 차편이 잘못되어 늦어지게 되었습니다. 다행히 뒤 일정과 순서를 바꿀 수 있어서 큰 차질을 빚지는 않았습니다. 저는 강의를 시작하면서 청중에게 미안하다고 사과했습니다. 제 잘못은 아니지만, 강사는 책임을 져야 합니다.

두 번째는 큰 실수였습니다. 많은 청중이 모인 자리에 제가 불참하게 된 것입니다. 제 특강이 유일한 행사였으니 주최 측으로서는 참사나 마찬가지였습니다. 저의 특강 일정을 관리하던 직원이 새로 바뀌는 과정에서 인수인계가 제대로 안 되어 일어난 일입니다.

• 초보 강사는 시간이 되면 청중에게 강의를 시작한다.
  경력 강사는 청중을 만나는 순간부터 강의가 시작된다고 여긴다.

저는 이날 이후 반년간 특강을 하지 않았습니다. 이미 약속된 특강만 소화하고 새롭게 제안해 오는 특강을 모두 거절했습니다. 그 당시 저의 주요 수입원은 외부 특강이었기 때문에 상당한 경제적 손실을 감수한 조치였습니다. 주최 측은 너그럽게 이해하고 용서해 주었지만 저는 남에게 큰 피해를 주었으면서 아무 일 없는 듯 다른 강연을 한다는 게 스스로 용납되지 않았습니다. 저는 그날 피해를 입은 주최 관계자와 청중에게 오늘도 미안합니다.

언택트로 강의할 때: 상호작용

시선 처리와 관련해 온라인 강의의 경우 몇 가지 팁을 알아보겠습니다.

① 화상회의 프로그램으로 강의하는 경우 여러 대의 컴퓨터와 스크린을 사용하세요. 앞쪽에 발표 자료를 담은 컴퓨터 스크린과 청중의 얼굴이 나오는 또다른 스크린을 설치하세요. 온·오프라인 병행 강의를 진행하는 경우는 강사가 두 스크린과 오프라인 스크린을 동시에 모니터링할 수 있게 하세요. 두 스크린을 다 앞면에 설치하면 오프라인 청중에서 눈을 뗄 필요가 없어지게 됩니다.

② 실시간으로 스크린을 통해 모든 청중을 보면서 강의를 한다면 다양한 배경화면을 즐기세요. 예전에는 청중 모두가 하나의 똑같은 강의실을 배경으로 강의를 들었기 때문에 청중의 얼굴과 표정과 몸동작에 집중할 수 있었습니다.

이제는 청중 한 명 한 명 뒤에 비친 배경이 제각각입니다. 다양한 모습이 제 눈 안으로 들어옵니다. 아무리 무시하고 싶어도 어쩔 수 없이 사람의 눈은 색다르고 진기한 것에 초점을 맞춥니다. 엄청난 양의 배경과 부차적인 정보에 시선이 쏠리고 신경이 쓰입니다. 그러니 배경화면이라고 생각하고 그냥 즐기세요. 즐기면 어느덧 의식에서 사라집니다.

6

강의 진행과
시공간의 흐름

강의를 진행할 때는 말을 하고, 몸동작으로 강조하고, 시청각 자료도 보여주고, 청중과 상호작용도 합니다. 지금까지 이런 활동에 대해 살펴보았습니다. 이제 나머지 활동과 관련된 이야기를 하겠습니다.

저는 강의 진행을 시간적 차원에서 접근합니다. 강사의 능력은 준비된 강의를 현장에서 어떻게 실시간으로 실행하는지에 대한 것입니다. 강의 준비는 사전에 각 강의 시점에서 필요한 다양한 요소들을 하나의 그림으로 완성하는 일입니다. 강의 진행은 그 완성된 그림들을 강의 현장에서 청중에게 실시간으로 펼쳐 보이는 행동입니다.

만약 강의를 사전에 준비한 대로 추진해 나갈 수만 있다면 강의 진행에 대해 고민할 거리가 없습니다. 하지만 강의는 강사 혼자 하는 게 아니라 많은 청중과 유기적 상호작용으로 이루어지기 때문에 돌발 상황도 심심찮게 발생합니다. 다양한 변수에 대처해 그때그때 조절해 나가는 게 강의 진행 능력입니다. 여기에는 시간을 관리하는 책임감, 청중에 대한 알아차림, 상황에 대한 판단력, 변수에 즉각적으로 대응하는 순발력과 즉흥성, 청중의 관심과 주의를 유지하는 장악력 등이 중요합니다.

강의는 마라톤

저는 강의를 100미터 달리기가 아니라 마라톤으로 여깁니다. 마라톤은 그저 최선을 다해 빨리 뛰는 것도 아니고, 처음부터 끝까지 일정한 속도로 달리는 것도 아닙니다. 마라톤 코스와 자신의 컨디션, 타 선수들의 반응 등을 다각적으로 고려해서 매 순간 속도를 조절해야 합니다. 이를 흔히 '페이스 조절'이라고 하지요.

강의도 상황에 맞추어 속도를 조절해야 합니다. 대개 강의의 결론은 끝머리에 나오기 때문에 강의는 오히려 끝나갈수록 여유 있게 진행해야 합니다. 강의를 그때그때 상황에 따라 융통성 있게 조절하지 못하고 준비한 그대로 이행하려고만 하면 마무리를 급하게 지어야 하는 불상사가 생기곤 합니다.

다행히 강의는 마라톤과는 달리 모든 구간을 다 거치고 중간 지점을 일일이 통과하지 않아도 됩니다. 만약 청중이 강의의 핵심 내용을 좀 어려워한다는 모습이 포착되면 강의 페이스를 늦추어 소화할 여유를 주어야 합니다. 그 대신 이차적인 내용은 건너뛰거나 다소 가볍게 다루어도 됩니다. 즉, 속도만이 아니라 코스를 약간 바꾸는 전략도 가능합니다.

또 장시간을 뛰어야 하는 마라톤이라고 해서 선수가 중간에 앉아서 쉬는 일은 없습니다. 마찬가지로 강사는 강의 시간을 낭비하지 않고 알뜰하게 보내야 합니다. 한 시간짜리 강의라면 1분 1초도 낭비하지 않고 의미 있게 보내야 합니다. 텔레비전 광고는 15초 정도이고, 길어야 30초입니다. 그 짧은 시간 동안 전달하는 메시지에 기업들은 사활을 걸기도 합니다. 그 정도까지 시간에 매달릴 필요는 없더라도 강사는 반드시 시간 관리를 해야 합니다.

물리적 여유와 정신적 여유

앞에서 저는 강의 진행에 여유가 있어야 한다고 하고서는 곧바로 단 1분 1초도 쉬지 말아야 한다고 했습니다. 여러분은 여유를 부려야 하는지 말아야 하는지 조금 헷갈릴 수도 있습니다. 그러나 여유라는 개념은 물리적(시공간적) 차원과 정서적 차원이 있다는 사실을 알면 쉽게 이해할 수 있습니다.

강의 내용이 너무 많아서 강의를 빠르게 진행해야 한다면 강의 구성의 문제입니다. 이런 경우 '강의에 여유가 없다'고 합니다. 이런 강의의 슬라이드를 보면 빽빽하게 차 있습니다. 공간에 여백이 별로 없습니다.

강사가 느긋하게 진행하다가 갑자기 속도가 빨라진다면 강의 진행의 문제입니다. 이런 경우 '강의가 여유 없다'고 말합니다. 페이스 조절을 제대로 하지 못한 결과입니다. 시간에 쫓겨 서두릅니다.

강의 내용의 양이 적절하고 진행 속도도 적합한데 강사가 허둥댄다면 강사의 급한 마음이 문제입니다. 이런 경우는 '강사가 여유가 없다'고 합니다. 이때 '빠르다'는 것은 절대적 속도의 개념이고 '급하다'는 것은 생각이 앞선다는 상대적 개념입니다.

공간적이든 시간적이든 정서적이든, 어떤 차원의 여유라도 없으면 청중의 입장에서는 힘듭니다. 많이 먹어도, 급히 먹어도 체해서 힘든 건 마찬가지입니다. 음식의 양도 적절하고 식사 시간도 넉넉한데 옆에서 식당 종업원이 안절부절못하면 음식 맛을 느낄 수 없습니다. 강사는 청중이 소화불량에 걸리지 않도록 여유 있는 강의를 준비하고 그 강의를 여유 있게 진행해야 합니다. 가장 중요한 건 강사가 마음의 여유를 지녀야 다양한 청중을 품을 수 있는 스케일을 키울 수 있다는 점입니다.●

강의 시간을 새롭게 계산하기

강의 시작이 늦어지는 경우가 흔합니다. 일반인을 위한 무료 강연에는 청중들이 강의 시작 시간이 다 되어서야 강의실에 입장하는 경우가 여전히 많습니다. 사회자는 어수선한 분위기를 강사에게 보이는 게 미안한지 강의 시작 시간을 늦춥니다.

어떤 경우에는 청중들은 다 착석했는데 귀빈들이 늦게 들어오는 경우도 있습니다. 일부러 느지막하게 입장하는 것 같기도 합니다. 또 축사와 환영사가 약속된 3분이 아니라 13분을 잡아먹는 경우도 흔합니다.

이래저래 강의 시작이 상당히 늦춰지는 경우 사회자가 살짝 귀띔하기도 합니다. "조금 늦게 끝내셔도 돼요." 저는 말은 고맙다고 하지만 되도록 강의 종료 예정 시간을 넘기지 않습니다. 약속된 강의 종료 시간이 되

● 초보 강사는 내용이 꽉 차고, 진행이 느슨하고, 행동이 절박하다.
　경력 강사는 내용이 알차고, 진행이 느긋하고, 행동이 쌈박하다.

는 순간, 비록 몸은 강의장에 남아 있더라도 청중의 마음과 정신은 벌써 다른 곳으로 빠져나갔기 때문입니다.

다른 약속이나 할 일이 있어서 시간이 급할 수도 있습니다. 그러나 약속이 없더라도 끝나기로 예상한 시간이 넘어가면 짜증이 납니다. 좀 무시당하는 기분도 듭니다. 제가 그렇다면 다른 사람도 그렇게 느끼겠지요. 그래서 강의 시간을 넘긴 강의는 별 효과가 없습니다.

강의가 길다고 불평하는 청중은 봤지만, 짧았다고 불평하는 청중은 아직 본 적이 없습니다. 약간의 아쉬움이 남는 강의가 불만스러운 강의보다 훨씬 낫습니다. 강의는 제시간에 끝내는 게 가장 좋습니다.

혹시 강의를 늦게 시작하거나, 빨리 끝내거나, 강의 내용과 무관한 잡담을 한다거나 하면서 소중한 시간을 허비하지는 않는지 살펴보시기 바랍니다. 강의 시간이 끝났는데도 계속해서 진행되는 강의도 시간을 허비하는 예입니다.

진정성을 갖추는 최고의 방법은 강의 시간을 새롭게 계산하는 것입니다. 저는 강의 시간을 남다르게 계산합니다. 만약 두 시간 특강에 백 명의 청중이 있다면 제가 책임져야 하는 시간은 총 600시간이라고 계산합니다. 강의 시간뿐만 아니라 청중이 오고 가는데 걸리는 시간을 강의 시간과 동일하게 계산합니다.

책임 시간 = (강의 시간 + 강의 들으러 오가는 시간) × (청중 수)

강사 입장에서 강의를 하는 시간은 2시간이지만 청중이 강의를 듣기 위해 투자한 시간은 600시간이라는 뜻입니다. 갑자기 어깨가 무거워지고, 강의의 가치가 확연하게 다르게 느껴집니다.

제가 사용하는 시간 계산법이 다르니 제 강사료 계산법도 다릅니다. 일반적으로는 큰 행사, 즉 청중이 많은 강의에 높은 강사료가 책정됩니다. 좀 이상하지 않습니까? 청중 수가 더 많다고 해서 강사가 더 많이 준비하고 더 열심히 강의하는 것은 아닌데 말입니다.

저는 열 명이든 천 명이든 같은 준비와 노력을 합니다. 그래서 제 강사료는 역으로 청중 수와 반비례합니다. 청중이 많은 강의는 낮은 강사료가 책정되어도 할 가치가 있습니다. 또한 저에게는 열심히 일을 할 수 있는 시간이 한정되어 있습니다. 제 목표는 그 한정된 시간에 더 많은 사람들에게 도움이 되는 것입니다. 그래서 대형 강의라면 강사료가 소형 강의의 절반이라도 기쁘게 달려갈 수 있습니다.

실수에 집착하지 말고 돌발상황에 대처하기

강사의 강의 진행 능력은 강의가 준비된 대로 되지 않을 때 빛을 발합니다. 강사가 실수하는 경우가 있습니다. 예를 들어 초보 강사는 스트레스 때문에 갑자기 준비한 말을 기억해 내지 못해서 머뭇거리기도 하고, 준비한 슬라이드가 뜻대로 작동하지 않을 수도 있습니다. 이때 실수하지 않은 척해서는 안 됩니다. 뻔뻔해 보이면 신뢰를 잃을 수 있습니다. 그러나 실수에 오래 머물러서도 안 됩니다.

"준비된 게 잘 보이지 않아서 아쉽습니다. 나중에 시간이 허락하면 다시 보여드리지요."

"갑자기 생각이 떠오르지 않네요. 미안해요. 중요한 포인트는……"

이처럼 간단하게 인정하고 곧바로 다음으로 진행하세요. 일반적으로 청중은 강사가 저지른 실수가 얼마나 큰 실수인지 모릅니다. 강사가 실수에 집착하면서 실수의 의미를 더 키울 필요가 없습니다.

강사는 그 순간 속상하고 창피할 수 있지만, 청중은 그런 실수를 마음에도, 기억에도 담아두지 않습니다. 그러나 강사가 계속해서 실수에 머문다면, 예를 들어 하고 싶던 말이 기억날 때까지 '어, 어' 한다든지 컴퓨터를 다시 세팅한다든지 하면서 시간을 끌면 결국 청중은 그 실수를 기억하게 되겠지요. 이렇게 하면 작은 실수를 만회하고자 더 큰 실수를 저지르는 셈입니다.

앞으로 강의 중 실수를 했다면 스스로 질문해 보세요. 가장 흉측한 결과는 무엇일까요? 누가 죽기라도 하나요? 최악의 경우라도 그렇게 큰 문제가 아닙니다. 만약에 실수하는 게 정말 싫으면 다음번에는 실수하지 않도록 더 잘 준비하면 됩니다.

강의를 진행하다 보면 돌발 상황이 생길 때가 있습니다. 아기가 운다든지, 어떤 청중이 옆 사람하고 크게 잡담하는 소리가 들린다든지, 전화벨이 울리는 경우입니다. 이럴 때 청중의 주의는 자연스럽게 그쪽으로 옮겨갑니다. 강사의 입장에선 주의력을 빼앗긴 셈입니다. 주의력을 어렵게 모았는데 다시 흐트러지니 짜증도 나고 불쾌합니다.

하지만 그런 부정적 감정을 보이지 말고 그냥 대수롭지 않게 넘기세요. 그게 오히려 흐트러진 주의력을 다시 모으는 데 도움이 됩니다.

갑자기 튀어나온 소리에 사람의 주의력이 모이는 것은 자동 반사적 반응입니다. 그러나 그것은 교감신경계가 순간적으로 작동된 무의식적 결과여서 오래가지 않습니다. 하지만 만약 강사가 이에 부정적 반응을 보여서 청중이 의식하게 하면 그 부정적 정서는 좀더 오래갑니다.

저는 청중이 아니라 아기를 데리고 온 엄마를 더 걱정합니다. 분명 사정이 있어서 아기를 데리고 왔을 텐데, 갑자기 아기가 울면 얼마나 난처하겠습니까. 그래서 저는 그냥 지나치지 않고 한마디 합니다.

"아기가 제 말이 옳다고 하네요. 고마워, 아가야."

청중은 안심합니다. 사실 아기가 울면 청중도 걱정합니다. 비록 주최 측은 아니지만 괜히 강사에게 미안하고, 혹시 강사가 자신이 속한 공동체의 수준을 낮게 평가할까 봐 걱정하기도 합니다. 주인의식이 있는 분들은 그렇습니다. 제 코멘트가 그런 '쓸데없는' 걱정을 날려줍니다.

그러나 가끔 옆 사람하고 계속 잡담하는 청중이 있을 때가 있습니다. 다행스럽게도 정말 가끔이지만, 이런 경우에 저는 그 청중이 다른 청중을 방해하도록 내버려두지 않습니다. 강사는 청중에게 좋은 경험을 선물해야 할 책임이 있습니다. 그래서 저는 그분에게 강의실을 나가달라고 정중하게 요청합니다. 사회자가 있다면 사회자에게 나서달라고 도움을 청합니다.

고마움을 발견하기

어떠한 상황이 벌어지더라도 느긋하고 차분히 대처해 나갈 수 있는 평정심의 원천은 바로 청중에 대한 감사의 마음입니다. 겉치레 인사로 청중에게 '와주셔서 감사합니다'라고 말하는 건 소용없습니다. 마음을 담아서 진심으로 고마움을 느껴야 합니다.

먼저 알아차림이 있어야 합니다. 청중이 자신을 응원하는 사람들임을 알아차리면 고마울 것입니다. 자신에게 주어진 시간이 '강의하는' 두 시간이 아니라 '강의를 듣는' 600시간이라면, 그 기회가 고마울 것입니다. 그런 귀중한 기회를 준 주최 측이 고마울 것입니다. 천재지변이 일어나지 않아서 강의가 무사히 시작될 수 있어서 고마울 것입니다. 비록 강의장이 협소하고 시설이 노후해도 강의가 진행될 수 있어서 고마울 것입니다.

고마움은 발견하는 일입니다. 없는 것을 지어내는 게 아니라 있어도 못 보던 것을 보는 것입니다. 그래서 고마움은 시각입니다. 그러나 사람은 고마운 것보다 미운 것, 아쉬운 것, 부족한 것, 불편한 것에 더 민감합니다. 생존을 위한 본능적 태도입니다. 예를 들어 몸이 정상일 때에는 무심하지만 조금이라도 불편하고 아프면 온 신경이 다 쓰입니다. 그 알아차림이 있어야 부정적 상태를 해소할 수 있으니까요.

그래서 우리는 청중이 혹시 강의를 좋지 않게 생각하지 않을까 걱정하고, 비가 내려도 걱정하고, 강의장이 너무 커도 걱정하고 너무 작아도 걱정합니다. 이런 부정적 상태에서는 마음을 졸이고 있다가 일어나는 돌발 상황에 평정심을 쉽게 잃습니다.

이제 고마움을 발견하세요. 고마움을 느끼면 세상 모든 것을 다 얻은 듯 든든합니다. 힘이 절로 솟습니다.

언택트로 강의 할 때: 강의 진행

오프라인 강의인 경우보다 좀더 많은 내용을 준비하세요. 온라인 강의는 정보 전달 속도가 빠릅니다. 상호작용에 한계가 있기 때문에 예전에는 한 시간이 걸리던 강의가 30분 만에 끝나버릴 수 있습니다.

① 말을 평소보다 조금 더 빠르게 하세요. 정보의 홍수에 익숙한 시청자는 동영상 강의를 1.2배 이상 빠르게 재생시켜 보기도 합니다. 강사가 1.2배 빠른 속도로 동영상을 편집해서 올려놓기도 합니다. 말 사이사이에 공백을 일일이 잘라내 말에 속도감을 높이는 수고를 자

처합니다. 그러나 대다수 강사는 동영상을 조작하는 기술도 없고, 있다고 해도 그렇게까지 할 시간이 없습니다. 대부분의 경우 말의 속도를 조금만 높이는 것으로도 충분합니다.

② 그 대신 강의안에 여유 시간을 포함시키세요. 예전에 청중이 강사와 한 시공간에 머물 때는 비록 강사가 말을 하지 않고 뜸을 들이더라도 청중이 강사의 몸짓 하나에도 긴장감을 느끼며 강의에 집중하게 할 수 있었습니다. 오히려 강사가 소크라테스 대화법으로 질문을 던진 후 침묵으로 청중이 각자 생각할 시간을 충분히 주는 것도 효과적인 강의법이었습니다.

그러나 온라인 강의에서 그런 공백은 청중에게 그저 답답하고 지루하게 느껴질 뿐입니다. 강사 역시 동영상 강의를 하는데 아무 말도 하지 않고 있을 용기가 없을 것입니다. 마치 동영상에 오류가 생긴 것처럼 느껴집니다. 그래서 오히려 뜸을 들이는 시간이 필요합니다.

③ 화두를 좀더 자주 던지세요. 슬라이드에 청중이 생각해 볼 만한 질문을 적어서 보여주세요. 그래서 청중이 이에 대해서 스스로 생각해 보도록 유도하세요.

④ 슬라이드에 비주얼 자료를 좀더 풍부하게 활용하세요. 청중이 그림과 사진을 보면서 분석하고 해석하도록 유도하세요. 단, 자료가 핵심 메시지에 부합해야 합니다.

⑤ 한 단락에서 다음 단락으로 넘어갈 때 확실하게 표시하세요. 그리고 약간의 시간적 여유를 두세요. 말하는 동안 뜸을 들이는 것은 바람직하지 않지만, 단락 사이에 뜸을 주는 것은 오히려 필요합니다.

예를 들어 저는 학부모를 위한 90분 자녀교육 특강을 일곱 단락으로 나눠서 진행합니다. 한 단락에서 다음 단락으로 넘어갈 때 단락

아이를 글로벌 인재로 키우기 위해서…

1. 부부가 싸움이 아니라 사랑하세요.
2. 직업이 아니라 관심사를 보세요.
3. 입시가 아니라 입지(立志)를 고려하세요.
4. **단기전이 아니라 장기전을 치르세요.**
5. 스펙이 아니라 스토리를 갖추세요.
6. 베스트가 아니라 유니크를 추구하세요.
7. 온실화가 아니라 야생화로 키우세요.

그림 3-4 단락 표시하기

을 표시한 슬라이드를 스크린에 띄웁니다. 이 슬라이드를 보면서 청중은 전체 내용에서 강의가 어느 시점에 와 있는지 파악할 수 있고 내용 정리가 됩니다. 청중에게 숨 고르기를 할 수 있는 여유를 주는 셈입니다.

7

물 흐르듯 자연스러운 구성과 연결

마지막으로 강의를 구성하는 기술을 살펴보겠습니다. 강의 진행이 강사가 강의장 안에서 실시간으로 시간적 흐름을 관리하는 기술이라고 한다면, 강의 구성은 강사가 강의장 밖에서 사전에 시간적 흐름을 설계하는 기술입니다. 즉, 스토리의 기승전결, 콘텐츠가 한줄기 물처럼 잘 이어져 흐르도록 디자인하는 기술입니다.

둘 다 시간적 차원에서 흐름과 연결성에 대한 요소들로 이루어져서 서로 밀접하게 관련되어 있습니다. 강의 구성이 잘 되어야 강의 진행이 수월해집니다. 또 강사는 자신의 강의 진행 능력에 맞춰서 강의를 구성해야 무리하지 않게 됩니다. 스토리를 잘 연결해야 순조롭게 흐르고, 잘 흐르도록 스토리를 세심히 연결해야 합니다. 그러니 강의 진행과 강의 구

	강의 진행	강의 구성
주요 특성	시간적 차원 실시간 실행 흐름 관리 페이스 조절	시공간적 차원 사전 준비 연결성 관리 코스 전략 설계
강사의 능력	친밀성 순발력 즉흥성 상황 판단 여유 적절한 타이밍 판단력	전문성 지구력 준비성 맥락 판단 짜임새 남다른 시각
대표 기술	시간 관리 청중 관리	콘텐츠 디자인 감정선 디자인

그림 3-5 강의 진행과 강의 구성

성은 거의 삼쌍둥이처럼 동시다발로 고려해야 합니다.

사실은 이 둘만이 아니라 거의 모든 강의 기술은 어느 한 기술 영역이 아니라 다른 영역에서도 다뤄질 수 있고 또 다뤄져야 합니다. 예를 들어 앞서 상호작용 기술은 시선 위주로 설명했지만 시간을 염두에 두지 않을 수 없습니다. 아무리 상호작용이 중요해도 많은 시간을 할애할 수 없을 테니까요.

또 상호작용은 본질적으로 가장 변수가 많이 발생하는 요소이니 당연히 강의 진행에 부담으로 다가옵니다. 그래서 사전에 어떠한 방식의 상호작용을 언제, 얼마만큼, 어떤 효과를 위해서 포함시킬 것인지를 철저히 고민하고 구성해야 합니다.

이 둘은 서로 다차원적으로 얽혀 있지만 각 영역의 특성도 있습니다. 특히 강의 진행은 흐름에 초점을 맞추며, 강의 구성은 연결성에 초점을 맞춥니다. 마라톤에 비유를 들었듯이 진행은 페이스 조절이고 구성은 코스 전략 설계입니다. 진행에는 상황 판단, 여유, 순발력과 즉흥성이 중요하고, 구성에는 맥락 판단, 짜임새, 준비성과 지구력이 중요합니다.

콘텐츠, 콘텐츠, 콘텐츠

부동산을 고려할 때는 세 가지가 가장 중요하다고 합니다. 첫째가 위치, 둘째가 위치, 셋째도 위치입니다. 대선에서 중요한 것 세 가지는 경제, 경제, 경제입니다. "핵심은 경제야, 바보야"라는 구호로 대선에 당선된 빌 클린턴 전 대통령의 사례도 있지요. 부동산을 살 때나 나라를 구할 때나 고민해야 할 사항은 많지만 결국 한 가지로 압축된다는 뜻입니다.

이와 마찬가지로 강의에 중요한 세 가지는 콘텐츠, 콘텐츠, 콘텐츠입니다. 좋은 강의를 준비하기 위해서 많은 요소를 고려해야 하지만 좋은 콘텐츠가 있다는 전제하에 나머지들이 의미가 있다는 뜻입니다.

아무리 강의 콘텐츠와 감정선이 잘 디자인되었다 하더라도 콘텐츠 자체가 철 지난 주제거나 흔한 정보라면 당연히 청중은 외면할 것입니다. 탱탱 불은 라면을 고급 그릇에 담고 옆에 장미꽃으로 장식한들 누가 좋아하겠습니까? 강의에는 좋은 콘텐츠 확보가 가장 중요합니다.

강의는 세상에 알리고 싶은 콘텐츠가 있을 때 하는 것입니다. 강의를 하기 위해서 콘텐츠를 찾는 게 아닙니다. 세상 밖으로 나가야 할 이야기는 저절로 나타납니다. 훌륭한 콘텐츠가 명강사를 만듭니다.●

좋은 콘텐츠는 강사 자신의 경험담 또는 자신이 정리한 생각입니다.

어떤 강사는 남의 이야기를 짜깁기하거나 명언들을 나열하기 바쁩니다. 유익하고 재미있는 콘텐츠이기는 하지만 좋은 강의는 아닙니다.

좋은 콘텐츠는 강사 본인의 DNA를 가진 아기와도 같습니다. 아기들을 보면 서로 비슷해 보이기도 하지만 한 명 한 명이 다 다릅니다. 생김새도 다르고 기질과 행동도 다릅니다. 그러나 부모를 닮았습니다.

모든 아기가 세상에 유일한 존재인 것처럼, 강의 콘텐츠도 세상에 유일한 이야기가 되어야 합니다. 남과 유사한 주제와 내용을 담았더라도 강사의 독특함이 가미되어 독창적인 이야기가 탄생합니다.

강의는 내가 하고 싶은 말을 담아내야 합니다. 그러나 하고 싶다고 아무 말이나 해도 되는 것은 아닙니다. 모든 말하는 행위를 가리켜 다 강의라고 하지는 않습니다. 어떤 말은 내뱉어지지 말아야 합니다. 막말, 욕설, 언어폭력은 물론이거니와 남을 비방하고 비난하고 비하하는 말은 강의가 아닙니다. 사탕발림이나 사람을 현혹하는 말, 사실을 왜곡하는 궤변도 강의가 아닙니다.

강의는 누군가가 해야 할 말을 하는 '내'가 하는 것입니다. 누군가가 해야 할 말이란 누군가가 들어야 할 말이기도 합니다. 즉, 강의는 청중이 들어야 할 좋은 내용을 강사가 미리 잘 준비해서 들려주는 일입니다.

그렇다면 좋은 강의를 위한 콘텐츠란 무엇을 뜻할까요? 이는 주제와는 무관합니다. 어떠한 주제라도 다음 세 가지 조건 중에 하나를 만족하면 된다고 생각합니다.

● 초보 강사는 좋은 콘텐츠를 찾으러 다닌다.
　경력 강사는 좋은 이야기가 들어 있는 컨테이너다.

깨침, 미래를 만나는 순간

강의 내용은 시대를 앞서갑니다. 청중은 강의를 통해서 최신 정보와 지식 또는 강사의 혁신적인 사상과 의견을 전달받습니다. 철이 지난 줄도 모르고 청중이 고이 간직하고 있던 지식과 정보의 완고함을 깨고, 청중을 편안함에서 깨웁니다. 마치 깊은 잠에서 깨워서 아침을 맞이하게 하듯이 청중을 미래와 연결해 줍니다.

제 강의의 최소 절반이 이러한 콘텐츠를 담았습니다. 단, 내용이 시대를 너무 앞서가면 일부 열렬한 팬들이 생길 수는 있어도 대중한테 다가가기는 어렵습니다. 새로움을 전해주는 시점(타이밍)을 잘 선택해야 합니다.

예를 들어 제가 2000년대 초에 심뇌과학(neurocardiology)이라는 생소한 학문 분야를 강의에서 소개했습니다. 사람의 심장에서 나오는 전자기장 파장이 있고, 이 파장은 스트레스를 받을 때와 평온할 때가 다르고, 그 파장을 측정할 수 있는 기술과 도구가 있다는 내용이었습니다.

저는 이런 내용을 미국 캘리포니아의 하트매스 연구소에서 직접 들었는데, 큰 깨침을 얻었습니다. 그래서 너무 신이 나서 한국에 오자마자 이 내용을 소개했는데, 놀랍게도 당시 청중은 반신반의하는 시큰둥한 반응을 보였습니다.

뒤늦게 알았습니다. 남보다 한 발 앞서가면 리더이고 두 발 앞서가면 선구자라 하지만, 세 발 앞서가면 정신세계를 의심받을 수 있는 사람이 될 수 있다는 것을 말입니다.

현재 심박변이도(HRV, heart rate variability)는 건강을 위한 웨어러블 기기를 비롯하여 첨단 바이오전자기업들이 생사를 걸다시피 하는 핵심 기술 개념이 되었습니다. 하지만 2000년대 초에는 너무나 앞선 이야기였습니다. 깨침을 주자면 시기가 적절해야 합니다.

깨달음, 지식이 지혜가 되는 가치 부여

강사는 청중이 이미 인지하고 있는 내용들을 서로 연결해 정리해 주거나 외부로 연결시켜서 외연을 확장해 줍니다. 흔한 내용과 현상이더라도 강사가 새로운 시각으로 신선하게 해석해 줄 때 청중은 깊은 깨달음을 얻습니다. 지식이 지혜로 승화되는 순간입니다.

제 강의의 최소 절반이 이러한 강의입니다. 예를 들어 저는 '인성이 실력이다'라는 메시지를 군청과 구청의 주민을 대상으로 개최하는 강연에서, 교육청이 학부모와 학생을 대상으로 주최한 강연에서 전달했습니다. 또한 군인 대상으로 기업의 임직원 대상으로 전달했습니다. 나이와 학력과 분야를 가리지 않고 환영받은 강의입니다.

인성은 인류가 수천 년 전부터 다루어왔던 주제입니다. 실력 역시 모든 분야에서 핵심적으로 다루는 주제입니다. 이 두 가지가 매우 중요하다는 것은 모두가 동의합니다. 그러나 이 둘은 주로 개별적으로 다루어집니다. 흔히 상반된 개념으로 인식되어 온 것입니다.

그러나 이제 '실력이 없으면 인성이라도 좋아야지' '실력과 인성을 두루 갖춘 인재' 등 실력과 인성을 연결시키는 경우가 흔합니다. 사람들 머릿속에 따로 존재하던 두 개념이 제 강의로 인하여 새롭게 연결된 것입니다.

제 강의에서 인성은 과학적 연구 결과로 연결됩니다. 반대로 실력은 삶의 방식으로, 소위 인문학적으로 접근됩니다. 둘 다 새로운 시각입니다. 그래서 청중이 가지고 있던 인성과 실력에 대한 지식은 새로운 의미를 지니게 됩니다. 하찮게 여기던 것이 소중하게 되고, 죽기 살기로 매달리던 상황에서 여유를 얻습니다. 깨달음을 주려면 강사의 시각 자체가 남달라야 합니다.

힐링과 희망, 새롭게 볼 수 있는 시각

어떤 강의는 청중의 아픔을 어루만져줍니다. 청중은 마음 깊은 곳에 있던 강한 감정을 만나게 됩니다. 강사의 푸근한 목소리 때문인지, 따뜻한 강의 메시지 때문인지는 모르지만 잊고 싶어 눌러놓았던 아픈 감정이 누그러들고 담담히 가라앉습니다.

또 어떤 강의는 반대로 소멸된 줄로만 알았던 희망을 다시금 느끼게 해줍니다. 비전이 보이고 꿈이 생기게 합니다. 지지의 말과 당당한 어투에서 청중은 다시 도전할 수 있는 힘을 받습니다.

좋은 강의는 과거로 향하던 마음을 치유하고 두려웠던 미래에서 희망을 보게 해줍니다. 좋은 콘텐츠는 새로운 시각을 지니게 해줍니다. 이 시각이란 보이는 것을 보는 게 아니라 마음으로 보는 것입니다. 그래서 과거나 미래에서 긍정을 볼 수 있게 해주는 강의는 언제나 어디서나 환영받습니다.*

제 강의의 최소 절반은 이러한 강의입니다. 예를 들어 저는 '교육에서 활용하는 ICT'라는 주제로 유럽, 동남아시아, 아프리카, 중남미에서 강의를 한 적이 있습니다. 주로 교육자와 교육 정책 입안자들이 청중이었습니다.

한국이 교육을 통해서 산업화와 민주화와 정보화를 훌륭하게 이루어냈다는 메시지는 저만 알고 있는 비밀이 아닙니다. 그런데 왜 제가 여러 나라로부터 강의 초대를 받게 되었을까요?

---

* 초보 강사는 새로운 견해를 준다.
  경력 강사는 새로운 시각을 준다.

저 역시 한국의 성공 사례가 매우 자랑스럽고, 강의를 하다 보면 자연스럽게 자랑하게 됩니다. 하지만 저는 자랑하기 위해서 강의를 하지 않습니다. 제 강의의 목적은 외국의 정책 입안자들이 한국의 사례에서 힐링을 얻고 희망을 볼 수 있게 하는 것이었습니다.

그래서 저를 낮추는 겸손함과 청중에 대한 존중심이 진실되게 다가갔을 것입니다. 물론 제 특유의 유머가 한몫했을 것입니다. 나중에 자세히 설명하겠지만, 유머는 우스갯소리가 아니라 괴로움을 초월하는 힘이고, 생기를 불어넣어주는 창의력의 원천입니다. 그래서 강의가 진지하지만 무겁지 않고, 전문적이지만 지루하지 않은 조화를 이루었을 것입니다. 그래서 힐링과 희망을 주자면 강사가 조화를 이루어낼 수 있어야 합니다.

그런데 혹시 제 계산에 문제를 발견하셨습니까? 제 강의 중에 깨침이 목표인 강의가 최소 절반, 깨달음도 절반, 그리고 희망도 절반이라고 했습니다. 그러면 합산이 맞지 않습니다.

실은 계산이 맞습니다. 강의의 목표가 단 하나여야 하는 것은 아니니까요. 제가 하는 매 강의에는 깨침, 깨우침, 희망을 주고자 합니다. 각 강의에 조금씩 다른 비율로 이 세 가지 요소가 들어 있습니다.●

이 세 가지 목표를 달성하는 방법이 바로 강의 구성이며, 이 강의 구성에는 콘텐츠 디자인과 감정선 디자인이 동시에 고려되어야 합니다. 이 둘은 서로 긴밀하게 연결되어 있습니다. 하지만 이 두 가지는 매우 방대한 내용이어서 별도의 장으로 나누어 순차적으로 살펴보겠습니다.

● 초보 강사는 하나의 목표를 세운다.
　경력 강사는 목표 하나만큼은 달성한다.

강의 규모와의 조화

소규모와 대규모 특강은 다르게 구성되어야 합니다. 소규모 특강에는 청중의 적극적인 참여를 유도하는 토론이나 약간의 실습 시간을 포함시키는 등 상당히 다양한 쌍방 소통 기법들을 동원할 수 있습니다.

대규모 특강에서는 대체로 강사가 말하고 보여주는 일방적인 강의가 진행됩니다. 그렇다고 해서 대규모 강의가 비효과적일 수밖에 없다는 뜻은 아닙니다. 대형 강의는 군중심리를 작동시키는 강의 기술을 동원하면 폭발적인 효과를 얻어낼 수 있습니다.●

저한테 가장 어려운 강의는 청중이 열두 명에서 서른 명 사이일 때입니다. 열두 명 미만이면 청중 한 명 한 명과 개별적 관계를 이루면서 친밀한 강의를 만들어갈 수 있습니다. 청중이 서른 명을 넘으면 어차피 청중 각각에게 개별적으로 관심을 주기 불가능하니, 전체를 한 명처럼 여기면서 강의를 진행할 수 있습니다.

하지만 그 사이 규모는 개별도 아니고 군중도 아닙니다. 개별적으로 관심을 주지 않으면 청중은 소외된 느낌을 받게 되고, 하나로 여기자니 군중의 에너지를 유발하기 어렵습니다. 애매한 상황입니다. 아마 그래서 예수님은 열두 제자, 부처님은 열 제자만 두셨나 봅니다. 그리고 강의할 때에는 수백 명이 모인 곳에서 했다고 합니다.

저는 이럴 경우에는 청중의 수 대신 청중의 나이 분포도와 직군 등 다른 요소를 고려해서 소규모 또는 대규모 강의로 접근할 것인가를 판단

● 초보 강사는 대규모 강의를 두려워한다.
경력 강사는 소규모 강의를 부담스러워한다.

합니다. 청중의 성별과 나이에 따라 판단하는 것입니다. 예를 들어 학부모 대상일 때는 하나로, 남녀노소가 섞여 있다면 되도록 소규모 형태로 인식하고 강의를 진행합니다.

언택트로 강의를 할 경우는 강의 구성 면에서 고려해야 할 사항이 많습니다. 그래서 별도로 6장에서 다루도록 하겠습니다.

4장

강의 준비
콘텐츠 디자인하기

1

콘텐츠 디자인을
시작하며

　　이제 저는 불가능에 도전하고자 합니다. 콘텐츠를 디자인하는 것이 불가능하다는 게 아니라, 이 주제에 대해 글로 안내하는 것이 불가능하다는 의미입니다. 생각하는 것 자체에 대해 생각하고, 그 인지적 과정에 대해서 남이 잘 생각할 수 있도록 돕는 일은 어렵습니다.

　　콘텐츠를 디자인할 때 생각은 과거와 현재와 미래를 자유롭게 왔다 갔다 할 수 있고, 표면 위의 의식 세상에서 표면 밑의 무의식 세상 사이를 아무런 제재 없이 넘나듭니다. 이런 시공간을 뛰어넘는 과정을 일차원적인 글로 표현하는 것이 가능할까요? 하지만 지금 저는 이 불가능에 도전하려 합니다.

　　이 과제가 특이한 만큼, 저도 특단의 조치를 취하겠습니다. 지금까지는 강의법에 대해 이론과 사례를 병행하면서 설명했습니다. 전통적인 방법입니다. 그러나 콘텐츠 디자인과 관련해서는 제가 '콘텐츠 디자인하기'에 대한 강의를 준비하는 과정 그 자체를 중계방송해 드리는 방식을 택하겠습니다. 최초의 '생각'에 대한 생방송이 아닐까 싶습니다.

콘텐츠 디자인과 골프

앞에서 강의 진행을 마라톤의 페이스 조절에, 강의 구성을 마라톤 코스 설계하기에 비유해 설명한 바 있습니다. 그러면 '콘텐츠 디자인하기' 중계방송은 마라톤 선수들이 출발점에서 시작해서 골인 지점까지 뛰는 코스 전체를, 서로 앞서거니 뒤서거니 하는 박진감 넘치는 광경을 중계해야 할까요? 아쉽게도 이 중계방송은 선수들이 아니라 마라톤 코스 설계사를 따라다니는 것입니다. 지루할 수도 있습니다.

그러나 콘텐츠 디자인을 꼭 마라톤 코스 설계에 비유해야 할 이유는 없습니다. 18홀을 도는 골프나 코스 요리를 준비하는 과정을 떠올려도 좋습니다. 저는 골프 비유를 좋아합니다. 하나의 긴 여정이지만 뚜렷한 구간으로 이어진 골프 코스가 강의안을 준비하는 과정과 비슷하기 때문입니다.

골프는 총 18개의 길고 짧은 구간들을 순차적으로 거치면서 게임을 합니다. 그러나 골프 시합을 중계할 때는 먼저 하늘에서 찍은 전체 코스의 지도를 보여줍니다. 그 지도에서는 18개 홀이 하나의 선으로 길게 나열되지 않고 이차원적으로 배열되어 있습니다. 산이 많은 한국에서는 삼차원인 곳도 있습니다.

또 골프 선수들이 1번 홀에서 18번 홀까지 순서대로 돈다고 해서 코스

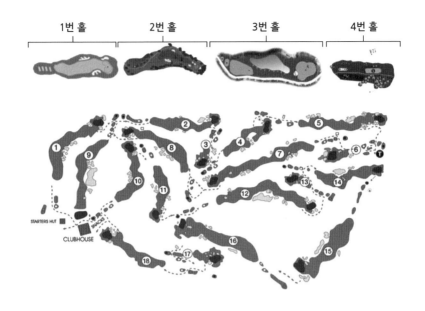

그림 4-1 골프 코스와 실제 골프장 설계도

설계자가 그 순서대로 디자인하는 것은 아닙니다. 아마 18홀 전체를 넘나들면서 큰 틀을 그리고, 각 홀에 디테일을 하나씩 그려나갈 것입니다.

저도 제 생각을 생중계하기 전에 제 머릿속의 '생각지도'를 간략하게 보여드리겠습니다. 생각지도는 제 머릿속에 있는 콘텐츠 디자인에 대한 지식 체계도입니다. 생각지도 안에는 이미 공식적으로 체계화되어 있는 학문적 개념지도(형식지)와 개인 경험에서 얻은 내용(암묵지)이 포함되어 있습니다. 개념지도는 상위 개념과 하위 개념들의 관계도이며 일종의 '족보'라고 해도 됩니다.

만약 이 책의 내용이 강의안이라고 한다면, [그림 4-2]와 같습니다.

생각지도에는 18개 블록으로 나타냈지만, 사실은 백 가지가 넘습니다.

강의는 이 내용이 하나의 긴 줄로 이어집니다. 아래 그림에서 한 줄에 다 보여주기가 불가능해서 첫 11개 블록만 소개했습니다. '콘텐츠 디자인을 시작하며'로 도입부가 시작되고 1단계 '더하기'는 크게 세 가지 블록, 즉 '머릿속 개념' '머리 밖 개념' 그리고 '메시지 선택하기'로 이어집니다.

이제 본격적으로 중계방송을 시작하겠습니다. 현 시점에는 '콘텐츠 디자인하기'라는 강의 주제만 정해진 상태이며 이 주제로 한 시간짜리 강

그림 4-2 '콘텐츠 디자인하기' 강의안과 생각지도

의를 준비한다고 가정하겠습니다. 디자인 과정에서 뒤에 고려하고 결정한 내용이 앞부분에 언급되기도 할 것입니다. 처음에 잘못된 결정을 뒤에 뒤집는 과정도 낱낱이 중계할 것입니다. 중계이기 때문에 현재형과 일인칭 문장을 사용하겠습니다.

2

1단계

'더하기' 하라

콘텐츠 디자인하기에 대해서 제가 드리고 싶은 말은 많지만, 막상 시작하려고 하니 조금 막막합니다. 무슨 말을 얼마만큼, 어떤 순서로 이어 갈지 선뜻 떠오르지 않습니다. 제 머릿속에 들어 있는 '콘텐츠 디자인'이라는 주제와 관련된 지식과 정보들을 스캔해 봅니다. 강의에 필요한 내용들은 이미 상당 부분 제 머릿속에 들어 있습니다. 하지만 저는 그것만 가지고는 좋은 강의가 되지 않을 것임을 알기에 '더하기'를 해서 콘텐츠를 확보하려고 합니다.

아직 무엇이 얼마만큼, 왜 필요한지도 모르지만 초조하지는 않습니다. 무엇이 더 필요할 것인지는 차차 알게 될 것이라고 믿기 때문입니다. 그때 가서 제 서재에 있는 책과 인터넷에서 좋은 정보를 찾을 수 있을 것이라고 믿습니다. 유익한 내용이 준비될 것이라는 흥분감과 청중이 좋아할 것이라는 기대감에 마음이 설렙니다.

일단 머릿속에 있는 내용물들을 책상 위에 펼쳐놓습니다. 아직 제가 무슨 형태를 만들지 확실하지 않기 때문에 어떤 내용물이 필요할지, 무엇을 새로 구해야 할지 모릅니다. 그러나 내용물이 눈앞에 펼쳐져 있으면 좋은 결과물이 나올 것이라는 자신감이 생깁니다.

머릿속 내용물을 스캔하기

제 머릿속에는 콘텐츠 디자인과 관련된 다양한 내용들이 들어 있습니다. 콘텐츠에 대해 공부해서 알게 된 개념들도 있고 직접 만들어본 경험들도 있습니다. 스토리텔링, 스토리라인, 기승전결, 뼈대, 이음새, 플롯, 반전, 몰입도, 다막극, 스크립트, 파트, 순서, 길이, 양, 깊이, 구조, 도입부, 흥미, 재미, 즉흥성, 비교, 메시지, 애드리브 등에 대한 내용과 수많은 사례들이 개념, 이미지, 느낌으로 제 머릿속에 이미 들어 있습니다.

일부 내용은 어느 정도 정리되어 있습니다. 예를 들어 스토리텔링, 스토리라인, 플롯, 기승전결, 도입부, 순서 등은 서로 체계를 갖추어 연결되어 있습니다. 강의에 스토리텔링 기술이 얼마나 중요한지 알고, 스토리텔링에는 플롯과 기승전결 같은 개념들이 핵심이라고 들은 적이 있기 때문입니다.

몰입도, 긴장감, 반전, 흥미, 재미 등의 개념은 서로 연결되어 있지만 다양한 강의 사례와 함께 어우러져 있습니다. 제가 강의하면서 확신하게 된 것들이기 때문입니다. 즉, 형식지보다는 암묵지 형태로 기억되어 있습니다.

스크립트와 다막극, 애드리브의 개념은 머릿속에 들어 있기는 하지만 다른 내용들과 정확하게 어떻게 연관지어야 할지 아직 확실하지 않습니다. 길이, 깊이, 구조, 슬라이드, 준비, 연습 등에 대한 개념은 여기저기 흩어져 있습니다.

이러한 개념들이 어떻게 활용될지는 아직 모르지만, 강의 콘텐츠가 이미 어느 정도 확보되어 있다는 자신감에 마음이 편안합니다.

리서치하라

차차 더 많은 내용들을 찾아볼 것입니다. 아무리 잘 아는 주제라도 강의를 하려면 정확하게 알아야 합니다. 그래서 서적이나 인터넷에서 전문 내용을 다시 찾아봅니다. 제 개인 강의 경험만으로는 부족하기에 TED, 세바시, MOOC, 유튜브 등에 있는 강의 사례들도 찾아봅니다. 참고로, 다시 찾아보는 걸 '리서치'라고 합니다. 강의 준비에 리서치, 즉 연구는 기본입니다.

지금 인터넷에 찾아보니 스토리텔링에는 플롯, 인물, 장소, 영웅, 적대자, 갈등, 극적 전개 등 일곱 가지 요소가 있다고 합니다. 일단 출처를 메모해 두었습니다. 사용이 될지 안 될지는 현 시점에서는 모릅니다. (이 인터넷 정보는 결국 이 책의 기본 이론을 구축하는 데에는 사용되지 않았습니다.)

저는 강의법에 큰 관심이 있기 때문에 평소에 신문을 읽든 텔레비전을 보든 그 내용이 재미있거나 특이하면 강의와 관련지어 생각해 보는 습관이 있습니다. 그래서 조금이라도 강의와 관련된 것이면 기록을 해놓습니다. 마치 골동품을 좋아하는 사람이 예사롭지 않은 옛날 물건이 보이면 무조건 구해놓는 것과 같습니다. 그래서 저는 펜과 종이를 항상 가지고

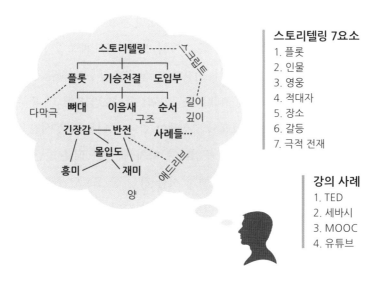

스토리텔링 7요소
1. 플롯
2. 인물
3. 영웅
4. 적대자
5. 장소
6. 갈등
7. 극적 전재

강의 사례
1. TED
2. 세바시
3. MOOC
4. 유튜브

그림 4-3 머릿속과 머리 밖의 내용들

다닙니다. 제가 펜으로 종이에 기록하는 것은 스마트폰의 노트 앱을 사용할 줄 모르는 아날로그 세대이기 때문이 아닙니다. 자료를 책상 위에 펼쳐놓고 한눈에 보기를 선호하기 때문입니다.

하지만 너무 많은 자료가 정리되어 있지 않고 그냥 쌓여만 있으면 쓸모가 없어지기도 합니다. 있긴 있는데 어디에 뭐가 있는지 정확하게 기억이 안 나기 때문입니다. 그래서 주기적으로 자료를 정리해 두는 습관도 필요합니다.

제 경우, 최종적으로 사용된 자료 중 대략 3분의 2 정도가 이렇게 사전에 준비된 자료입니다. 나머지 3분의 1은 슬라이드를 만들면서 '이 부분은 말로만 설명하기에는 무언가 미진하다' 싶을 때 비로소 찾습니다. 즉,

'적기 공급 생산 방식(just-in-time)'으로 접근한다는 뜻입니다. '딱 들어 맞는' 좋은 자료가 무엇인지 사전에 다 파악하기란 어렵기 때문입니다.

인터넷은 자료의 보물단지입니다. 검색하는 실력만 갖추면 정말 좋은 내용들을 한없이 수집할 수 있습니다. 조금만 더 찾아보면 조금 더 좋은 자료가 어김없이 나타납니다. 그래서 조심해야 합니다. 너무 많은 시간을 빼앗기지 않도록 자제해야 한다는 뜻입니다. 마치 물 좋은 터를 만난 낚시꾼처럼 물고기를 낚는 재미에 푹 빠져 시간 가는 줄 모르면 곤란합니다. 낚은 물고기가 산더미처럼 많더라도 요리할 시간이 없으면 다 쓰레기가 되니까요.

> ### 코멘트
> '스토리 확보'에 대한 이야기는 여기에서 마무리하지만, 스토리를 확보하는 일은 콘텐츠 디자인이 끝날 때까지 계속됩니다. 강의에 필요한 모든 정보와 지식이 완전히 모인 후에 스토리를 준비한다면 영원히 시작하지 못할 것입니다. 또 이미 확보한 정보와 지식만 가지고 강의를 준비한다면 결코 훌륭한 강의가 되지 않을 것입니다.
> 실제로 강사는 강의하는 도중에 스토리를 즉흥적으로 추가하기도 합니다. 이런 애드리브는 유능한 강사의 특성 중 하나입니다. 그러나 즉흥성에는 위험이 동반되기 때문에 초보 강사일 경우에는 강의 시 하고 싶은 이야기는 콘텐츠 디자인을 할 때 모두 미리 포함시키는 게 좋습니다.

3

2단계
'나누기' 하라

강의 스토리들이 어느 정도 모이면 저는 본격적으로 놀기 시작합니다. 마치 레고 블록 놀이를 하듯 스토리를 블록 삼아 다양한 형태를 만들어보는 겁니다. 콘텐츠 디자인은 스토리 블록들을 레고 블록처럼 붙였다 뗐다를 반복하면서 즐기는 창의적인 작업입니다.

창의적 과정이기에 정답이 없습니다. 하지만 완성된 모습에 기본적인 부분은 있어야 합니다. 도입부와 마무리가 있어야 하고, 그 사이에 '무엇을, 왜, 어떻게'에 대한 소개와 설명이 있어야 합니다. 강사는 이 세 파트를 좀더 세부적으로 나누고 각각을 재미있고 의미 있게 만들어야 하는데, 여기에는 정답이 없다는 뜻입니다.

마치 각 골프 홀에 기본적으로 티잉 그라운드, 페어웨이, 그린이 반드시 있어야 하지만 매 홀에 잡초가 무성한 러프와 모래밭이나 연못 같은 함정이 있는 해저드를 어디에 얼마만큼 어떻게 배치하는지에 따라 경기에 스릴과 도전과 재미가 더해지는 것과 마찬가지입니다. 골프 코스 디자이너의 실력은 이런 요소를 주어진 지형에 맞춰 설계하여 골퍼들의 마음을 얻는 일입니다. 강의도 마찬가지입니다. 강의의 기본 외에 다양한 요소들을 주어진 강의 환경과 조건에 맞춰서 디자인하여 청중의 마음을 얻는 일이 바로 강의입니다.

ABC 형식과 세 가지 경험

이 기본과 관련해 세 가지 경험이 떠오릅니다. 첫 번째는 학창 시절과 직장 다닐 때 논문과 보고서를 작성하고 발표한 경험입니다. 그때는 발표를 ABC 순으로 구성했습니다. 논문을 쓸 때 사용한 형식인 'Abstract(서론, introduction), Body(본론), Conclusion(결론)'을 발표에도 적용했지요.

만약에 제가 학회에서 콘텐츠 디자인 전문가들 대상으로 강의한다면 아마도 ABC 순으로 진행할 것입니다. 하지만 일반 강의는 논문이나 보고서 발표가 아닙니다. 일반 청중은 강의를 서론, 본론, 결론으로 구분하여 듣지 않습니다. 청중은 '무엇을, 왜, 어떻게 하라는 거야?'에 대한 답을 듣고 싶어 합니다.

두 번째는 제가 강의를 할 때 곧바로 서론과 본론에 들어가지 않았다는 경험입니다. 청중과 인사도 충분히 나누고 청중을 준비시키는 작업을 했습니다. 다양한 지적 수준과 정서 상태를 지닌 청중을 한 방향(강의 목적지)으로 모으고 그들이 메시지를 받아들일 마음의 준비를 시키는 일은 중요합니다. 그래서 저는 강의 도입부에 신경을 많이 써왔습니다.

도입부만큼 중요한 단계가 바로 마무리입니다. 시간이 다 되는 바람에 강의가 갑자기 끝나면 최악입니다. 결론이 이미 나왔는데도 강사가 별 의미 없이 시간을 끌면 상당히 짜증스럽습니다. 그래서 저는 마무리 단계에 신경을 씁니다. 결론을 전한 후에 청중에게 이에 대한 의미와 가치를 충분히 설명합니다. 그러나 초보 강사들은 흔히 도입부와 마무리에 별 신경을 쓰지 않습니다. 아직 본론 외에 생각할 여유가 없기 때문인가 봅니다.

세 번째는 제가 이미 디자인해 놓은 강의 콘텐츠(주로 파워포인트 슬라이드)를 검토해 보니 한 시간 강의에 슬라이드를 30장에서 40장은 만들었다는 경험입니다.

다른 강사들도 크게 다르지 않습니다. 각 슬라이드에 하나의 스토리가 담겼다고 치면 최소 30개의 스토리가 전개되는 셈입니다. 30개는 너무 많습니다. 마치 30가지 요리가 나오는 코스 요리를 먹으면 배가 터지듯이, 한 강의에 30개의 개별 스토리가 전개된다면 머리가 터지지 않겠습니까? 그래서 여러 개의 작은 스토리들을 큰 스토리로 묶어야 합니다.

그렇다면 '콘텐츠 디자인하기' 강의는 몇 개의 파트로 나눌까요? 제 경험에 따르면 최소한 '도입부' '무엇을, 왜, 어떻게' 그리고 '마무리' 파트가 반드시 들어가야 합니다. 가장 큰 파트인 '무엇을, 왜, 어떻게'는 한 덩어리가 아니라 여러 파트로 나뉠 것입니다.

최종적으로 총 몇 개의 파트로 나뉠지는 모르겠습니다만, 일반적으로 세 개 이상 일곱 개 이하의 파트로 구성될 것입니다. 적어도 서론, 본론, 결론에 해당하는 파트는 있어야 하니 세 개이고, 뇌과학의 '작업 기억' 연구에 따르면 청중이 한꺼번에 일곱 개 이상을 기억하지 못한다니 그 이하로 준비해야 한다는 의미입니다.

4

3단계
'빼기' 하라

청중에게 유익하고 도움 될 만한 자료들을 마음껏 확보하되, 그다음에는 가려내기를 해야 합니다. 저는 제가 확보한 스토리들을 다 사용하지는 않을 생각입니다. 그렇게 한다면 한 시간이 아니라 열 시간이 필요하게 됩니다. 실제로 저는 초보 강사들한테 '하나를 말하려면 열을 알고 있어야 한다'고 강조합니다. 그러니 스토리를 선별해야 합니다.

이때에는 마음을 강하게 먹어야 합니다. 공들여서 찾은 자료를 내다 버리기 아까울 것입니다. 얼마나 고생해서 수집한 자료인데 말입니다! 그러나 '빼기'는 반드시 해야 합니다. 그 이유는 무엇일까요?

첫째, 빼지 않으면 일일이 설명하느라 시간에 쫓기는 강의가 될 수 있습니다. 어차피 청중이 소화할 수 있는 용량을 초과하는 정보는 전달되지 않습니다.

둘째, 한정된 시간에 모든 내용을 충분히 설명하지 못하게 됩니다.

셋째, 강의의 주요 메시지가 흐려집니다. '살'이 너무 많으면 뼈대가 보이지 않지요. 비만이 건강을 해치듯이 TMI(너무 과한 정보)도 강의에 해롭습니다.

넷째, 특히 시청각 자료가 너무 많으면 강사는 강사가 아니라 AV 기사로 전락하게 됩니다. 시청각 도구는 강사를 보조하는 것입니다. 시청각 도구가 강사를 대체하면 안 됩니다. 강사는 멘토로서 존재 가치가 있습니다.•

먼저 핵심 메시지를 선택하기

빼기를 잘 하려면 핵심 메시지가 명확해야 합니다. 청중이 어떤 결론에 도달하기를 원하는지 생각해 보세요. 저는 강의의 목표를 처음부터 확실하게 정합니다. 그래야 구성 요소들이 그 목표를 향하게 되니까요. 이미 지닌 스토리 중에 목표에 부합하는 것 위주로 걸러낼 수 있습니다.

저는 가장 먼저 강의가 끝난 후 청중이 가지고 떠날 핵심 메시지를 준비하고 잘 보이도록 써놓습니다. 마치 손님을 맞이하여 푸짐한 잔칫상을 차려내고, 떠날 때 가지고 가도록 가장 맛있는 음식을 선물 보따리에 싸서 잊지 않도록 잘 보이는 곳에 미리 준비해 놓듯이 말입니다.

• 초보 강사는 강외 내용을 찾고 더하기에 바쁘다.
경력 강사는 강의 내용을 걷어내는 빼기에 강하다.

핵심 메시지가 확실해야 강의가 산으로 가지 않습니다. 가는 발걸음이 가볍습니다. 핵심 메시지가 없으면 강의에 너무 많은 사족들이 붙습니다. 목표가 여럿이면 강사가 욕심을 부리는 것입니다. 아무리 많은 음식을 싸주고 싶어도 청중한테는 버거운 짐이 될 수 있습니다.

5

4단계
배열하고 조절하라

이제 스토리의 순서를 정하고, 각 스토리의 길이와 깊이를 조절해야 합니다. 저는 어떤 스토리들을 포함시킬 것인가를 가려내는 일과, 그 스토리들을 어떤 순서로 나열할 것인가를 거의 동시에 고민합니다. 선정된 각 스토리를 얼마만큼 포함시키는가 하는 양적 고민과 그 스토리를 얼마만큼 깊이 다룰 것인가 하는 질적 고민도 역시 동시에 진행합니다. 길이와 깊이는 서로 연관되어 있으니까요.

양을 줄이지 않고 시간을 단축하려면 밀도를 높여야 합니다. 당연히 밀도를 높이면 좀더 이해하기 어려워집니다. 또한 깊이 있게 설명하자면 자연스럽게 이야기가 길어집니다. 이런 부분들을 고려하면서 마지막으로 스토리들을 어떻게 하나의 흐름처럼 자연스럽게 이어지게 할 것인가를 고민합니다.

이 고민들을 여러 차례 반복합니다. 많은 시간이 필요합니다. 힘들지만 즐겁기도 합니다. 몰입의 즐거움을 맛보면서 밤을 새운 적이 한두 번이 아닙니다.

청중이 필요한 만큼 파트 비율 조정하기

이제 각각의 기본 파트에 어느 정도 시간을 할애할지를 정합니다. 강의 시간이 한정되어 있으니 한 파트가 길어지면 자연스럽게 다른 파트가 줄어들게 됩니다. 한마디로 파트들의 길이는 제로섬 게임이라는 뜻입니다. 그래서 전체를 조율해야 합니다.

예를 들어보겠습니다. 저는 감정코칭이라는 소통법을 부모, 어린이집 원장, 교사 등 여러 청중을 대상으로 강의해 왔습니다. 감정코칭은 아이의 감정을 억압하거나 무시하면서 아이에게 일방적으로 지시하는 대신, 아이의 감정을 수용한 후에 바람직한 행동으로 안내해 주는 지도법입니다. 모든 교육자와 부모와 리더가 배우길 바라는 효과적인 소통법이며 우호적인 관계를 맺는 '사랑의 기술'입니다. 그런데 이 한 가지 콘텐츠가 상황에 따라 다 다르게 디자인됩니다. 네 가지 상황을 비교해 보겠습니다.

- **상황 ①**: 처음 이 콘텐츠를 부모들을 대상으로 강의할 때는 감정코칭이 무엇이며 그것을 왜 배워야 하는지를 설명하는 데에 가장 많은 시간을 할애했습니다. 그 당시에는 감정코칭이란 생소한 개념이었으니까요.
제 강의의 목표는 '깨침'이었습니다. 여태껏 해왔던 방식이 효과적이기는커녕 얼마나 역효과를 불러일으켰는지를 확실히 알게 해주고, 새로운 방법을 만나게 해주어 지금부터라도 자녀와 좋은 관계를 만들 수 있도록 돕는 것이었습니다.

- **상황 ②**: 이제는 많은 학부모들이 감정코칭을 어디선가 들어봤거나 심지어 이에 대한 책을 완독하고 강의장에 오는 분들이 많습니다. 그래서 이제는 '감정코칭이 무엇인지'에 대한 파트는 대폭 줄이고 '어떻게'에 대한 파트에 치중합니다.

  여기서 제 강의의 목표는 깨달음입니다. 이미 이론적 정보와 지식을 지닌 청중에게 제 강의의 목표는 감정코칭이 앎에 그치지 않고 삶에 도움이 되도록 돕는 것입니다. 지식이 지혜가 되도록 하는 것입니다.

- **상황 ③**: 같은 내용의 강의라도 어린이집 원장들을 대상으로 강의할 때는 '왜'에 대한 파트의 비율을 높입니다. 원장은 아동을 직접 대하지 않고 보육교사를 통해서 아동을 돌봅니다. 그래서 원장이 '아, 이래서 다들 감정코칭이 필요하다고 하는구나. 직원들도 알게 해주어야겠다'는 결론에 도달하게 합니다.

  제 강의의 목표는 가치와 의미 부여입니다.

- **상황 ④**: 직접 어린이집 보육교사들을 대상으로 강의할 때는 '감정코칭이 이러한 이유로 좋은 것이니 배우세요'라고 조언하지 않습니다. 그들은 육체적·정신적으로 충분히 힘든 상황이기 때문에 아무리 좋은 강의 내용이라도 무언가를 더 하라는 조언은 그림의 떡이나 마찬가지입니다. 좋다는 것은 알지만 집어 먹을 힘이 없으니까요.

그래서 저는 강의 자체가 감정코칭이 되도록 합니다. 강의를 통해서 그들의 감정을 힐링해 주고 희망을 가지도록 돕습니다. 그 경험을 통해서 감정코칭이 무엇이고, 어떻게 하는 것이고, 왜 좋은 것인지 자연스럽게 체득하게 합니다.•

한 파트를 늘리면 다른 파트가 줄기 때문에 항상 아쉬움이 남습니다. 파트들 사이에 정해진 비율은 없습니다. 즉, 정답이 없습니다. 그래서 강사가 엿장수처럼 그 비율을 마음껏 늘렸다가 줄일 수 있습니다. 여기서 강사의 스타일이 가미될 수 있는 기회가 존재합니다. 하지만 꼭 기억해야 할 것은 파트의 길이는 강사가 원하는 만큼이 아니라 청중이 필요한 만큼이어야 한다는 점입니다.

이처럼 청중이라는 요인 하나만 가지고도 각 파트의 길이가 달라집니다. 그런데 이 요인 하나만 고민해야 하는 것이 아닙니다. 동원된 청중에게는 '왜' 파트를 늘리고, 자발적으로 모인 청중에게는 '어떻게' 파트를 늘립니다. 만약 대상이 학부모라면 그 학부모가 어린 자녀를 둔 부모인지, 고등학생의 부모인지도 중요하고, 직업군도 중요합니다. 엄마가 오는지, 아빠가 오는지도 중요합니다. 강의 시간이 점심시간 직후나 늦은 시간이라면 '어떻게' 파트를 늘립니다.

청중들의 학력과 전문성에 따라서도 강의 콘텐츠가 달라져야 합니다. 또 청중의 수준과 선호도만이 아니라 강의실 안의 책상 배치 등 강의 환

• 초보 강사는 자기가 좋아하는 내용을 너무 길게 포함시킨다.
  경력 강사는 청중이 필요한 내용을 충분히 길게 포함시킨다.

경, 그 청중이 속한 문화권의 문화 역시 중요합니다. 이 모든 것들이 다 강의에 영향을 미치기 때문입니다.

깊이도 마찬가지입니다. 너무 많은 데이터와 배경 설명은 전문성을 강화해 주겠지만 청중과의 친밀성을 떨어트립니다. 청중과 정서적으로 단절되는 위험이 있습니다. 강사가 내용을 너무 깊게 파고 들어가면 강사의 무덤이 될 수 있습니다.

'무엇'과 '왜'에 대한 파트를 늘리면 '어떻게'에 대한 파트를 충분히 깊이 있게 소개하지 못하니 청중은 조금 답답할 수 있습니다. '어떻게'에 대한 파트를 늘리면 이해하길 원하는 청중은 강의 내용이 성에 차지 않습니다. 이처럼 완벽한 강의는 거의 불가능합니다.

일시 정지 버튼을 눌러야 할 때

저는 말을 하다가 잠시 멈추고 아무 말이나 행동을 하지 않는 상태를 유지할 줄 압니다. 마치 비디오를 시청하다가 '일시 정시 버튼'을 누르듯이 말입니다. 강사가 '일시 정지 버튼'을 눌려야 하는 세 가지 시점이 있습니다.

- **중요한 메시지를 던지기 직전과 직후:** '일시 정지'는 메시지를 부각시키기 위해서 청중의 주의력을 모으는 방법입니다. 기대감을 고조

• 초보 강사는 내용을 늘리려고 애쓴다.
  경력 강사는 내용을 줄이려고 애쓴다.

시킵니다. 또한 정지된 상태는 약간의 여유를 허락합니다. 청중이 중요한 메시지를 받아 담을 머릿속 여백을 만들고, 또 새 메시지의 의미를 되새기는 데 필요한 시간의 여유를 줍니다.

- **한 이야기에서 다른 이야기로 넘어갈 때:** 이야기를 할 때 강사는 페이스를 놓치지 않으려고 직진합니다. 그러나 새 구간으로 들어가기 전에 약간의 숨 쉬는 여유를 줘야 청중이 강사의 페이스를 따라올 수 있습니다.

- **도입부에서 본론으로 넘어갈 때와 본론에서 마무리로 넘어갈 때:** 마치 다막극 오페라에서 배경을 바꾸면서 다음 막으로 넘어감을 알려주는 것과 같습니다. 막이 변경된다고 굳이 말로 다 안내할 필요는 없습니다.

일시 정지는 적당해야 합니다. 너무 짧으면 효과가 없습니다. 너무 길면 어색해지고 불편합니다. 보통 강사는 강의장이 조용해지는 것을 꺼립니다. 침묵은 강사를 불안하게 합니다. 강의장이 목소리로 가득 차야 해야 할 일을 하고 있다고 여겨집니다. 그래서 아무것도 진행되지 않는 '허'한 침묵 상태는 불편합니다.

그러나 '허'는 아무것도 없는 상태가 아닙니다. 비어 있는 공간도 실체가 있으니까 '구멍'이라는 이름을 붙여주는 것이지요. '허'도 마찬가지로 비어 있는 상태가 아니라 무엇인가 대단한 게 있는 상태입니다.

참고로 '허(虛)'라는 한자는 들판에 호랑이가 나타나자 작은 동물들이 싹 다 도망간 상태를 뜻합니다. 그래서 빈 것처럼 느껴지지만 사실 언덕 위에 호랑이 한 마리가 우뚝 있습니다. 무언가 많이 있다가 하나만 남았으니 없어 보이지만 사실상 동물의 왕이 있는 것입니다.

저는 강의하는 도중에 가끔 호랑이를 부릅니다. 제가 침묵할 때 정적이 흐릅니다. 그래서 청중에게 전한 많은 메시지와 그로 인하여 머릿속에서 어지럽게 다투는 생각들을 옆으로 밀어내고 가장 중요한 메시지 하나만이라도 청중의 의식 세계에 우뚝 솟아 남도록 돕습니다.

'일시 정지 버튼'은 강사를 돋보이게 해주기도 합니다. 침묵할 때 청중의 시선은 자연스럽게 강사에게 쏠립니다. 그 부담을 이겨내는 힘이 바로 자신감입니다. 청중은 자신감을 보이는 강사를 신뢰하고 그의 말을 경청합니다.●

줌인과 줌아웃

저는 콘텐츠 디자인을 하면서 가장 많이 반복하는 일이 '줌인, 줌아웃'입니다. 슬라이드 한 장을 들여다보는 것은 줌인입니다. 슬라이드 여러 장을 한눈에 펼쳐보는 것은 줌아웃입니다. 줌인과 줌아웃을 수없이 반복하면서 스토리의 길이와 깊이를 수정하고, 보완하고, 조정합니다.

슬라이드 한 장을 만들다 보면 하나의 스토리에 집중하게 됩니다. 앞뒤 맥락을 잊은 채 오랫동안 집중하다 보면 이야기 흐름을 놓치는 경우가 생깁니다. 스토리가 너무 길거나 내용이 너무 깊을 수 있습니다. 앞뒤

● 초보 강사는 쉴 새 없이 말한다.
　경력 강사는 쉬엄쉬엄 말한다.

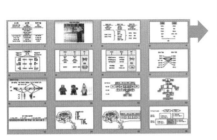

그림 4-4 줌인과 줌아웃

가 잘 연결되지 않아 이야기가 잘 흐르지 않을 수도 있습니다. 그래서 슬라이드 한 장의 디자인이 다 끝나기 전에 수시로 줌아웃해서 앞뒤를 살핍니다.

또한 주기적으로 슬라이드 전체를 한눈에 보기도 합니다. 이때는 슬라이드 각 장의 내용이 세밀하게 보이지 않습니다. 그 대신 콘텐츠의 전체적인 길이가 보입니다. 줄여야 할 곳, 삭제해야 할 곳, 늘려야 할 곳, 추가해야 할 곳, 이동해야 할 곳은 줌아웃을 했을 때 비로소 보입니다.

기본 틀을 유지하며 추가하기

줌인과 줌아웃을 하면 길이를 줄이면서 깊이를 더할 수 있는 기회를 만납니다. 저는 되도록 기본 틀을 유지하고 내용을 추가하는 형태로 슬라이드를 디자인합니다. 그러면 단지 새로운 내용만 소개되는 게 아니라 그 내용이 이전 내용과 어떻게 연계되어 있는지까지 보여주게 됩니다. 설

전문성 ↑	친밀성 ↓	조화 =
경력, 이력 옷차림 논리, 이성	경험, 매력 알아차림 심리, 감성	~~자아도취~~ 흐뭇함
품격 노련미 지혜	마주치는 시선 다가가는 자세 맞이하는 마음	(자모지심)

안정성 ↓	열성 ↑	조화 =
목소리 (음) 몸동작 (미세, 무의식적)	목소리 (힘) 몸동작 (위세, 의도적)	~~(쫄음, 위축) 본인이 작아짐~~ 떨림
편안하다	감동이다 (울림)	(설렘, 존중) 상대를 높임

진정성 !	창의성 ?	조화 =
언행일치(言行一致) 표리일체(表裏一體) 시종여일(始終如一)	비주얼(A/V) 스토리텔링 유머	~~어르신 강의~~ 위엄
무위(無爲) 담담함 호기(浩氣)	위(爲) 즐거움 호기(好奇)	('어른십')

그림 4-5 같은 틀이 사용된 강의 기준 세 세트

명하는 시간을 줄이되 시각적으로 깊이 있는 이해를 할 수 있도록 도와
줍니다.

예를 들어 앞서 강의 기준을 설명할 때 저는 여섯 가지 기준의 첫 세트
인 전문성과 친밀성은 길게 설명했습니다. 전문성을 먼저 설명하고, 친밀
성을 그다음에 설명하고, 그 후에 둘 사이의 상반된 관계를 설명하고, 조
화의 결과를 일일이 소개했습니다.

하지만 나머지 두 세트는 이러한 긴 과정을 거치지 않고 곧바로 전체
를 한꺼번에 설명했습니다. 그리해도 크게 문제 되지 않았던 이유는 나
머지 두 세트에 첫 세트와 같은 틀을 사용했기 때문입니다. 그래서 각 짝
사이의 관계에 대해 길게 설명할 필요가 없습니다.

전문성과 친밀성은 위아래로 향한다는 개념으로 대칭 구조를 이루고,
그 조화는 흐뭇함이라는 결과를 낳습니다. 그 결과는 바람직한 경우와
바람직하지 않은 경우로 표현했습니다.

이 구조가 안정성과 열성, 그리고 진정성과 창의성 세트에도 똑같이
반복되었습니다. 대칭적 기준 세트들이 조화를 이룰 때에 각각 떨림과
위엄이 나타나고, 각 결과에 두 가지 대칭 양상이 존재하는 구조를 설계
했습니다. 이처럼 기본 틀을 유지했기 때문에 설명에 있어 간결함(길이)
과 심오함(깊이)을 동시에 얻어낸 것입니다.

기본 틀을 유지하면서 강의를 하면 추가적인 혜택이 있습니다. 앞서
'도구 사용하기'를 설명하면서 슬라이드는 간단해야 한다고 조언했지만,
제 슬라이드는 얼핏 상당히 복잡해 보이기도 합니다. 많은 내용이 담긴
것처럼 보이기 때문입니다. 그러나 청중의 입장에서는 부담이 아니라 도
움이 됩니다. 기본 틀을 유지하는 방식을 택하기 때문입니다.

예를 들어 [그림 4-5]의 슬라이드는 무척 많은 글로 빼곡해 보입니다.

전문성 · 친밀성

전문성
경력, 이력
옷차림
어투

품격
노련미
지혜

전문성
경력, 이력
옷차림
어투

품격
노련미
지혜

친밀성
경험, 매력
알아차림
어투

마주치는 시선
다가가는 자세
맞이하는 마음

전문성 ↑
경력, 이력
옷차림
어투

품격
노련미
지혜

친밀성 ↓
경험, 매력
알아차림
어투

마주치는 시선
다가가는 자세
맞이하는 마음

조화 =
자아도취 (X)
흐뭇함
자모지심

그림 4-6 하나씩 하나씩 공개되는 강의 내용

한 슬라이드에 한두 개념이 들어가면 좋다는 일반적인 강의법 조언과는 상치됩니다. 하지만 저는 그 내용을 한꺼번에 다 보여주지 않습니다. 마치 양파 껍질 까듯이 강의를 하면서 하나씩 꺼내 보입니다.

만약 전문성과 친밀성에 대한 내용을 설명한다면 먼저 전문성에 대한 내용만 슬라이드에 담습니다. 그 다음에 친밀성에 대한 내용을 추가합니다. 마지막으로 똑같은 슬라이드에 이 둘 사이에 나타나는 조화에 대한 설명을 담습니다. 새로운 내용이 추가될 때에는 이전 내용을 흐리게 처리해서 새 내용이 부각되도록 합니다.

뒤로 갈수록 슬라이드에는 많은 내용이 담기지만 청중은 새로운 내용에 집중할 수 있습니다. 동시에 이전 내용이 그대로 남아 있기 때문에 전후가 어떻게 이어지고 어떤 구조를 지니고 있는지를 알 수 있습니다.

순차적으로 정보를 접하고 처리하기를 선호하는 청중과, 이와 반대로 종합적으로 정보를 한눈에 다 보기를 선호하는 청중의 니즈를 모두 만족시켜 줄 수 있는 방식입니다.

그런데 이런 구조를 유지하면서 설명하려는 노력 때문에 청중이 아니라 강사가 얻는 혜택이 있습니다. 저는 슬라이드를, 제 생각을 보여주는 도구 이전에 생각 자체를 돕는 '생각 인큐베이터'라고 여깁니다.•

• 초보 강사의 슬라이드는 생각을 담는 캔버스다.
  경력 강사의 슬라이드는 생각 인큐베이터다.

슬라이드는 생각 인큐베이터

기본 틀을 유지하면서 생각을 다듬어나가면 사전에 몰랐던 부분을 발견하거나 발명할 수 있습니다.[•]

예를 들어 한때 저는 강의를 한 후에 '흐뭇함'이 밀려오면 내색하지 않으려고 애썼습니다. 행여 사람들이 자아도취에 빠졌다고 여기지 않을까 염려한 것입니다. 저 스스로 그런 기분을 느낀다는 사실이 창피했습니다. 그러나 강의한 후에 흐뭇함이 자꾸 느껴지는데 도저히 막을 도리가 없었습니다. 그러다가 강의법 강의 슬라이드를 준비하면서 대칭 구조 틀을 놓고 고심하다가 '자모지심'이란 개념을 생각해 냈습니다. 이제 저는 흐뭇함을 마음 놓고 만끽합니다.

안정성과 열성 사이에 나타나는 떨림에 대한 해석도 기본 틀을 유지한 덕분에 산뜻해졌습니다. 강사들이 공통으로 경험하는 떨림, 공통으로 원하는 큰 울림과 감동을 주는 강의, 초심을 잃지 말아야 한다는 선배 강사들의 조언 등은 수시로 느끼고 들었습니다. 그러나 떨림, 울림, 감동, 초심 등을 서로 직접적인 관련이 없는 개념들로 인식합니다.

그러나 저는 떨림이라는 현상을 '좀'과 설렘으로 양분하고, 하나는 바람직하지 않기에 극복해야 하는 떨림이고 다른 하나는 바람직하기에 잃지 말아야 하는 떨림으로 해석하게 되었습니다. 떨림이 있기에 울림이 가능하고, 그 정서적 움직임을 감동으로 표현합니다. 잃지 말아야 하는 떨림은 바로 소중한 청중을 맞이할 때 느껴지는 설렘이며, 청중을 존중

• 초보 강사는 생각을 정리한다.
  경력 강사는 정리된 틀을 가지고 생각한다.

하는 마음이 바로 초심인 것입니다.

그러니 떨림, 설렘, 울림, 감동, 초심은 하나의 개념인 셈입니다. 이처럼 생각의 틀이 있을 때 새로운 생각을 발견하고 발명할 수 있습니다.

 코멘트

사실 저는 스토리 깊이에 대한 설명도 하고 싶지만 자제하고 있습니다. 중요하지 않아서가 아니라 현 시점에 포함되면 콘텐츠 구성이 너무 복잡해져서 독자가 힘들어할 수 있기 때문입니다.

6

5단계
견고하게 만들어라

콘텐츠 디자인은 크고 작은 스토리들을 하나의 긴 스토리가 되도록 만드는 기술입니다. 아무리 스토리 하나하나가 유익하고 재미있어도 서로 연결되지 않으면 듣기 어렵습니다. 이음새를 활용하여 스토리들이 하나의 큰 스토리로 이어지도록 해야 합니다. '구슬이 서 말이라도 꿰어야 보배'라는 속담이 여기에 제격입니다.

골프에서 5번 홀을 끝내면 6번 홀로 자연스럽게 이어져야 합니다. 다음 홀로 가는 길이 너무 멀거나 복잡해서 가다가 몇 번 홀인지 기억조차 나지 않게 한다면 잘못 디자인된 코스입니다. 엉뚱하게 16번 홀로 잘못 들어서면 라운딩을 망칩니다. 팻말도 붙어 있고 자그마한 쉼터도 마련되어 티오프를 잘하게 해준다면 얼마나 좋겠습니까.

강의 콘텐츠도 이와 같이 견실해야 합니다. 강의할 때 어렵게 준비한 내용이 토막 나 스토리가 잘 연결되지 않으면 속상합니다. 그래서 강의를 준비할 때 스토리 파트들이 서로 잘 연결되도록 이음새 디자인에 신경을 많이 써야 합니다. 그러면 강의할 때 마음 놓고 청중과 함께 호흡을 맞추어 나갈 수 있습니다.

구름 같은 생각, 구슬 같은 글

청중은 강의 스토리를 따라가다가 갑자기 강사가 다음 스토리로 확 넘어가버리면 헤매게 됩니다. 저는 이런 강의를 토막 난 강의라고 부릅니다. 이음새가 없어서 그렇습니다. 이음새는 스토리 콘텐츠 흐름(또는 트랜지션)에 중요한 기능을 합니다.

이음새는 간단한 말 몇 마디로 충분할 때가 있고 경우에 따라 약간의 설명이 필요할 때도 있습니다. 알고 보면 별거 아닌데 초보 강사는 이마저도 생략하는 경우가 있습니다.

책을 읽을 때는 '다시 보기'가 가능하니 이해가 되지 않으면 맥락이 이해될 때까지 반복해서 읽을 수 있습니다. 그러나 강의는 마치 영화관에서 보는 영화와 같습니다. 장면이 지나가면 그냥 떠나보내야 합니다. 흐름을 한번 놓치면 다시 찾기 어렵습니다. 그래서 감독은 영화를 찍고 나서 촬영 때보다 더 많은 시간을 편집실에서 보내기도 합니다. 청중의 입장에서 영화를 이해할 수 있는지를 따져봅니다.

그런 의미에서 이음새 작업은 영화 편집 작업과 유사합니다. 영화 편집의 묘미는 장면을 정지시키거나 반복적으로 되돌려 보면서 분석할 수 있다는 것입니다. 이음새 작업에 유사한 장치가 있습니다. 바로 강의 내용을 '글로 써보기'입니다.

저는 제 강의 내용을 글로 써봅니다. 이음새가 필요한지, 충분한지, 어떻게 하면 간략하게 줄일 수 있는지는 머릿속으로 생각만 하면 잘못 판단하기 쉬운데, 한번 글로 써보면 쉽고 정확하게 판단됩니다.

생각과 글의 차이 때문에 그렇습니다. 머릿속에 떠오른 생각은 하늘에 떠 있는 구름 같아서 상상한 대로 보이기 쉽습니다. 그래서 이음새를 머릿속으로 생각만 하면 충분히 논리적이고 앞뒤를 잘 이어준다고 착각할 수 있습니다. 생각에 논리적 공백이 있어도 스스로 잘 메워줍니다. 자신이 원하는 방향으로 자신을 설득하는 일은 쉬운 법입니다.

그러나 생각을 글로 써보면 상황이 달라집니다. 문장에 논리적 구멍이 있으면 곧바로 발각됩니다. 문장은 문법에 의해 작성되기 때문입니다. 글은 객관적으로 점검하고 재검토할 수 있기에 이야기가 잘 흐르는지 옆으로 새는지 막혀 있는지를 조사할 수 있습니다. 그래서 반드시 글로 써보기를 적극 추천합니다.

스크립트를 쓰고 읽어보기

요즘은 많은 강사들이 강의안을 글이 아니라 파워포인트 슬라이드로 작성합니다. 파워포인트로 작업을 하면 발표 슬라이드와 강의안이 동시에 완성됩니다. 간편한 이점이 있습니다.

그러나 앞서 언급했듯이 글은 문법이라는 고정된 틀에 맞추어야 합니다. 생각을 표현하는 일보다 그 생각을 주어진 문법에 맞추기 위해 지우고 또 쓰는 일이 훨씬 더 오래 걸립니다.

파워포인트는 이름 그대로 생각의 포인트를 나열하기 쉽도록 만들어져 있습니다. 문법이라는 틀에서 해방시켜 줍니다. 생각을 자유롭게 펼쳐 나갈 수 있고 좀더 빠르게 전개해 나갈 수 있습니다. 그래서 저 역시 강의할 때 파워포인트를 많이 활용합니다.

단점은 바로 그 '생각 포인트' 자체가 이미 '토막 난 생각'이라는 점입니다. 그래서 파워포인트로 작성된 강의안에 전적으로 의존해서 강의를 하면 강의가 토막 나기 쉽습니다. 강의를 견고하게 만들기 위해서는 이음새에 대해 각별히 신경을 써야 합니다.

저는 초보 강사에게 사전에 스크립트를 적어보기를 권합니다. 되도록 토씨 하나 빼지 않고 자신의 말투 그대로 적어보는 게 좋습니다. 글은 눈에 보이므로 점검하고 검토하고 수정하기 수월합니다.

제가 초보 강사였을 때는 모든 강의에 스크립트를 준비했습니다. 무척 많은 공을 들이고 노력했습니다. 그 결과 이제는 스크립트를 적지 않아도 꽤 좋은 강의를 할 수 있게 되었습니다. 현재의 모습은 예전에 노력한 결과입니다.•

스크립트를 썼다면 소리 내서 여러 번 읽어봅니다. 글쓰기는 논리와 조리를 갖추게 해주고, 읽기는 말하기를 자연스럽게 청중의 심리에 맞추어줍니다.

입안에서 중얼거리기만 하면 스크립트를 외우는 데 도움이 되지만 음의 높낮이, 힘의 강약, 톤을 조절하기 어렵습니다. 큰 소리를 내서 읽어야 문장에 호흡 주기가 적절한지, 혹시 호흡이 부족하지는 않은지, 어디서

• 초보 강사는 격식을 갖춘 정제된 틀 안에서 단련해야 한다.
경력 강사의 유연성과 노련함은 엄격한 단련으로 얻어진다.

어떻게 끊어야 하는지를 알 수 있습니다. 소리가 충분히 내 귀에 들어와야 자신의 말하기가 원하는 효과를 적절히 내고 있는지를 판단할 수 있습니다.

이왕이면 남 앞에서 연습해 봅니다. 배우자, 친구, 심지어 어린 자녀도 좋습니다. 단 한 명 앞도 좋습니다. 그리고 피드백을 받습니다. 콘텐츠가 충분한지, 스토리들이 잘 이어져서 흐르는지, 목소리가 편안한지, 충분한 변화가 있는지에 대한 코멘트는 강사를 발전시켜 주는 최고의 밑거름이 될 것입니다.

강사가 준비한 스크립트를 소리 내어 읽으면서 연습하지 않는 것은 마치 가수가 공들여 작사 작곡한 노래를 한 번도 불러보지 않은 채 공연을 하는 것과 같습니다. 그런 가수가 성공할 리 없다는 것은 당연한 일입니다.

《포춘》100대 기업의 발표자 5천 명을 대상으로 한 설문 결과가 있습니다. 발표 때 스크립트를 쓰고 소리 내어 읽으면서 연습한 사람은 고작 2퍼센트 미만이라고 합니다. 왜 명강사가 드문지 알겠습니다.

저는 연습합니다. 그래야 준비한 강의를 견고하게 굳힐 수 있습니다. 연습을 대체할 수 있는 기술은 없습니다. 연습은 강의 이외의 일이 아니라 강의의 첫 부분입니다.

스스로 허물지 않기

남의 생각과 연구 결과를 인용할 때는 반드시 출처를 밝히는 것도 중요합니다. 표절은 금물이라는 것은 당연하고 모두가 알고 있는 것이지만, 너무 쉽게 위반하기도 합니다. 법적 문제가 안 되더라도, 도덕적 차원에서 원칙을 지켜야 합니다. 그것은 강사의 자부심 문제입니다. 강의를 할 때 당당한 아우라가 나올 것입니다. 그 당당함은 강의의 견고함에서 비롯합니다.

저는 주로 슬라이드 아랫부분에 출처를 적어놓습니다. 이를 통해 네 가지 효과를 얻을 수 있습니다.

첫째, 말로 출처를 밝히려고 하는 것은 위험합니다. 실수로 잊을 수 있기 때문입니다. 표절은 사소한 실수라도 강사의 신뢰성과 전문성에 치명타를 입힐 수 있습니다. 견고함을 스스로 허무는 격입니다. 저는 그런 부담을 짊어지며 강의하는 게 싫습니다. 그래서 슬라이드를 만들면서 출처를 적어놓으면 정신이 해방됩니다.

둘째, 학술대회가 아니라면 일반 청중은 강사가 사사건건 출처를 밝혀주기를 원하지 않습니다. 너무 견고한 나머지 딱딱해지면 강의 흐름에 방해가 됩니다. 그러나 슬라이드에 적힌 내용은 청중이 보기와 무시하기 중 하나를 선택할 수 있습니다. 내용이 본인에게 중요하다면 출처가 유용한 정보가 될 것이고, 그렇지 않다면 그냥 스쳐 지나갈 것입니다.

셋째, 청중에게 꼭 필요하지는 않더라도 출처가 눈에 보이는 곳에 있으면 강사에 대한 신뢰가 좀더 생깁니다. 전문성을 돋보이게 해줍니다.

넷째, 남의 생각이 인용된 부분에는 꼼꼼하게 출처를 밝히고 있으니, 역으로 출처가 명시되지 않은 내용은 강사 고유의 생각이라는 점을 강조하는 셈입니다.

🎤 코멘트

저한테는 독창성이 매우 중요합니다. 제가 대학교 수업만이 아니라 기업, 정부 부처, 공공기관, 토크 콘서트 등에서 지난 20년간 매해 꾸준히 백 회 이상의 초청 강의를 하게 된 가장 큰 이유는 제 강의의 독창적인 내용 때문이라고 생각합니다. 제가 하는 이야기는 저한테서만 들을 수 있으니까 저를 찾는 것입니다. 그래서 저는 강의를 할 때 자료마다 명백히 출처를 밝혀서 제 것과 제 것이 아닌 것을 철저히 구분합니다.

참고로 이 책의 핵심 내용도 저의 독창적 생각입니다. 여섯 가지 강의 기준, 여섯 가지 강의 기술, 강의 준비하기를 콘텐츠와 감정선 디자인으로 구분하기, 그리고 감정선 디자인이라는 개념 자체가 어느 다른 강의법 도서에서도 볼 수 없는 내용임을 당당하게 밝힙니다.

7

6단계
투 트랙을 준비하라

저는 HD행복연구소에서 강사를 양성하고 있습니다. 교육의 마지막 단계에서 수련생 모두는 강의를 하고 심사를 받습니다. 강의를 한 번도 해보지 않은 수련생들이 다수지만 이미 왕성하게 활동하는 현직 강사들도 있기 때문에 시연된 강의의 수준은 다양합니다. 놀랍게도 기대와 달리 초보자가 훌륭하게 하는가 하면 경력자가 삐끗하는 경우가 상당히 흔합니다. 차이는 준비입니다.

당연히 강사는 강의 준비를 잘해야 합니다. 준비하지 않은 사람, 준비되어 있지 않은 사람은 전문가가 아닙니다. 준비 없이 훌륭한 강의를 기대하기란 어렵습니다.

그러나 저는 준비에 양도 중요하지만 방향(목적)도 중요하다고 생각합니다. 그래서 똑같은 시간을 쏟아 공들여 준비했어도 차이가 생길 수 있습니다. 어떤 결과를 위해서 열심히 준비했는지에 따라 강의가 잘될 수도 있고 잘못될 수도 있습니다. 강의를 준비하는 목표가 다르면 차이가 생깁니다. 두 사람이 똑같이 열심히 걸어도 가는 방향이 다르면 서로 완전히 다른 곳에 도달하듯이 말입니다.

유연해지기 위한 준비

저는 강의를 하다가 시간이 부족해서 마음이 급해지는 것을 정말 싫어합니다. 마음이 급해지면 그나마 잘 안 되는 발음이 더 나빠지기 때문입니다.

반대되는 상황도 싫습니다. 어찌하다 보니 준비한 강의 내용이 이미 다 나왔는데 끝나기는커녕 아직 시간이 많이 남을 때는 등에서 식은땀이 납니다. 저는 언변이 없어서 준비된 말 외에는 말을 잘 못하기 때문입니다. 말을 잘한다 해도 강의 중간에 시간을 때우려고 잡담을 하고 싶지는 않습니다.

그래서 강의를 알차게 준비하려고 노력합니다. 하지만 강의는 항상 준비한 대로 진행되지는 않는 법입니다. 너무 많은 변수들이 존재하기 때문입니다. 제가 할 수 있는 일은 상황에 따라 강의가 유연하게 진행되도록 강의안 자체에 길이와 깊이를 조절할 수 있는 장치를 포함시키는 것뿐입니다.

그래서 저는 강의 중간중간에 '플러스알파'와 '마이너스베타' 요소를 여러 곳에 준비해 둡니다. 플러스알파는 내용의 길이나 깊이를 더해서 시간이 소요되도록 하는 요소이고, 마이너스베타는 내용을 줄여서 시간을 단축시키는 요소입니다. 즉, 좋은 콘텐츠 디자인은 플랜 A만이 아니라 플랜 B, C, D까지 미리 디자인하는 것입니다.

혹 준비가 너무 지나치다고 생각하는 분도 계시겠지요. 오히려 준비가 독이 되는 경우를 경험하신 분도 계실 것입니다. 그렇습니다. 준비를 많이 한다고 다 좋은 게 아닐 수도 있습니다. 밤을 새우며 준비한 후에 좀비처럼 정신이 멍해지는 경우를 저도 경험해 보았습니다. 그래서 준비라는 개념을 새롭게 보는 시각이 필요합니다.•

해방되기 위한 준비

강의 준비는 준비한 대로 강의하기 위해서 하는 것이 아닙니다. 강사 두 명을 비교해 보겠습니다. 둘 다 강의를 견고하게 만들기 위해서 스크립트를 열심히 준비하고 연습했습니다.

한 명은 강의 중간에 준비한 스크립트대로 청중에게 질문을 던집니다. 그런데 예기치 못한 반응이 나오는 바람에 잠시 주춤합니다. 청중과 상호작용하는 과정과 모습이 부자연스럽습니다. 이어갈 강의 내용이 잘 기억이 나지 않는지 약간 머뭇거립니다. 당황했는지 목소리가 떨립니다. 눈동자가 자꾸 위로 올라갑니다. 기억을 더듬는 모습입니다. 겨우 내용을 기억해서 다시 강의를 이어갑니다. 그러나 또 막히고 맙니다. 이제는 공포감에 입가마저 떨립니다.

• 초보 강사는 열심히 준비한다.
　경력 강사는 유연하게 준비가 되어 있다.

이 강사는 외운 내용을 한 자도 틀리지 않고 준비한 대로 복기하려고 애썼던 것입니다. 이 강사에게 준비는 틀리지 않기 위함이었습니다. 결국 강사의 시선은 기억을 하려고 자신의 머릿속으로 향하고, 청중과 주변을 돌아보지 못하게 됩니다.

다른 한 명은 여유만만해 보입니다. 입에서는 준비된 스크립트 내용이 나오지만 눈은 청중을 두루 살핍니다. 던진 질문에 엉뚱한 반응이 나왔지만 잘 대처합니다. 청중과 상호작용이 자연스럽습니다.

이 강사가 준비한 이유는 마음의 여유를 얻기 위해서였습니다. 준비가 되었기에 스크립트에서 해방되는 것입니다. 잘 짜여진 각본이 있기 때문에 애드리브가 가능해지는 것입니다. 큰 길이 견고하기 때문에 샛길로 잠시 이탈해도 곧바로 가던 길로 돌아갈 수 있습니다.

준비를 잘해야 플랜 B가 가능해집니다. 방향을 틀어야 할 때 잘 틀기 위해서 준비한다는 사실을 잊지 말아야 합니다.•

노트에 적어서 실수를 예방하기

만약 준비는 했지만 아직 스크립트에서 해방되는 게 두렵다면, 핵심 포인트를 노트에 적어서 강의할 때 참고하면 도움이 됩니다. 두 가지 혜택을 누릴 수 있습니다.

첫째, 기억이 나지 않을 때 노트를 힐끗 보는 모습은 그다지 흉하게 보

• 초보 강사는 하나도 틀리지 않으려고 준비한다.
경력 강사는 한 번 더 틀기 위해서 준비한다.

이지 않습니다. 텔레비전 방송에서 MC들이 흔히 큐시트를 들고 중간중간에 이에 의지하는 모습을 많이 봐와서 익숙하기도 합니다. 물론 MC는 작가들이 써준 각본을 사전에 충분히 외울 시간이 없기 때문에 큐시트에 의존하는 것이지만, 실수를 예방하기 위한 것임은 같습니다. 기억이 나지 않아서 완전히 얼어붙는 것보다는 낫습니다. 단, 노트를 계속 읽어 내려가는 게 아니라 잠깐 참고하는 정도가 되어야 합니다.

둘째, 노트를 들고 있으면 역설적으로 노트를 읽어야 할 일이 줄어듭니다. 스트레스는 사고력을 저하시킵니다. 그래서 기억을 도울 안심 장치가 있으면 실수에 대한 부담감이 감소하고, 실수할 확률이 그만큼 줄어듭니다.

저는 문장이 짧을수록 노트에 적습니다. 더 좋은 방법은 발표 슬라이드에 문장 전체를 그대로 적는 것입니다.

임팩트 있게 하기 위해 메시지를 간결하게 만듭니다. 긴 내용은 중간에 몇 단어가 기억나지 않아도 핵심 내용이 제대로 전달되지만 짧은 문장은 토씨 하나라도 틀리면 의미가 달라집니다. 그래서 저는 짧은 문장일수록 정확하게 말하려고 문구를 적어둡니다. 임팩트를 내려다 실수하면 모양새가 망가질 수 있습니다.

투 트랙을 넘어 멀티 트랙도 가능하다

플랜 B를 준비해서 변수에 시시각각 대응하고 조정할 수 있는 여지를 지니는 것과 달리 투 트랙 방식은 강의를 완전히 두 지적 차원에서 진행하는 방식입니다. 다양한 수준의 청중이 섞여 있을 때 유효한 기술입니다.

예를 들어 남녀노소가 섞여 있는 청중을 대상으로 하는 강의는 어렵습니다. 비록 동일한 관심사를 가졌다 해도 각자의 이해도, 성숙도, 시각과 사고방식이 너무 다양하기 때문에 누구에게 맞춰야 할지 모르기 때문입니다.

저는 평생학습 차원에서 유명한 강사를 초청하여 주민들을 위한 강연을 개최하는 구청과 군청에 초대받은 경험이 많습니다. 큰 도시에 소재한 구청이 개최하는 강연에는 취학 아동을 둔 학부모가 많이 참석하기에 '글로벌시대가 요구하는 인재로 키우기'라는 주제가 딱 들어맞습니다.

하지만 농어촌이나 중·소도시 군청이 개최하는 강연에는 연세 많으신 분들이 많이 참여합니다. 과연 이들에게 이런 주제를 어떻게 접근해야 할지 막막하기도 합니다. 물론 요즘에는 조손가정도 많고 잠시 손주들을 돌보는 조부모도 많으니 생뚱맞은 주제는 아닙니다. 그러나 인생의 시점이 다르면 시각이 달라지고 이해도도 달라집니다.

그러나 저는 뛰어난 입담으로 청중을 한 시간 내내 즐겁게 해줄 능력이 없습니다. 그런 능력이 있더라도 저는 제 강의를 엔터테인먼트가 되게 하고 싶지는 않습니다. 강의가 끝나도 여운이 길게 남는 깨달음을 주는 강의를 하고 싶습니다. 저는 이런 경우 '투 트랙' 전략을 사용합니다. 그래서 청중이 스스로 각자 자신에게 맞는 수준에서 강의를 접할 수 있도록 돕습니다.

여러 종류의 투 트랙 방식이 있습니다. 저는 말로 하는 강의는 청중의 하위 수준에 맞추되 스크린에 보여주는 슬라이드 내용은 상위 수준에 맞추는 방식을 선호합니다. 좀더 깊이 있는 설명을 듣고 싶은 청중은 각자 원하는 만큼 슬라이드에서 찾아볼 수 있는 기회를 제공하는 것입니다.

이와 반대로 글은 쉽게, 말은 어렵게 하는 것도 '투 트랙'입니다. 하지만 청각적 내용(말)은 모두가 듣게 되는 반면, 시각적 내용(슬라이드)은 선택적으로 볼 수 있습니다. '아는 만큼 보인다'라는 명언이 있듯이, 심오한 내용이 슬라이드에 적혀 있어도 이해 못 하는 사람한테는 별 부담이 없습니다.

강의 내용을 소화하느라 정신이 피곤하면 귀를 닫기는 어렵지만 눈을 감기는 쉽습니다. 그래서 저는 모두가 들어야 하는 청각 내용은 수준을 낮추고, 청중이 선택해서 볼 수 있는 시각 내용은 각자의 수준에 맞춰서 접할 수 있도록 합니다.

이런 전략도 상황에 따라 완전히 뒤바뀌는 경우도 있습니다. 스티브 잡스 때문에 유행처럼 번진 강의 방식인데, 요즘 신제품 설명회는 보통 이렇게 진행됩니다.

시각 내용은 가장 낮은 수준에 맞추고 그 대신 청각으로 전달되는 설명은 추상적인 미사여구와 일반인들은 잘 모르는 전문용어로 가득합니다. 말의 내용은 이해 못 해도 첨단이고 최신이라는 느낌은 남습니다. 반면 슬라이드에 비친 이미지는 좋은 제품이라는 걸 누구나 알 수 있습니다. 상세하게 이해하고 분석할 필요가 없을 정도로 간단하고 명확합니다.

청각 정보는 한 귀로 들어가서 다른 귀로 나가기 쉽습니다. 그래서 잘 기억이 되지 않습니다. 그러나 시각 정보는 대체로 생생하게 기억됩니다. 실제로 뇌과학은 시각 정보 처리 능력이 청각보다 무려 백 배나 더 크다고 합니다. 그래서 마케팅처럼 이미지가 중요한 상황에서는 이런 전략이 위력적인 방식입니다.•

• 초보 강사는 청중의 수준에 맞춘다.
  경력 강사는 청중의 수준을 끌어올린다.

강의도 투 트랙이 아니라 멀티 트랙으로 진행할 수 있습니다. 사례를 이야기하거나 비유를 드는 방식이 훌륭한 멀티 트랙입니다. 청중은 각자의 수준에서 이야기를 듣고 이해하고 의미를 부여하기 때문입니다.

멀티 트랙이 필요한 이유가 더 있습니다. 구어적(청각적) 내용보다 시각적 내용을 더 좋아하는 경우, 추상적 이론 설명보다 구체적 사례를 더 편안해하는 경우, 내용을 순차적으로 접하기보다 먼저 전체를 한꺼번에 다 보기를 원하는 경우 등 청중이 선호하는 학습 스타일은 청중마다 다르기 때문입니다. 강사는 이에 대한 알아차림이 있어야 합니다. 그리고 이들 모두를 만족시킬 수 있는 방법이 바로 멀티 트랙입니다.•

명강의는 모든 청자에게 맞춘 프리사이즈 옷과 같고, 멀티 트랙으로 진행됩니다. 다양한 스토리텔링 기술이 가미되어 사례가 풍부하고 비유가 적절하고 유머가 번쩍이면 멀티 트랙 강의가 가능해집니다. 다양한 청중에게 다가갈 수 있습니다. 이러한 기술에 대해서는 6장에서 구체적으로 소개하겠습니다.

애드리브를 두려워하고 준비해야 하는 이유

청중은 재치 있는 강사를 높게 평가합니다. 강사의 순발력과 즉흥성은 청중에게 전혀 예기치 못한 선물을 받는 즐거움과 기쁨을 맛보게 합니다. 준비된 이야기를 하다가 즉흥적으로 머릿속에 떠오르는 말을 하는

• 초보 강사의 강의는 청중 평균에 맞춘 사이즈다.
　경력 강사의 강의는 모든 청중에 맞는 프리사이즈다.

애드리브 능력은 귀합니다. 충분한 인지적 능력과 정신적 여유가 있어야만 그런 발상을 할 수 있습니다.

그러나 모든 능력은 칼과 같습니다. 애드리브 능력도 마찬가집니다. 화려하고 화끈하게 위력을 발휘할 수 있지만, 자칫하면 다칩니다. 원숭이도 재주를 부리다가 나무에서 떨어질 때가 있듯이 강사가 재치를 너무 부리면 신뢰를 떨어트리는 실수를 하게 됩니다.

초보 강사라면 본인이 아무리 재치가 있어도 이러한 즉흥성을 경계해야 합니다. 강의를 처음 시작할 때는 준비한 내용만 하세요. 훗날 충분한 경험과 노련미가 쌓인 후 그 능력을 조심스레 발휘하세요.

제가 '마음껏'이 아니라 '조심스레' 발휘하라고 강조했습니다. 언택트 시대에는 초보 강사만이 아니라 모든 강사가 애드리브를 두려워하고 자제해야 하기 때문입니다. 옛날에는 강의하다가 실수하더라도 후유증은 그 시공간에 한정됐습니다. 쏟은 말을 곧바로 주워 담을 수 있는 기회가 있었습니다. 그런데 요즘은 강의하다가 말 한마디 실수하면 SNS를 타고 온 세상이 다 알게 됩니다. 그간 쌓은 신뢰와 명예가 한순간에 무너져버릴 수 있습니다.

언택트 시대에 애드리브는 더 이상 자원이 아니라 화를 부르는 뇌관입니다. 뇌관을 달고 강의할 이유가 없습니다. 저는 좋은 생각이 즉흥적으로 떠올랐다면 메모해 두었다가 다음 기회에 사용합니다.•

애드리브마저 준비하세요. 아무리 준비가 중요하다고 하지만 애드리브

• 초보 강사는 애드리브 능력을 부러워한다.
  경력 강사는 애드리브 능력을 두려워한다.

마저 준비하라고 하니 좀 너무한 게 아닌가 하는 사람도 있을 수 있습니다. 그러나 지금은 생각을 다각도에서 신중하게 검토해야 안전한 시대입니다.

사람들이 주요 일간지 서너 개와 방송국 서너 개를 통해서 정보를 접했을 때는 좋으나 싫으나 공통된 가치관과 문화권을 형성하였습니다. 내 생각과 타인의 생각이 크게 다르지 않았습니다. 말을 하지 않아도 서로 통하던 시절이었습니다.

그러나 언택트 시대는 말을 하면 할수록 더 불통이 심화되는 세상입니다. 비록 한 시대에 한 나라에서 살지만 서로를 잘 이해하기 힘든 외국인들끼리 모여 사는 느낌입니다. 특성화된 수백 개의 미디어 채널을 통해 사람들은 각자의 취향에 맞는 내용들만 선택해서 접합니다. 그래서 매우 다양한 가치관과 시각을 지니게 되었습니다.

그 결과 똑같은 말 한마디에 열 가지 해석이 따라붙습니다. 오해도 많고 곡해도 합니다. 완전히 예방할 수는 없지만, 빌미를 제공하지는 말아야 합니다.

유능한 강사는 강의 내용에 즐거움을 주는 반전을 준비해서 청중에게 서프라이즈를 선물합니다. 애드리브 또한 청중에게 즐거운 서프라이즈 선물이 되도록 준비하면 좋겠습니다.

🎤 코멘트

걱정됩니다. 이 시점에서 여러분의 자신감이 상당히 위축되지 않았을까 염려됩니다. 제가 워낙 많은 제안과 조언을 나열하고, 이러면 안 되고 저래야 된다는 등 상당히 강한 어조로 강조했기 때문입니다. 초보 강사라면 숨이 막힐지도 모르겠습니다. 즉흥적 자유를 위해 꼼꼼히 준비해야 한다는 역설적인 말을 하지 않나, 애드리브마저 사전에 준비해야 한다는 앞뒤 맞지 않는 말을 하지 않나, 각 파트마다 웬 세부 사항들이 이렇게 많은지요. 명강사 되기를 포기하고 싶은 마음이 들 수도 있습니다.

그래서 제가 '들어가는 말'에서 급하신 분은 부록부터 읽으시길 권했습니다. 부록에는 핵심적인 팁만 나열했습니다. 그것만 잘해도 충분히 좋은 강사가 될 수 있기 때문입니다.

8

7단계
'곱하기' 하라

의외로 강의 도입부와 마무리를 소홀히 다루는 강사가 많습니다. 강의 시간이 되면 그냥 시작하고, 강의 시간이 다 되면 그만 끝내는 경우가 흔합니다. 그러나 저는 도입부와 마무리 디자인에 가장 많은 시간을 들입니다. 그래야 강의의 가치가 곱절이 됩니다. 강의 효과를 극대화하는 방법입니다.

강의의 도입부와 마무리는 마치 골프 코스의 클럽하우스와 같습니다. 클럽하우스에서 파트너를 만나고 서로 인사를 나누며 긴 라운딩을 준비합니다. 무려 18홀이나 돌면서 다양한 도전을 만납니다. 라운드를 마치면 클럽하우스 앞 광장에서 우승 트로피를 들어 올리는 뒤풀이를 합니다. 한 라운드의 시작과 끝은 같은 지점(地點)입니다.

강의도 시작과 결론 포인트가 같아야 합니다. 도입부에서는 청중과 만나서 인사를 하고 강의 주제에 대한 핵심 포인트를 던져서 긴 지적 여정을 준비시킵니다. 강의 중에 다양한 이야기가 펼쳐집니다. 강의의 끝은 도입부에서 던진 핵심 포인트로 귀결되어야 합니다. 강의의 도입부와 마무리는 같은 지점(知點)입니다. 그러나 이 지점은 비록 도입부와 같은 위치이지만 깨침과 깨달음과 희망으로 새로운 시각을 지니게 된, 몇 곱절 더 높은 지점입니다.

첫 슬라이드는 첫인상

강의에서 도입부는 짧지만 큰 비중을 차지합니다. 강의 첫 3분 동안 청중은 강의를 더 들을 것인가 말 것인가를 결정한다고 해도 과언이 아닙니다. 실제로 '학생들이 교사를 파악하는 데 걸리는 시간은 단 10초'라는 엘리샤 바바드(Elisha Babad)의 연구 결과가 있습니다. 첫인상이 강의 평가의 승패를 상당 부분 좌우한다는 뜻입니다.

도입부는 첫인상입니다. 우리는 사람을 만날 때 보통 첫인상이 크게 작용합니다. 첫인상이 좋으면 관계의 시작이 부드럽고 좋은 결말을 기대하게 만들고, 첫인상이 나쁘면 관계에 훨씬 더 공을 들여야 하고 겨우 '알고 보니 괜찮네' 정도의 결과밖에 끌어내지 못합니다.

강의에서 무엇이 첫인상일까요? 강의를 시작하면서 청중한테 하는 인사말? 강의가 시작되기 전부터 눈에 보이는 강사의 얼굴 생김새와 표정? 강의가 시작되기를 기다리면서 서 있는 강사의 자세?

이 모든 것이 첫인상입니다. 그러나 강의 시작 전에 스크린에 떠 있는 첫 슬라이드가 가장 중요한 첫인상입니다.

강사의 생김새와 강사가 풍기는 인품은 개발 가능하기는 하지만 하루 아침에 변할 수 있는 게 아닙니다. 그래서 여기서는 당장 수정하거나 조정할 수 있는 첫 슬라이드의 생김새에 대해서만 이야기하겠습니다.

여러분의 첫 슬라이드는 어떤 첫인상을 남깁니까? 색깔과 감정 사이의 연관성은 기본 상식입니다. 밝은색과 어두운색은 곧바로 밝고 어두운 감정으로 이어집니다. 핑크는 사랑과 따스함, 빨강은 강렬함 또는 섬뜩함, 파랑은 시원함부터 차가움이 느껴집니다. 톤이 흐릿하면 부드럽고 짙으면 강합니다.

글씨체가 흔한 것과 독특한 것, 가늘고 섬세한 것과 굵고 투박한 것, 단조로운 것과 복잡한 것, 흑백과 다채로운 것, 각자 다 다른 인상을 풍깁니다. 그림과 사진에는 은은한 것과 노골적인 것, 작은 것과 큼직한 것, 코믹한 것과 의미심장한 것 등이 각각 다른 이미지를 연출합니다.

강사의 이름과 직위, 소속 기관명 등이 어떤 위치에 어떤 모양으로 얼마만큼 적혀 있는지도 강사에 대한 인상에 큰 영향을 미칩니다.

여기서 중요한 점은 두 가지입니다. 첫째, 강사가 첫 슬라이드부터 본인이 원하는 효과를 내도록 디자인해야 한다는 것이고, 둘째, 청중이 강사가 의도한 대로 느끼도록 디자인해야 한다는 것입니다.

여기에 문제가 있습니다. 느낌은 상당히 주관적이어서 청중마다 다르게 느낄 수 있습니다. 푸른색으로 시원함을 주고 싶은데 청중은 차갑게 느낄 수 있습니다. 멋진 그림으로 강의에 대한 기대치를 높이고 싶은데 청중은 겉멋만 잔뜩 든 것으로 오해할 수 있습니다. 겸손하기 위해서 강사명을 조그맣게 적었는데 자신감이 없는 강사로 여길 수 있습니다.

청중은 다른 편견, 선입견과 선호도를 지녔습니다. 강사가 조절할 수 있는 것들이 아닙니다. 그래서 저는 이 문제를 피해 갑니다. 제가 사용하는 방법은 첫 슬라이드를 최소화해서 해석할 거리를 만들지 않는 것입니다. 상당히 소극적인 방법을 쓰는 셈입니다.

저는 첫 슬라이드에 가장 평범한 글씨체로 강의 주제와 제 이름을 적고, 가장 핵심적인 이력을 두 개 정도 나열합니다. 사진이나 그림을 넣지 않습니다. 그러니 당연히 색채가 없고 심심합니다. 그래서 맨 아래 제가 관련된 곳의 아이콘을 의무적으로, 조그맣게 넣습니다.

촌스럽다, 휑하다, 삭막하다, 너무 자신만만하다, 너무 자신 없어 보인다 등의 느낌을 받는 청중도 있을 수 있습니다. 그러나 무난합니다. 이 방식을 모두에게 권하지는 않습니다. 그냥 저한테 가장 적합하다고 판단해서 선택한 방식일 뿐입니다.

인사는 '강사의 역사'다

많은 강사들이 특별한 준비 없이 인사를 합니다. 그러나 그건 강사의 전문성과 친밀성을 확보하는 절호의 기회를 놓치는 것입니다.

여기서 인사는 두 가지 뜻을 지녔습니다. 간단한 안부를 묻는 말도 되지만 여기서는 강사 소개, 즉 '사람이 살아온 역사'를 소개한다는 뜻이 포함됩니다. 그래서 저는 강사의 인사를 '人事'만이 아니라 '人史'로도 생각합니다.

인사에서 이력, 학력 등 강사의 전문성을 나타내는 요소가 청중에게 전달됩니다. 또 강의 주제와 관련되어 개인적으로 겪은 사례가 소개되며 청중과 친밀감을 형성하는 동시에 본론으로 자연스럽게 이어질 수 있습니다. 그래서 장황하면 안 됩니다. 창의성을 발휘하여 간결하면서도 임팩트 있게 만들어야 합니다.

자신의 전문성을 나타내는 이력을 스스로 청중에게 소개하는 것이 부담스럽다면, 사회자에게 본인의 프로필을 사전에 전달하고 청중에게 소개해 달라고 하세요. 전문성을 내세우는 것은 청중으로부터 신뢰를 얻기 위한 방법입니다. 전문성에 대한 신뢰가 낮은 강사의 말에 청중이 귀를 기울이지는 않을 테니까요.

마지막으로, 요즘에는 자기 사진을 첫 슬라이드에 삽입하는 경우가 흔합니다. 제일 잘 나온 사진, 심지어 포토샵 작업까지 한 사진을 넣는 경우가 많습니다. 그러나 이것만큼은 하지 마세요. 왜 실물과 차이 나는 사진을 넣어서 스스로 처음부터 신뢰를 떨어뜨립니까? 굳이 사진을 사용하고자 한다면 실물이 더 낫다는 평을 들을 수 있는 사진이 낫습니다.

인사의 가장 중요한 목표는 '왜 이 강의를 당신한테서 들어야 하는가'라는 청중의 질문에 대한 답을 주는 일입니다.

청중은 이유를 분명하게 알아야 강사와 지적 여행을 떠나고 싶어 할 것입니다.

저는 청중과 강의 주제에 따라 저를 소개하는 내용이 다릅니다. 예를 들어 저는 전국에서 모인 4천 명의 대학생을 대상으로 야외에서 글로벌 인재에 대한 특강을 한 적이 있습니다. 아무리 사회자가 저를 인재 전문가로 소개한들 산과 구름과 행사 천막이 보이는 야외에서 젊은 청춘들의 주의력을 모은다는 게 여간 어렵지 않았습니다. 그래서 저는 도입부에 노골적으로 제 강의에 주의를 집중할 이유가 세 가지나 있다고 어필했습니다.

첫째, 제가 지구를 백 바퀴나 돌며 수많은 나라들을 방문한 사실을 언급하면서 여러분의 활동 무대를 잘 알고 있다고 했습니다. 둘째, 제가 외국 대학생들과 리더들을 만난 사진들을 보여주면서 여러분들의 협업 파트너들을 먼저 만나봤다고 했습니다. 셋째, 제가 대한민국 인재상 심사위원장과 삼성전자 미래인재상 심사위원장을 한 사실을 언급하면서 인재에 대해서 조금 안다고 했습니다.

저는 20초 만에 왜 제가 이 강의에 적격자인지를 확실하게 각인시켜 주었고 대학생들의 관심을 모으는 데 성공했습니다. 그 후로 같은 행사에 여러 차례 더 초대받아 기조강연을 하게 되었습니다.

같은 주제인 인재에 대한 특강이더라도 중·고등학생을 대상으로 할 때는 제 소개가 사뭇 다릅니다. 이들에게는 제가 세계 리더 백 명을 만났다는 것보다 유명 연예인 한 명을 만났다고 하는 게 관심을 끄는 데 훨씬 도움이 될 것입니다. 그래서 저는 첫 슬라이드에 KBS 예능 프로그램 〈휴먼서바이벌 도전자〉 포스터를 보여줍니다. 학생들의 눈이 반짝입니다. 이 프로그램에 심사위원으로 제가 참여했다고 말해 줍니다. 그제야 저를 대하는 학생들의 태도가 달라지는 것을 실감할 수 있습니다.

튀니지에서 개최된 아프리카 대륙 첫 교육부 장관 회의에 기조강연자로 초대받은 적이 있습니다. 이때 이들과 연결하기 위해서 저는 10대 시절 사진을 보여주면서 소개했습니다. 저를 찾아보라고 했습니다. 제가 준 미션은 저를 찾아보는 것이지만, 실제 의도는 제가 흑인들 사이에서 살았다는 점을 직접 확인하게 만드는 것이었습니다.

뜻밖의 개인사에 청중이 곧바로 저에게 친밀감을 느끼게 됩니다. 이때 굳이 흑인들과 친하게 지냈다는 말을 하지 않아야 더 효과가 있습니다. 대신 사진에 대해 무언가를 말해야 하는 부담을 덜기 위해서 한마디를 추가합니다. "제가 그때는 대머리가 아니었습니다."

이처럼 저에 대한 모든 면이 다 강의 자료입니다. 좋은 자료는 간결하고 심오하고 핵심적이고 의미가 있습니다. 여러분들 또한 살아온 모습은

그림 4-7 청중에게 친밀감을 느끼게 한 사진 자료

버릴 것이 없는 훌륭한 자원일 것입니다. 가치가 있어서 활용도가 생기는 게 아니라 활용할 때 가치가 생깁니다.

지적 단체여행을 떠나는 출발선

인사한 다음에는 청중을 한 출발선에 모으는 작업을 합니다. 강의란 지적 단체여행을 떠나는 것과 같습니다. 여행 가이드가 각지에 흩어져 있는 여행객을 한곳에 집합시켜야 하듯이 강사도 강의 주제에 대해서 각자 다른 사전 지식과 관심사를 지닌 청중을 한곳에 모아야 합니다.

할리우드 블록버스터 영화의 도입부에서는 엄청난 액션 신이 청중을 사로잡고 영화에 몰입시킵니다. 영화의 플롯에 영향을 미치지는 않지만 영화에 대해 사전 지식이 없어도 어떤 종류의 영화일 것이라는 정도는 알게 해줍니다. 〈스타워즈〉나 〈어벤져스〉처럼 시리즈로 연결된 영화는 전편을 본 시청자와 보지 않은 시청자가 큰 차이 없이 영화 줄거리를 따라갈 수 있도록 해줍니다.

물론 이런 영화를 벤치마킹해야 한다는 뜻은 아닙니다. 아주 잔잔한 이야기를 소박하게 시작해도 아카데미 상을 받으니까요. 강의 도입부를 이런 블록버스터 영화처럼 위력적으로 만들기는 어렵지만 노력해야 합니다. 단, 강의에서는 도입부를 미스터리나 서스펜스 영화처럼 만들어서는 안 됩니다. 정확히 어떤 이야기가 펼쳐질지 확실히 청중에게 알려주어야 합니다.

흔히 제가 사용하는 방법은 주제와 관련된 개인적인 이야기를 가볍게 하는 것입니다. 제 강의는 주로 과학적 팩트와 연구 결과에 근거한 내용으로 이루어졌기 때문에 도입부에 약간의 개인적인 이야기를 함으로써 균형을 이룹니다. 개인적인 이야기는 논쟁거리가 아니어서 친밀감 확보에도 도움이 됩니다.●

작은 기술을 무시하지 마라

도입부에 들어가는 큰 기술 외에 추가적으로 고려해야 할 작은 사항들을 소개합니다. 도입부에는 작은 기술도 큰 영향을 미칩니다.

① 자기 비하적인 코멘트를 하지 마세요. '내가 설 자리가 아닌데 불러

● 초보 강사는 첫 10분을 낭비하고 마지막 10분이 오면 안도한다.
경력 강사는 첫 10분에 승부를 걸고 마지막 10분까지 긴장한다.

줘서 놀랐다' '내가 강의를 잘해낼 수 있을지 모르겠다' 등의 멘트는 겸손이 아닙니다. 겸손이라고 치더라도 도입부는 겸손의 미덕을 보일 때가 아닙니다. 불신과 부정적 이미지만 가중시킵니다.

② 왜 강의가 충분히 준비되지 못했는지 해명하지 마세요. 비록 그게 사실이라고 해도 고해성사는 일요일에나 할 일입니다. 도입부에서 강사의 비전문성을 고백하는 것은 축구 경기가 시작하자마자 곧바로 자살골 하나 넣고 경기하는 것과 같습니다.

③ 강의 주제와 관련 없는 이력과 경력을 언급하지 마세요. 청중은 강의를 들으러 왔지 강사를 보려고 온 것이 아닙니다. 착각하지 마세요. 더군다나 연예인병에 걸린 강사는 봐주기 고역스럽습니다.

④ 실없는 농담이나 조크를 던지지 마세요. 청중이 웃지 않아도 문제지만 너무 웃어도 강사에 대한 품격이 농담 수준으로 격하될 수 있습니다.

⑤ 큰 질문이나 통계를 하나 던지세요. 질문과 통계는 흩어진 생각을 모아줍니다. 주의를 집중시켜 줍니다. 단, 강사와 관련된 질문과 통계는 피하세요. 도입부에 청중의 주의력을 강사 앞으로 모아야 하기는 하지만 그것이 강사 개인을 뜻하는 것은 아닙니다.

⑥ 유머를 포함시키세요. 유머보다 더 위력적으로 청중과 강사 사이의 벽을 허물고 한마음으로 엮어주는 건 없습니다. 이보다 더 확실하게 강의장의 어수선한 에너지를 생산적으로 조율해 주는 게 없습니다.

가슴으로 느껴지는 마무리

시작이 반이면 나머지 반을 잘 장식하는 게 강의 마무리의 핵심입니다. 여기서 '장식한다'는 것은 꾸미고 치장한다는 게 아니라 인상 깊게 하고 의미를 만든다는 뜻입니다. 몇 가지 마무리 시나리오를 소개하겠습니다.

"아, 시간이 다 됐네요. 아쉽지만 이제 끝을 내야겠습니다. 더 하고 싶은 말이 많았지만 할 수 없네요. 안녕히 가세요."

참 좋지 않은 마무리입니다. 강의 시간이 다 돼서 끝을 맺는 강의는 마무리가 아쉽습니다. 최고의 강의는 청중이 시간 가는 줄 모르고 있다가 강사가 마무리에 들어가니까 비로소 강의 끝나는 시간이 왔음을 알게 되는 강의입니다.●

"마지막으로 이러쿵저러쿵 정말 중요합니다. 자, 이제 시간이 끝났습니다. 그런데 한마디만 더 하자면, 어쩌고 저쩌고 합니다. 아 참, 이 말도 꼭 해드리고 싶습니다. 이것 저것은……"

시간이 끝났는데도 강사가 강의를 이어가는 건 가장 좋지 않은 마무리입니다. 청중은 이미 정신적으로 짐을 싸고 떠날 채비를 끝냈는데 강사는 더 많은 짐을 싸 가져가라고 꺼내놓습니다.

청중을 위한 좋은 마음은 알겠습니다. 그러나 청중은 더 담아갈 여지도 없고 마음도 없습니다. 이런 경우를 두고 '과배려'라고 합니다. 배려를 하고자 하지만 상대방이나 본인이 불편하면 과한 배려가 되는 것입니다.

● 초보 강사는 끝나는 시간에 강의를 마무리한다.
경력 강사는 강의가 마무리될 때 시간이 끝난다.

마치 보호는 필요하고 좋은 것이지만 과보호는 부작용을 일으키듯이, 배려 또한 과하면 아무에게도 득이 되지 않습니다.

"자, 이제 제 강의를 끝내겠습니다. 제가 강의를 잘했는지 모르겠습니다. 부족한 면도 있었을 텐데 끝까지 경청해 주셔서 대단히 감사합니다. 수고하셨습니다. 안녕히 가세요."

겸손하게 대하고 깍듯이 인사를 했지만 이 역시 아쉬운 마무리입니다. 18홀 라운드를 다 마쳤는데 그저 반나절 땡볕에 공 찾아 헤매느라 고생한 것만 기억에 떠올린다면, 스트레스가 더 쌓일 것입니다.

설사 공을 러프에 빠트려 한참 찾아다니기도 했고 연못에 빠트려 더블 보기도 했지만 18홀을 다 끝냈다면 잘한 부분도 많았을 것입니다. 그러면 끝난 후에는 이왕이면 버디 친 것에 대해 기쁨을 나누어야 스트레스가 풀릴 것입니다. 강사가 잘한 것을 자화자찬하라는 말은 아닙니다. 강의 내용의 좋은 의미를 부각시켜야 한다는 뜻입니다.

"제 핵심 메시지는 이러이러한 내용이었습니다. 여러분에게 이러한 의미와 저러한 가치가 되었기를 바랍니다. 고맙습니다."

좋은 마무리입니다. 마치 골프 대회가 끝난 후에 클럽하우스 광장에서 챔피언이 소감을 말하는 것과 같습니다. 마무리 무렵에 강의를 요약하는 것은 필요하지만 이는 강의 줄거리를 요약한다는 게 아니라 강의 내용이 청중에게 어떤 의미와 가치를 지녔는가를 짚어준다는 뜻입니다.

물론 청중은 각자 의미를 부여합니다. 그러나 강의는 강사가 의도를 가지고 이야기를 풀어가는 것입니다. 중간에 많은 이야기를 풀어냈기 때문에 청중은 각자 다른 메시지를 받았을 확률이 높습니다. 그래서 마무리에 강사의 의도를 한 번 다시 강조하는 기회를 가지면 좋습니다.

가슴을 뭉클하게 할 때 여운이 남습니다. 소감은 말 그대로 감정을 뜻합니다. 그래서 도입부와 마무리는 감정선 디자인에 특히 신경을 써야 하는 파트입니다.

핵심 메시지는 삼세번

효과적인 강의는 핵심 메시지를 세 번에 걸쳐 소개하면 좋습니다. 도입부에 무엇을 이야기할 것인가를 말하고, 그 무엇을 말하고, 마무리에 그 무엇을 말했다고 말하세요.

도입부 파트에서 강의의 핵심 메시지를 소개해서 청중의 관심을 모으고 기대치를 높입니다. 강의가 어딜 향해서 갈 것인가 목표지가 대충 그려집니다. 마치 티오프하기 전에 깃발이 꽂힌 그린을 보여주는 것과 같습니다.

중간 파트에서는 강의 자체가 메시지입니다. 그러나 많은 이야기로 이어졌기 때문에 순간순간에는 강의가 어디로 가는지, 그리고 어디쯤 와 있는지 모를 수 있습니다.

그래서 마무리 파트에서 강의 메시지를 다시금 강조합니다. 그러나 골프 라운딩이 끝나면 클럽하우스에서 18홀을 일일이 복기하지는 않습니다. 홀인원을 친 사람은 그 이야기를 신나게 합니다. 마치 모든 홀에서 홀인원을 하기라도 한 것처럼, 이 경험만은 평생 기억납니다. 강사는 매 강의를 통해 청중에게 홀인원 경험까지는 아니더라도 최소한 이글샷 정도는 경험하게 해주면 좋겠습니다.

도입부와 마무리 파트만큼은 글로 써보는 게 필요합니다. 정확해야 하는 파트이기도 하지만 그만큼 준비되면 강사는 자신감을 얻게 됩니다. 강의 메시지가 명료해지고 강사가 돋보이게 됩니다.

세 번 들은 내용은 기억됩니다. 핵심 메시지를 세 번에 걸쳐 소개하세요. 삼세번에 득한다는 말처럼 말입니다.

 코멘트

이제 '콘텐츠 디자인하기' 중계를 마무리해야 할 시점입니다. 어떻게 마무리를 해야 할지 고민스럽습니다. 처음 시도된 '생각 생중계'였으니 비교할 경험치가 없기 때문입니다. 좀 산만했던 부분도 있을 것 같습니다. 그러나 이론만을 나열했다면 정리는 잘 되었겠지만 실제로 적용해 보는 데는 한계가 있었을 것입니다.

강의법은 '무엇'이 있다는 측면에서 과학이고, '어떻게'가 없다는 측면에서 예술입니다. 뼈대가 있는 것은 과학입니다. 다듬는 작업은 예술입니다. 그래서 과학과 예술이 잘 어우러졌을 때 좋은 강의가 탄생합니다. 그래서 이 과정에서 저는 창조할 때 느끼는 즐거움을 만났습니다. 마치 조각품을 다듬어나가는 기분이었습니다. 여러분도 재미있었기를 바랍니다.

5장

강의 준비
감정선 디자인하기

1

감정이 바로
가치다

유능한 강사의 강의는 유익합니다. 청중이 목말라하는 부분을 충족시켜 주기도 하고, 가려운 부분을 긁어주기도 합니다. 신선한 내용을 재미있게 전달하기도 하고, 흔한 내용을 신선하게 전달하기도 합니다. 강사는 청중이 새롭게 접한 강의 내용이 이미 머릿속에 들어 있는 내용과 어떻게 조화롭게 연결되는지, 혹시 충돌은 없는지, 있다면 어떻게 수용할 것인지를 판단할 수 있도록 돕습니다.

그러나 명강사의 강의는 유익함을 넘어 감동을 줍니다. 세상을 좀더 새롭게 감지하게 돕고 부족한 면을 절감하게 만듭니다. 공감대를 형성하고 청중에게 감탄과 감격을 선물합니다. 배운 내용에 대해 감명을 받아 더 알고 싶고 실천으로 옮기고 싶은 마음이 들도록 합니다. 그러니 명강사는 생각뿐 아니라 감정까지 전달한다고 할 수 있습니다.

가끔 무미건조하게 강의하는 강사는 자신의 강의 주제가 원래 감정과는 거리가 멀다고 둘러댑니다. 그러나 우리는 압니다. 감정적인 주제인 음악에 대한 강의가 전혀 감흥을 일으키지 못하는 경우가 있는 반면, 수학처럼 감정이 배제된 주제에 대한 강의가 큰 감동을 줄 수 있다는 사실을 말입니다. 그러니 콘텐츠의 주제와 감동은 별개라고 할 수 있습니다.

그렇다면 어떻게 해야 감동을 주는 강의를 할 수 있을까요? 당연히 감정에 대해 잘 알아야 합니다. 그런데 문제가 있습니다. 우리는 생각과 논리를 조리 있게 전달하는 연습은 학교 교육을 받으면서 무수히 훈련했지만, 감정을 다루는 기술은 거의 배운 적이 없습니다. 오히려 감정을 억압하거나 외면하도록 강요당했습니다. 여전히 감정은 이해하기 어렵고, 감동적인 강의를 하는 강사는 마치 타고난 재능을 지닌 축복받은 사람 같습니다.

이제 우리는 감정에 대해 좀더 이해하고 감정을 디자인하는 기술을 갖추도록 하겠습니다. 혹시 감정에 대해서 별로 생각을 해본 적이 없었다면 5장의 맨 마지막 부분을 먼저 읽어보기를 권합니다. 그러나 그냥 쭉 읽어도 무리는 없을 것입니다.

기억 감별의 기본 잣대, 감정

온종일 일터에서 무덤덤하게 일한 후 집에 가다가 편의점에 들러 도시락 하나 사고, 텔레비전에서 흘러나오는 이야기를 들으면서 저녁식사를 하다가 잠이 들었습니다. 훗날 이 하루 중에 무엇을 기억하게 될까요? 아마 별로 기억나지 않을 것입니다.

우리는 하루를 보내면서 무수히 많은 정보와 지식을 접하고 몸소 체험합니다. 그중에서 우리는 즐거움이나 공포감이나 슬픔을 느낀 것을 기억합니다. 기억은 생각이 감정과 결합될 때 가장 강하게 오래 남기 때문입니다.

우리 머릿속에 기억을 담당하는 판사가 들어 있다고 상상해 보세요. 그 판사는 나의 의식 속으로 들어오는 수많은 내용물 중에 어떤 것을 기억하고 어떤 것을 그냥 흘려버릴 것인가를 판단합니다. 높은 가치가 있다고 판단되는 내용물을 걸러내고 저장해 둘 것입니다. 그 판사의 기본 잣대는 감정입니다. 감정이 실린 내용물을 기억창고에 넣어둡니다. 무미건조한 내용물은 무의미하다고 판단해 버려버립니다. 감정이 내용물의 가치를 정합니다.

감정이 실리지 않은 내용물은 무한 반복해야 머릿속에 각인됩니다. 한마디로 암기라는 '무식하고 무작스러운' 방법을 택하는 것이지요. 즐거운 영화 줄거리는 단 한 번에 외워지는데 구구단은 수백 번 되풀이해야 겨우 외워지지 않았던가요.

이게 바로 훌륭한 강의에 감정이 빠질 수 없는 이유입니다. 청중이 기억하는 강의는 감동을 주는 강의입니다. 강의 내용에 감정을 실어 가치를 높여야 합니다. 마치 장인이 좋은 재질에 감동을 주는 디자인으로 명품을 만드는 것처럼, 강사는 좋은 콘텐츠에 감정선을 디자인해야 명강의로 만들 수 있습니다.

강의는 노래다

이제 강의에 감정을 디자인하는 방법을 소개하려고 합니다. 강의는 마치 노래하는 것과 같습니다. 가사가 좋다고 좋은 노래가 되지는 않습니다. 멜로디가 좋다고 좋은 노래가 되지는 않습니다. 작사와 작곡 둘 다 좋아야 합니다. 강의를 디자인할 때도 마찬가지입니다. 청중이 어떤 생각과 감정을 느끼기를 바라는지를 함께 고려하면서 디자인해야 합니다.

명가수가 노랫말을 흥얼거리면 곧바로 노래가 됩니다. 워낙 경험이 풍부해서 굳이 악보에 음표를 그리지 않아도 몸이 리듬을 타고 가사에 걸맞은 멜로디가 흐릅니다. 명강사도 같습니다. 굳이 감정선을 의식적으로 디자인하지 않아도 청중을 감동시킵니다. 언제 무엇을 어떻게 해야 하는지에 대한 '감'이 있습니다. 이 직감은 연륜에서 나옵니다.

그렇다면 초보 강사들은 그런 '감'이 생길 때까지 마냥 기다려야 할까요? 아쉽게도 대다수 강사는 직감이 생기기 전에 요령만 늘어납니다. 신파극으로 눈물을 짜내고 개그로 웃음을 뽑아냅니다. 청중과 깊은 감정을 교감하지 못하고 얄팍한 감정으로 덧칠합니다.

그러나 감정이라고 다 같지 않습니다. 말초신경이 자극되어 나타나는 휘발성 감정에는 여운이 없습니다. 이롭게 남는 게 없습니다. 그러면 강의(講義)는 아닙니다. 그냥 강단에서 하는 쇼입니다.

'감'이 좀더 빨리 생기도록 촉진시키는 방법이 있습니다. 바로 교육입니다. 시중에 나와 있는 강의법 도서를 보면 청중에게 감동을 주라고 합니다. 스토리텔링에서 플롯을 짜고, 서스펜스 요소를 넣고, 감정을 담고, 유머를 중간중간에 포함하는 게 중요하다고 조언합니다. 하지만 그 결과를 얻기 위해 구체적으로 무엇을 어떻게 준비해야 하는지에 대한 체계적인 조언은 별로 보이지 않습니다. 이제 저는 그 공백을 메우려고 합니다.

악보를 만들듯이

감정선 디자인하기를, 작곡할 때 악보를 만드는 과정이라고 비유해 볼까요. 기본적으로 악보에는 다섯 개의 수평선에 음표들이 나열되어 있습니다. 여기에 음의 높낮이와 화성, 박자의 강약과 장단, 리듬과 가락의 흐름 등 많은 내용들이 담깁니다. 작곡가마다 스케일과 스타일이 있습니다.

마찬가지로 저는 감정선 디자인에 필요한 수평선을 '감정보'라 부르겠습니다. 마치 메이저 코드가 밝고 가볍고 즐거운 소리를 내고 마이너 코드가 어둡고 무겁고 슬픈 소리를 내듯이 감정보 위는 긍정적 감정을, 아래는 부정적 감정을 표시합니다. 위로 높을수록 강한 긍정 감정이고, 아래로 낮을수록 강한 부정 감정입니다.

여기서 긍정과 부정은 옳고 그름을 뜻하는 게 아닙니다. 옳고 그름을 가리는 것은 세상에 존재합니다. 분석하고 추측하고 판단하고 예측하고 평가하고 반추하고 비판하는 것은 모두 생각입니다. 반대로 감정은 그냥 존재합니다. 그때그때 발생하고 소멸합니다. 긍정 감정은 기분을 좋게 하고, 부정 감정은 기분을 상하게 합니다.

악보의 음표 대신 감정보에서는 점을 사용할 것입니다. 그리고 점들을 이어서 하나의 곡선을 그릴 것입니다. 이 점과 곡선을 '감정점'과 '감정선'이라 부르겠습니다. 한 시간 강의라면 한 줄이 한 시간 전체를 뜻하고, 점이 찍힌 부위는 강의 시간대를 나타냅니다. 하나의 감정보가 강의 전체를 나타냅니다.

다음 샘플 감정선을 해석해 볼까요? 초반에 긍정 감정을 약간 불러일으키다가 부정적 감정을 대폭 유발한 후 서서히 긍정 감정이 들게 하고 있습니다. 상반부에는 마치 롤러코스터를 타듯 감정이 오르락내리락하

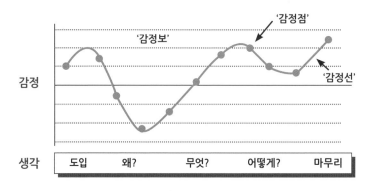

그림 5-1 감정보, 감정점, 감정선

다가 후반부에는 긍정에만 머물면서 점점 고조됩니다. 최고의 긍정 상태에서 강의가 마무리되는 모습입니다.

감정선 디자인의 문제는 감정을 말로 설명하는 것이 이율배반적일 수 있다는 것입니다. 글은 문법에 맞추어야 소통이 됩니다. 논리와 조리가 중요합니다. 그러나 감정에는 옳고 그름도 없고 순서도 없으니 강의법 안내서와는 상극입니다. 아마 그래서 감정선 디자인에 대한 안내서가 시중에 없나 봅니다.

글 중에는 시(詩)가 감정 세계에 가장 근접합니다만 아쉽게도 저는 시인이 아닙니다. 제가 아무리 도전을 좋아한다 해도 시를 쓰는 시도는 꿈도 꾸지 않습니다. 그래서 여기서도 그저 제 최선을 다할 뿐입니다.

이번에 제가 택한 방법은 실습에 참여하는 워크숍 형태입니다. 말에 한계가 있으니 독자 여러분이 직접 참여해 보면 좋겠습니다. 머리로 아는 게 아니라 온몸으로 체험해 보는 방식이 지름길이라고 믿습니다.

그러니 5장을 그냥 쭉 읽지 말고 각자 본인의 강의를 하나 선택해 그것을 염두에 두면서 제 안내에 따라 실천해 보세요. 워크숍 형태여서 지금부터는 여러분에게 직접 말하는 구어체를 사용하겠습니다. 이제 제가 안내하는 대로 따라와주세요.

2

실습 ①
감정점 찍고 감정선 그리기

이제 '감정선 디자인하기' 워크숍을 시작하겠습니다. 강사님께서는 강의에 참석한 청중이 어떤 감정을 느끼기 바랍니까? 감정선 디자인의 시작은 감정점을 찍는 것입니다.

[그림 5-2]에 시간대별로 청중이 느낄 감정을 표시해 보세요. 감정점을 여러 개 찍으셔야 할 겁니다. 설마 한 시간 강의 내내 청중이 한 가지 감정만 느끼리라 기대하지는 않겠지요. 강의 초반부, 중반부, 후반부에 느끼게 하고 싶은 감정이 다를 수 있잖아요. 그 감정들의 변화를 그려보세요. 정확한 시간대를 맞출 필요는 없습니다. 대충 표시하면 됩니다. 최소 일곱 개에서 여덟 개 정도를 지금 찍어보세요.

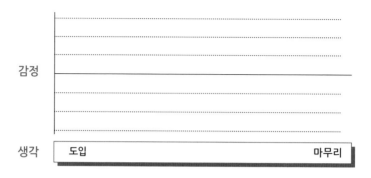

그림 5-2 감정보에 감정점 찍기 실습

긍정적인 감정을 디자인하되 부정적 감정도 활용하기

청중이 강의에서 만나면 좋을 법한 긍정적 감정은 어떤 것이 있을까요? 아마도 유쾌, 편안함, 즐거움, 통쾌, 고마움, 몰입, 재미, 흥미, 기대감, 희망 등이 아닐까 합니다. 강사님의 강의에 청중이 편안하고, 재밌고, 통쾌하고, 희망이 생기는 것 같은 긍정적인 감정을 듬뿍 느끼길 바랍니다.

그런데 혹시 부정적 감정도 포함했나요? 설마 청중이 강의에 대해서 짜증 나거나 분노를 느끼거나 실망하기를 바라지는 않았겠지요? 그럼 어떤 부정적 감정을 유도했나요?

저는 청중을 불편함, 아쉬움, 그리고 두려움을 느끼도록 유도합니다. 왜 좋은 감정뿐만 아니라 이런 부정적인 감정도 느끼게 해야 할까요? 왜 제가 불편함, 아쉬움, 두려움이라는 세 가지 감정을 꼬집어 지적했을까요? 다 이유가 있습니다.

앞서 좋은 강의는 청중에게 깨침, 깨달음 또는 희망을 준다고 설명했습니다. 그런데 이런 목표를 이루기 위해서는 역설적으로 부정적 감정이 필요합니다.

청중의 입장에서 깨침은 무지에 대한 알아차림에 이어 새로운 알아차림을 갖는 것입니다. 강사의 입장에서 깨침은 어두운 곳에 어두운 줄도 모르고 적응해 있던 사람들에게 불을 켜주는 일입니다.

불이 켜지는 순간, 눈이 부시는 불편함이 따릅니다. 아무것도 모르고 곤히 잠든 사람을 흔들어 깨우는 일과 같습니다. 그 순간은 어쩌면 불쾌할 수도 있습니다.

깨달음은 성찰과 반성의 결과입니다. 강의로 인하여 청중의 머릿속에 있던 지식이 처음으로 의미를 지니게 되거나 새로운 의미를 갖추게 됩니다. 세상이 갑자기 다르게 보입니다. 예전에 잘못한 것에 대한 미안함과 죄책감이 들고, 그러나 예전으로 돌아가서 잘못을 되돌릴 수 없다는 안타까움과 아쉬움도 듭니다. 그래서 지금부터라도 제대로 하겠다는 다짐과 결심에 강한 동기가 부여됩니다.

힐링은 과거의 아픔에서 벗어나는 일이고 희망은 현재의 절망에서 미래로 나아가는 일입니다. 그런데 사람을 움직이는 것은 감정이며, 두려움보다 더 강한 감정은 별로 없습니다. 생존과 직결되기 때문입니다. 그래서 역설적으로 힐링과 희망에 두려움이란 감정이 동원되는 것입니다. 그러나 훌륭한 강의에는 부정적 감정이 잠시 사용될 뿐 지나치게 부각되거나 그에 오래 머물지 않습니다.

강사는 이러한 부정적 감정도 동원시킬 수 있어야 합니다. 이미 강사는 그렇게 하지만, 무의식적으로 하고 있기 때문에 관리가 안 되고, 과하거나 부족한 경우가 종종 있습니다. 예를 들어 정치인들이 흔히 두려움을 선동 도구로 사용합니다. 네거티브 공세가 프로파간다의 기본이잖아요. 그러나 정도를 넘는 경우가 흔합니다. 유세에는 도움이 되더라도 국민과 나라를 위해서는 전혀 도움이 안 됩니다.

감정선을 디자인할 때 모든 부정적인 감정이 다 허용되는 것은 아닙니다. 강사가 청중을 분노하게 하거나 짜증나게 해서는 안 됩니다. 실망하게 하는 것도 안 됩니다.[•]

감정선 변화의 진폭과 속도 확인

강사님이 그린 감정선은 어떤 모습인가요? 어떤 스타일을 구사하나요? 두 가지 극단적인 예를 보여드립니다. 두 경우 다 감정선이 위아래로 변하는데, 하나는 밋밋한 스타일이고 다른 하나는 변화의 폭도 크고 주기가 빠른 스타일입니다.

큰 감정 변화 없이 조용히 진행되는 강의는 청중에게 상당한 안정감을 줄 것입니다. 단, 청중이 지루해할 수 있다는 게 문제입니다. 청중이 한둘씩 졸기 시작하겠지요. 작곡에 비유하자면 자장가 악보입니다.

변화가 많은 극적인 경우는 어떤가요? 정말 신나고 재미있는 강의일 것 같습니다. 하지만 처음부터 끝까지 이러면 정신이 없을 것 같습니다. 작곡에 비유하자면 팡파르 악보입니다. 아무리 좋아도 팡파르를 한 시간 내내 듣고 싶어 하는 사람은 없겠지요.

콘텐츠 디자인을 할 때 각 이야기의 길이와 깊이를 조절해야 하듯이 감정선 디자인에서는 감정 변화의 진폭 주기를 조절해야 합니다. 진폭은

• 초보 강사는 부정적 감정을 꺼린다.
　경력 강사는 감정의 전체 스펙트럼을 조화롭게 활용한다.

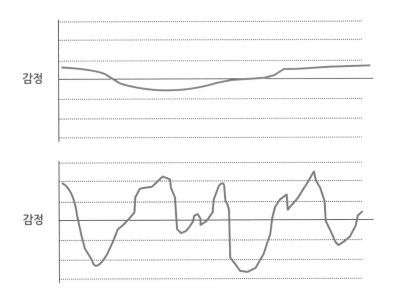

그림 5-3 자장가 감정보와 팡파르 감정보

감정선 변화의 높낮이 정도를, 주기는 변화의 속도를 뜻합니다.

큰 폭의 감정 변화가 너무 빠르게 이루어지면 청중이 따라갈 수 없습니다. 생각은 신경계의 작동이어서 전기처럼 순식간에 켰다 껐다 할 수 있지만, 감정은 신경계와 호르몬계의 혼합 작동이어서 생각만큼 빠르게 변하기 어렵습니다. 예를 들어 화는 빨리 나지만 쉽게 가라앉지는 않습니다. 우울하다가 갑자기 기분이 좋아지지는 않습니다.

강의를 '디자인'한다는 말은 강사한테 '의도'가 있음을 전제한 말입니다. 청중이 강의를 따라오도록 하기 위함입니다. 즉, 콘텐츠 디자인은 청중의 생각을, 감정선 디자인은 청중의 감정을 강사가 주도한다는 뜻입니다. 강사가 생각과 감정 둘 다를 관리해야 청중의 마음을 움직이는 강의를 할 수 있습니다.

그러나 청중이 강사가 의도한 대로 따라오지 않거나 못 따라오는 경우가 발생합니다. 콘텐츠 디자인의 경우, 이야기 이음새가 잘못되어서 강의가 토막 나면 청중은 이야기의 흐름을 놓치게 됩니다. 감정선 디자인의 경우에는 감정이 극적으로 심하게 오르락내리락하기를 반복한다면 청중이 지친 나머지 무감각해지고 제대로 반응하지 못하게 됩니다. 청중이 강사가 설정한 감정의 폭을 따라가지 못하는 경우도 흔합니다. 반대로 강사의 의도나 예상보다 더 큰 반응을 보이는 경우도 있습니다.

강사는 청중과 정서적으로 조율해야 합니다. 강사가 멜로디를 읊으면 청중이 '떼창'을 한다고 생각하면 쉽게 이해할 수 있을 겁니다. 비록 가사는 모르더라도 비트와 리듬에 따라 몸을 흔드는 건 얼마든지 가능합니다.

강의에도 장르와 기본 감정선이 있다

노래마다 악보가 다르듯이 강의마다 감정선이 다릅니다. 노래는 모두 다르지만 비슷하게 묶이는 장르도 있고 공통점도 있습니다. 예를 들어 트로트는 두 박자에 파와 시 음이 없는 오음계로 만들어집니다. 강의에도 장르가 있고 기본 감정선이 있습니다. 제 강의의 기본 감정선의 모습을 샘플로 보여드리겠습니다.

저는 맨 처음 환영이라는 긍정 감정을 디자인합니다. 그 후에 좀더 높은 긍정으로 올라갑니다. 바로 강사와 강의에 대한 우호적인 기대감입니다. 첫 5분을 들었는데, '아이고, 내가 이걸 한 시간이나 더 들어?'라는 실망감이 들게 한다면 청중들의 마음이 떠날 것입니다.

주로 저는 문제점에 대한 해결책을 제시하는 강의를 하기 때문에 도입부가 끝나면 문제점을 파고듭니다. 문제는 자연스럽게 부정적 감정을 동반합니다. 그래서 이때 감정선은 아래로 내려갑니다. 상당히 깊은 부정적 감정에 도달하는 경우도 있습니다.

해결책을 제시할 때는 주로 과학에 기반을 둔 방법을 소개하기 때문에 감정이 흔히 중립 근처에서 머뭅니다. 연구 결과가 순간순간 재미는 있을지라도 전반적으로 담담한 내용이기 때문입니다. 이때 청중은 해결책이 구체적이고 도움이 되겠다고 판단하고 든든하게 느낄 것입니다. 청중이 자신도 문제를 해결할 수 있겠다는 자신감을 느끼고, 문제가 해결된 미래를 내다보면서 희망을 가지게 하는 것이 제 강의의 목표입니다.

기본 감정선 디자인을 활용한 구체적인 사례를 소개하겠습니다. 제가 롯데그룹 신입사원 오리엔테이션에 몇 년간 연속으로 초청 강의를 한 적이 있습니다.

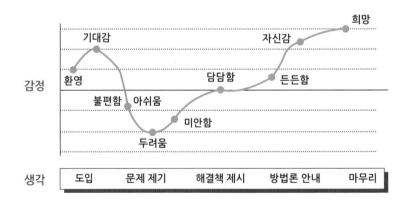

그림 5-4 조벽 교수가 디자인한 강의의 기본 감정선

먼저 "요즘은 장밋빛 시대인데 여러분은 취업에 성공했으니 큰 축하받을 자격이 있다"고 축하 메시지를 전합니다. 청중 모두가 약간 갸우뚱합니다. 당시는 취업하기가 하늘의 별 따기처럼 어려운 시대였으니 장밋빛 미래와 거리가 멀었으니까요. 그때 저는 슬라이드 한 장을 보여줍니다. 스크린에는 '장기간 미취업 빚쟁이'란 단어가 크게 적혀 있습니다. 청중 모두가 크게 웃으면서 박수를 칩니다. 축하의 기분이 배로 커지고 제 강의에 기대가 높아집니다.

그 후 학교에서 배운 실력으로 취업에는 성공했으나 승진과 성장을 위해서는 완전히 다른 실력과 능력을 갖추어야 할 것이라는 내용을 설명합니다. 청중은 점점 불편하고 불안해집니다. 본인은 그런 능력을 아직 갖추지 않았다는 사실을 직면해야 하니까요. 하지만 자신의 미래가 달려 있다고 생각하니 제 강의를 잘 들어야겠지요.

그러나 제가 제시하는 해결책은 그다지 어려워 보이지 않습니다. '어른답게 살아라' '무엇을 기여할 것인가를 생각하라' '감성 능력을 키워서 이성과 조화를 이루어라' '합리적으로 살아라' 등 조금만 신경을 쓰면 가능한 일들입니다. 구호를 외친 게 아니라 연구 결과를 제시했습니다. 그래서 청중은 담담하게 들을 수 있고 마음이 든든해집니다.

특히 함께 참석한 신입사원의 부모님들이 '어른답게 살아라'라는 대목에 박수로 호응합니다. 본인들이 자녀에게 해주고 싶었던 말을 강사가 대신 해주니 얼마나 좋았겠습니까.

마지막으로 "여러분의 미래가 장밋빛이기 바랍니다"라는 덕담으로 강의를 마칩니다. 스크린에는 "장쾌한 미래로 빛나리라"는 문구가 크게 적혀 있습니다. 다시 기분이 '업'됩니다. 희망을 느낄 수 있습니다.

스타일과 스케일을 담은 감정선

강사는 긍정적인 감정을 디자인하되, 동시에 부정적인 감정도 활용할 줄 알아야 합니다. 깨침은 불편함에서 시작해서 시원함과 명쾌함을 줍니다. 깨달음은 아쉬움으로 이어집니다. 힐링은 아픔과 두려움에서 평화로움과 희망으로 이어집니다.

앞에서 소개한 [그림 5-4]에는 제 스타일이 반영되었습니다. 여러분의 스타일과는 다를 것입니다. 작곡가가 다 똑같으면 똑같은 곡밖에 나오지 않습니다. 그러면 무미건조하고 재미없습니다. 모든 사람이 콘텐츠와 감정선을 다 다르게 디자인하기 때문에 다양하고 재밌는 강사와 강의들이 존재할 수 있는 것입니다.

그런데 여기서도 적합한가, 적절한가, 정도껏인가를 고민해야 합니다. 신중하고 점잖아 보이는 신사가 강의할 때마저 굴곡 없는 밋밋한 스타일을 고수하면 두 번 다시 초대받지 못할 것입니다. 물론 그런 스타일의 강사가 정말 독창적이고 훌륭한 강의 내용을 지녔다면 언제든지 환영받을 것입니다. 즉, 지루한 스타일을 강사의 큰 스케일로 극복해낼 수 있다는 뜻입니다. 그러나 최고의 명강사는 스케일도 크고 스타일도 좋습니다.

매우 다른 곡선의 감정선 샘플은 뒤에 보여드리겠습니다.

3

실습②
유머와 해머로 감동의 폭 넓히기

가수가 3단 고음을 낼 때 청중은 크게 호응합니다. '동굴저음'에 환호하기도 합니다. 가수의 음역대가 넓을수록 큰 감정을 불러일으킵니다. 여러분의 감정선 폭은 어떤가요? 가장 강한 부정적 감정점과 가장 강한 긍정적 감정점 사이의 폭을 살펴보세요.

저는 이것을 '감동의 폭'이라고 부릅니다. 청중이 강의가 다루는 문제점에 불편함과 부당함을 깊게 느낄수록, 해결책에서 희망을 드높게 느낄수록 감동은 커집니다.

롤러코스터 타는 것과 같습니다. 롤러코스터가 아래로 치달을 때는 스트레스가 쌓입니다. 그러다가 위로 솟아오를 때는 희열을 느끼게 됩니다. 그래서 롤러코스터의 승패는 위아래로 얼마나 큰 폭으로 움직이느냐

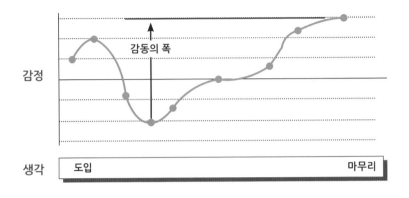

그림 5-5 감동의 폭

에 달려 있습니다. 물론 방향을 확 바꾸면서 공포감을 자아낼 수도 있습니다. 그런 강의법도 존재합니다. 기승전결에 반전을 주는 기법이며, 나중에 다룰 것입니다.

이제 감동의 폭을 효과적으로 디자인하는 방법을 소개하겠습니다.

감동의 폭을 키우는 세 가지 방법

감동의 폭을 넓히는 데는 세 가지 방법이 있습니다. 첫 번째는 마지막에 긍정 감정을 느끼도록 유도하는 것입니다. 좋은 강의는 마지막에 가슴을 뭉클하게 합니다. 강의법 중 한두 가지가 아니라 전체가 동원될 때 이런 훌륭한 결과를 얻을 수 있습니다.

두 번째는 강의 도입부에 긍정 감정을 더 높이 끌어올리는 것입니다. 마치 롤러코스터의 첫 오름이 높을수록 강렬한 희열을 느낄 수 있듯이 말입니다. 그러나 너무 높여서는 안 됩니다.

'이 강의 참 좋을 것 같아'라고 기대를 잔뜩 하게 만들어놓고 이에 못 미친다면 실망감을 안겨주게 됩니다. 단순히 실망으로 끝나지 않습니다. 강사에 대한 신뢰감이 깎입니다. 강사는 '그냥 말만 잘하는 사람'이 돼버립니다.

그래서 저는 사회자가 저를 소개할 때 너무 과하게 치켜세워주는 것을 싫어합니다. 청중에게 훌륭한 강사를 모셨다고 홍보하고 싶은 주최 측의 입장은 충분히 이해합니다. 하지만 저한테는 부담으로 작용합니다. 저는 사회자에게 저를 간단하게 소개해 달라고 부탁합니다. 제 소개는 제가 스스로 하겠다고 말합니다.

롤러코스터의 경우에는 첫 오름은 기계로 끌어올리고 그 다음부터는 자유낙하이기 때문에 첫 오름이 가장 높은 오름입니다. 강의라면 도입부에 강의에 대한 기대치를 끌어올리는 부분에 해당합니다. 하지만 강의는 자유낙하가 아닙니다. 그래서 강의 도입부에 기대치를 끌어올리는 것은 중요하지만 너무 올릴 필요는 없습니다. 강사가 강의 도중에 얼마든지 감정 폭을 조정할 수 있기 때문입니다.

세 번째 방법은 부정 감정을 더 깊고 강하게 유도하는 것입니다. 강사가 청중의 생각을 한계에 도달하게 만들어야 깨침과 깨달음이 가능하듯이, 감정도 한계 끝까지 밀어붙여야 합니다. 이때 문제가 발생할 수 있습니다. 아쉬움, 죄책감이나 두려움 같은 부정적 감정이 듬뿍 들게 해버리면 청중이 너무 깊게 빠진 나머지 그 감정에서 헤어나오지 못하게 됩니다.

감정은 생각과 달리 깨지는 게 아니라 터집니다. 참고로 생각은 머릿속에 있는 어린이 놀이터 같습니다. 사각 구조물 사이로 아이들이 들락날락하듯이 사고의 틀 사이로 생각이 바쁘게 움직입니다. 깨달음이 있는 강의는 그 사고의 틀을 깨는 것이지요. 반면 감정은 가슴이라는 큰 탱크에 저장된 것이기 때문에 빠질 수도, 흘러나올 수도, 터질 수도 있습니다. 터진 후부터는 강사가 안내하는 대로 감정선을 따라가지 못하게 됩니다.

제가 유니세프 친아동도시 포럼에서 애착손상에 대한 강의를 했을 때 일입니다. 영유아가 한 사람한테서 지속적인 돌봄을 받지 못하는 트라우마적 경험의 결과인 애착손상에 대한 이야기를 하는 중에 한 청중이 격

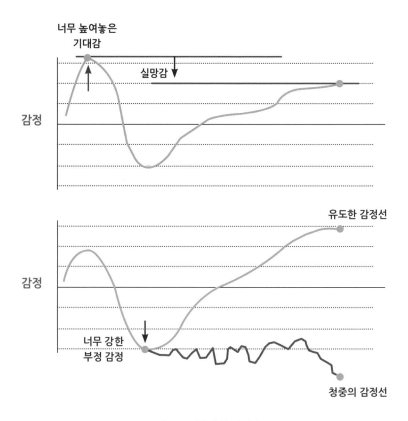

그림 5-6 감동의 폭 넓히기

한 감정 상태가 되었습니다. 아마도 예전에 본인이 겪은 애착손상 기억에 빠졌거나 혹시 자녀에게 그런 트라우마를 입히지는 않았는지 걱정됐나 봅니다. 떨어지는 눈물을 주체하지 못했습니다. 자신의 기억과 생각에 너무 깊이 빠져서 강사와 청중 사이의 연결이 끊어져버렸습니다. 그때부터는 제가 무슨 말을 하는지 듣지 못했을 것입니다. 그분께 정말 죄송했습니다.

롤러코스터가 아래로 질주할 때 가끔 모자가 날아가거나 지갑이 떨어져 나가는 경우가 있습니다. 롤러코스터가 다시 위로 올라가면 몸은 따라가지만 모자와 지갑은 땅에 떨어져 있듯이, 자신의 감정과 생각에 빠진 청중은 비록 몸은 강사와 함께 강의실에 있어도 정신은 다른 세상으로 나간 것입니다.

감동의 폭을 넓히는 최악의 방법들

감동의 폭을 넓히기 위해서 무리수를 두는 경우가 있습니다. 주로 공동의 적을 만들어서 잘못을 들춰냄으로써 청중이 경악하고 분노하고 증오하게 하는 경우입니다. 이렇게 부정적 감정을 더 강하게 만들수록 감동의 폭은 배로 불어납니다. 정의감이라는 긍정적 감정이 발동되기 때문입니다.

이 방법 자체는 전혀 문제가 없습니다. 문제는 공동의 적이 이슈에 국한되지 않고 사람한테 이전되면서 발생합니다. 예를 들어 한국 교육의 문제는 모두가 공감할 수 있는 사회적 이슈입니다. 하지만 교육 문제를 교사 또는 교육부에 연관시키고 이들을 적으로 만들면 해결책이 없습니다.

이슈는 상황이고, 상황은 변할 수 있습니다. 하지만 존재는 잘 변하지 않습니다. 존재를 적으로 만들면 변화를 이루어내는 해결책을 제시할 수 없습니다. 감동의 폭은 커졌지만 희망으로 나아가기 어렵습니다. 문제만 제시하고 해결책을 제시하지 않는 강의는 강의가 아니라 선동입니다. 평화롭고 합리적인 화합은 없고, 격렬하게 부정적인 감정적 대립만 남습니다.•

또하나 최악의 방법은 문제점과 해결책을 극단적으로 끌고 가서 감동의 폭을 극대화하는 것입니다. 결국에는 선과 악 구도가 됩니다. 이기고 지는 경쟁으로 만듭니다. 이런 경우는 강의가 아니라 설교가 됩니다. 일요일에는 좋은 강론이 될 수도 있겠지만 일반 상황에서는 억지 강변이 됩니다.

'유머'와 '해머'

강사는 청중의 감정 폭을 넓혀야 하지만 그건 터지지 않는 정도까지여야 합니다. 그 정도를 미리 알기는 어렵습니다. 그래서 감정이 터지기 전에 약간 숨을 빼는 작업이 필요합니다. 마치 압력밥솥에 김을 약간 빼듯이 말입니다. 이 방법이 바로 '유머'라는 특별한 방법입니다. 일류 강사들은 그 기술을 잘 활용합니다. 유머는 긴장감과 두려움 등 부정적 감정 상태에서 벗어나게 해주는 훌륭한 기술입니다.

간단한 예를 하나 들어보겠습니다. 제가 대학교수들에게 강의법에 대

• 초보 강사는 감정을 쥐어짠다.
  경력 강사는 감정을 만나게 한다.

한 강의를 할 때 사용하는 사례입니다.

교수들에게 학생이 수업에서 졸면 누구 탓인지를 물어봅니다. 학생 탓, 흐린 날씨 탓, 밤늦게 게임 한 탓 등 다양한 답을 제시합니다. 그러나 저는 정색을 하고 정답은 '강사 탓'이라고 선언합니다.

그러면 교수 입장에서는 부담감을 느끼게 됩니다. 여태껏 수업 시간에 학생들이 졸면 흔히 학습동기가 부족하거나 인성이 부족한 학생 탓이라 여겼는데 갑자기 본인 탓이라고 하니 황당하고 불편합니다. 제가 제시한 답을 인정하자니 억울하고 그렇다고 제 논리와 연구 결과를 반박하기는 어렵고, 상당히 난처합니다.

만약에 제가 계속해서 강사의 책임론을 강조한다면 어떤 교수들은 반발할 것입니다. 특히 조는 학생이 많은 강의를 하는 교수는 불쾌함을 떨쳐내기 어렵고, 다음부터 제가 하는 모든 말에 속으로나마 토를 달고 의문을 던지고 반박하게 될 수 있습니다.

저는 그럴 가능성을 알면서도 계속해서 강사의 책임론 공세를 이어갑니다. 추가 질문을 던집니다. 수업이 시작하기도 전에 조는 학생은 누구 탓인지를 물어보는 것입니다. 청중(교수)은 '설마 이마저도 강사 탓이라고는 하지 않겠지'라며 반격할 준비를 갖추고 벼르는 기색이 역력합니다.

저는 '과연 어떤 답이 나올까'라고 청중이 집중하는 긴장감이 고조되길 기다렸다가 답을 말합니다. "이전 강사 탓입니다." 그 순간 웃음이 빵 터집니다. 응축됐던 부담감이 해소되는 카타르시스의 순간입니다.

강사의 책임론을 언급할 때 저는 진지합니다. 모두의 마음을 무겁게 합니다. 강의실 분위기가 가라앉습니다. 자칫 강의 메시지 자체를 거부하게 될 위험이 있습니다. 그래서 중간에 유머로 그 무거운 기운을 깨고 마음을 가볍게 해줍니다.

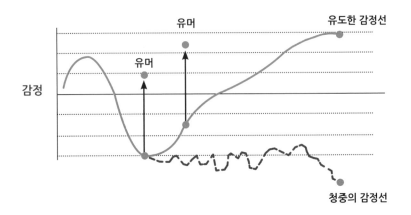

유머

유도한 감정선

유머

감정

청중의 감정선

그림 5-7 유머와 감정선

유머는 불편한 상황에서 응축된 부정적 감정 에너지 덩어리를 깨는 도구입니다. 그러나 깨는 과정이 짧아야 합니다. 유머는 순간이어야 합니다. 유머를 자아내기 위해 긴 서두가 필요하게 되면 청중은 감정선 자체에서 벗어나게 됩니다. 진지한 감정선은 그대로 유지하되, 청중이 그 감정에 매몰되어 숨 막히지 않도록 중간중간 유머를 통해 숨통을 잠시 틔워주어야 합니다. 마치 해녀가 깊이 잠수하면서 전복을 캐다가 잠시 수면위로 떠올라 숨 한번 크게 쉬고 다시 잠수하듯이 말입니다.

감정을 반대되는 방향으로 움직여줘야 하는 경우도 있습니다. 재미있는 이야기를 설명하는 도중에 무거운 메시지를 툭 던지는 경우입니다. 분명히 망치('해머')로 머리를 맞은 기분이지만 재미있고 유쾌한 순간이어서 그리 아프게 느껴지지 않습니다. 죽비처럼 울리는 소리는 커서 놀라겠지만 크게 아프지는 않습니다.

좋은 예가 있습니다. 제가 삼성사장단에 초청받아 혁신적 리더십에 대한 특강을 할 때였습니다. 만약에 제가 혁신을 위해서 리더가 '죽어줘야 한다'고 말했다면 어땠을까요? 상상이 되십니까? 강의장이 싸늘해졌을 것입니다. 그런데 제가 실제로 그날 이 말을 했습니다!

하지만 강의장 분위기는 오히려 뜨거워졌습니다. 다음 날 신문에 "삼성 고위관계자는 '그 어느 때보다 사장단의 관심이 뜨거웠고, 관련 질문도 많았다'고 전했다"라는 기사가 실렸습니다. 같은 말이라도 어떤 정서 상태에서 하느냐에 따라 반응은 달라집니다.

제가 그날 사장들에게 질문을 던졌습니다. "글로벌 창의적 인재를 위해 지금 리더가 무엇을 해야 하는가?" 조금 기다렸다가 미리 준비한 힌트를 보여줬습니다. 힌트는 엉뚱하게도 맥스 플랑크 박사가 발견한 원칙으로, 양자역학 방정식이 받아들여질 때까지 무려 20년이란 긴 세월이 걸린 이유에 대한 것이었습니다.

"새로운 생각은 기성세대를 설득해서 대세가 되는 게 아니라 기성세대가 다 죽고 난 후에 새로운 세상에서 살고 있는 다음 세대가 어느덧 성장해서 기성세대가 되었을 때 비로소 대세가 된다."

힌트를 보여준 후에 제가 '그러니 리더가 해야 할 일은 빨리 죽어주는 것'이라고 결론을 내렸습니다. 그리고 한마디 추가했습니다. "남들이 여러분들이 빨리 죽기를 바라지 않길 원한다면 빨리 새로운 사고방식의 틀을 도입하세요." 그게 제 특강 주제의 핵심 포인트였습니다. 상당히 불쾌할 수 있는 메시지지만 재밌는 이야기 속에 나왔기 때문에 그 연장선상에서 소화할 수 있게 되었습니다.

부정적 감정 에너지 덩어리가 터지거나 흥분된 긍정 감정이 터질 때 청중은 깨달음을 얻게 됩니다. 강사는 이런 깨우침 과정을 디자인해야 합니다.

감동으로 마음을 열기

논리로 감동을 이끌어내려고 하지 마세요. 철학자에게나 통하는 방법입니다. 일반적으로 감동으로 마음을 열어야 논리를 받아들일 여지가 생깁니다.

사람들은 복잡한 이슈에 대해서는 이성적으로 분석하고 논리적으로 계산해서 결론에 도달하지 못합니다. 필요한 팩트를 다 알 수도 없을뿐더러 계산할 방정식을 모릅니다. 그래서 직감과 직관에 의지합니다. 이미 내려진 결론을 논리로 합리화하는 과정을 거칩니다.

실제로 성공한 사업가들 중 80퍼센트는 직감이나 직관에 의존한다는 연구 결과가 있습니다. 스티브 잡스가 2005년도 스탠퍼드대학 졸업식 축사에서 '직감을 따를 용기를 가져라'라고 한 말은 이제 고인의 최고 명언이 되었습니다.

하버드대학 협상학과의 다니엘 샤피로 교수는 설득하고 타협하는 일인 '협상'의 본질이 '감정'이라고 했습니다. 청중을 설득하는 과정이 포함된 강의에 감성과 이성을 분리할 수 없는 이유입니다.•

섬세한 감정선 디자인 사례

이번에는 앞서 그린 감정선과 매우 다른 감정선 디자인 사례를 소개하겠습니다. 앞에서는 일부러 깊은 부정적 감정을 만나게 한 후에 희망을

• 초보 강사의 강의는 논리 아니면 감정에 치우친다.
  경력 강사의 강의는 논리와 감정이 조화를 이룬다.

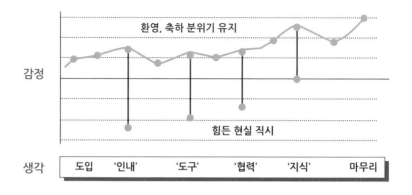

그림 5-8 신입생을 환영하는 강의의 감정선

느끼도록 유도했습니다. 중간중간에 유머를 넣어서 부정적 감정에 너무 깊게 빠지지 않도록 했습니다. 여기서는 처음부터 끝까지 긍정 감정에 머뭅니다. 그리고 중간중간에 부정적 감정을 만나게 하여 조화를 이루어냅니다.

[그림 5-8]과 같은 감정선은 제가 미시간공과대학에 재직할 당시 매해 신입생 오리엔테이션에서 신입생과 그 가족 약 6천 명이 모인 실내체육관에서 해왔던 강의입니다. 총장님 인사말 다음에 제가 신입생들에게 성공에 대한 조언을 해주는 강의였습니다. 제가 이 중요한 강의를 매년 맡게 된 배경을 먼저 설명해야 이 그래프를 이해할 수 있을 것입니다.

미시간공과대학은 거대한 슈피리어 호수 옆에 있어서 겨울에는 눈이 무척 많이 내리는데, 특히 추위가 없는 다른 주에서 온 학생들은 이 눈과 추위를 견디지 못하고 중퇴하는 경우가 많습니다. 제 임무는 학생들이 겪게 될 어려운 현실을 제대로 예고해 주어 신입생들을 '정신무장'시키는 일이었습니다. 하지만 신입생들과 가족을 환영하고 축하해 주는 행사인 만큼 강의는 처음부터 끝까지 밝고 즐거워야 했습니다.

제 강의 제목은 'Widsom of P.E.C.K.'였습니다. 'PECK'은 제 영문명이지만 'Patience, Equipment, Cooperation, Knowledge'의 약자로 사용했습니다. 즉, 첫 겨울을 잘 보내기 위해 필요한 네 가지 덕목으로 '인내, 도구, 협력, 지식'을 차례대로 소개하는 강의였습니다.

각 덕목을 소개할 때마다 유머로 청중의 웃음과 박수가 끊이지 않습니다. 동시에 상상을 초월하는 겨울 사진을 보여주면서 청중이 순간적으로 놀라고 겁먹도록 했습니다. 그러나 사진이 거듭될수록 공포감은 줄어듭니다. 즐거움과 공포감을 오가는 사이에 청중은 서서히 면역되기 때문입니다.

겨울나기 덕목 중 '도구'에 대해 소개하는 단락을 예로 들어보겠습니다.

첫 번째 슬라이드 : 눈 치우는 삽 하나만 있는 사진
멘트 : "제가 이곳에 와서 첫 겨울에 구입한 도구입니다."

이때 청중 중 일부가 크게 웃습니다. 그 삽 하나 가지고는 턱도 없다는 것을 잘 아는 지역 주민들과 선배 대학생들입니다.

두 번째 슬라이드 : 두 개의 삽 사진
멘트 : "첫눈이 내린 직후, 가게에 달려가 하나 더 구입했습니다. 이건 제 것. 저건 제 아내 것."

이때는 청중 절반 정도가 크게 웃습니다. 주로 신입생들의 부모님들입니다. 겨울과 눈은 몰라도 부부에 대해서는 재미있게 공감할 수 있는 이야기지요.

세 번째 슬라이드 : 네 개의 삽 사진
멘트 : "그다음에는 두 개를 더 구입했습니다. 아들용, 딸용."

여기서 신입생들도 웃기 시작합니다. 그러나 피날레는 그다음 슬라이드였습니다. "첫 겨울이 끝난 후에 제가 산 도구들입니다"라고 말하면서 각종 눈 치우는 도구 30개를 한곳에 모아놓은 사진을 보여준 것입니다.

여기서는 박수가 터져나옵니다. 마지막 사진에 격하게 공감하는 지역 주민들과 선배 대학생들은, 놀라서 반신반의하고 있는 타 지역 신입생과 가족들의 모습을 보면서 더 즐거울 것입니다.

실제로 객석은 웅성웅성합니다. '에이, 설마. 정말 저 정도는 아니겠지. 저 사진은 과장한 거겠지. 그냥 웃기려고 한 사진이겠지. 그런데 저 우렁찬 공감의 박수는 또 뭐야? 사실인 모양이네. 설마…….' 남들이 웃으니까 따라 웃기는 하지만 웃어도 웃는 게 아닙니다. '걱정 반 호기심 반'입니다. 하지만 이어지는 진지한 내용에 호기심은 어느덧 자신감과 희망으로 연결됩니다.

네 단락을 거치는 동안 환영과 축하 분위기는 유지하되 순간순간 혹독한 겨울에 대한 현실을 직시하도록 돕습니다. 한 단락마다 현실을 왜곡 없이 보여주지만, 단락을 거듭하면서 충격의 강도를 줄이면서 서서히 정서적 면역이 생기도록 유도합니다.

이 강의는 애초에 제가 긴 겨울에 힘들어하는 신임 교수들을 위해서 개인적으로 준비한 것이었습니다. 제가 여름만 있는 캘리포니아 주에서 미시간 주로 갔기 때문에 첫 겨울나기가 매우 힘들었습니다. 그 이듬해 부터 매해 공대 신임 교수들을 저희 집에 초대해서 저의 겨울나기 경험담을 들려주었습니다. 이것이 소문이 나면서 총장이 주관하는 신임 교수 환영회에서 강의를 하게 되었고, 몇 년 후에는 신입생 전원에게 강의를 하게 된 것입니다.

이 강의는 제가 대학을 떠나는 해까지 총 18년 동안 진행되었으며 '미시간공과대학의 새로운 전통'이라는 애칭을 얻게 되었습니다. 유익한 콘텐츠에 섬세한 감정선 디자인이 더해져서 명품 강의가 탄생한 것입니다.

4

감정선에 풍부한 화음 넣기

명강사가 그리는 감정선은 풍부한 화음이 있는 악보와 같습니다. 감정선은 하나의 감정점에서 그다음 감정점으로 이어지는 간단한 선이 아닙니다. 한 지점에 여러 감정들이 존재할 수 있습니다. 마치 작곡가가 화음을 넣을 때 여러 음을 동시에 그리는 것처럼 말입니다. 혼란스러운가요? 조금 천천히 설명해 보겠습니다.

앞서 감정선을 긍정과 부정 감정을 오르락내리락하는 과정처럼 묘사했습니다. 그러나 사람은 여러 상반된 감정마저 동시에 느낄 수 있는 존재임을 알아야 합니다. 우리는 애증, 시원섭섭함, 미운 정과 고운 정을 동시에 느낍니다. 부정적 감정과 긍정적 감정을 동시에 느낄 수 있다는 것입니다.

깨침에는 눈부심이라는 불편함과 눈떠짐이라는 환희가 공존합니다. 깨달음에는 뼈를 깎는 성찰과 반성과 함께, 과거로부터 해방된다는 속 시원한 자유로움이 따라옵니다. 희망과 절망은 동전의 양면이고 손바닥 뒤집기입니다.

이런 면에서는 감정선 디자인에 롤러코스터 비유는 더 이상 유효하지 않습니다. 화음으로 한층 더 풍요로워진 노래를 작곡하는 것에 비유하는 게 더 적합합니다.

조금씩 복합적인 감정선 디자인하기

초보 강사라면 처음부터 화음을 작곡하지 마세요. 간단한 음을 넣어 보고 서서히 화음을 넣으세요. 3도 화음에서 5도 화음이 있듯이 차차 복합적인 감정선을 디자인해 보세요.

화음 감정선의 사례를 하나 소개하겠습니다. 파리에 있는 유네스코 본부에서 동유럽 교육부 정책관리들을 대상으로 한 기조강연에 초대받은 적이 있습니다. 한국의 교육 성공 사례를 소개하는 특강이었습니다. 의외로 유럽인들은 한국에 대해 잘 모릅니다. 그래서 저는 한국의 교육을 소개하기 전에 한국 자체를 소개해야 하는 입장이었습니다. 물론 저를 소개해야 하고요. 그러니 모두가 기다리는 본론으로 들어가기 전에 많은 배경을 설명해야만 하는 입장에 놓였던 것입니다.

일단 오늘날의 아름다운 청계천 사진을 보여줍니다. 제가 50년 전에 학교를 오가며 지나간 곳이었다고 소개합니다. 그리고 그 당시 빈민촌이 늘어선 청계천 사진을 보여줍니다. 두 사진의 극명한 차이에 탄식이 터져 나옵니다.

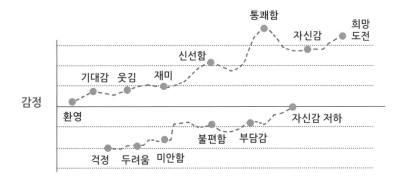

그림 5-9 화음 감정선

저는 이 변화의 핵심이 한국이 3W에서 3S를 거쳐 현재 3A 교육을 시행한 결과라고 설명합니다. 6·25 전쟁 중 천막 학교 사진을 보여주면서 누구라도 할 수 있는 곳에서 할 수 있는 시간에(Whoever, Wherever, Whenever) 공부하는 3W 교육을 설명했습니다.

그다음에는 전국에 1만 개가 넘는 학교를 세운 통계를 보여주면서 동년생이 같은 시간에 한 장소에 모여(Same age, Same time, Same place) 교육을 받는 3S 교육을 소개합니다. 이때도 청중은 놀라움을 금치 못합니다.

마지막으로 세계 최고 수준의 ICT 인프라를 소개하면서 이제는 아무나 아무 때나 어디서라도(Anyone, Any place, Anytime) 3A 교육을 받을 수 있다고 설명합니다. 그 결과, 한국은 한 세대에 산업화와 민주화와 정보화를 이룬 유일한 나라가 되었다고 말합니다. 이때 청중은 존경심을 보입니다.

청중은 빈민촌의 처절함, 변화에 대한 놀라움, 전쟁터의 비참함, 대규모 학교 설립에 대한 부러움, ICT에 대한 신기함, 혁신에 대한 희망, 상대적으로 비교되는 창피함과 아쉬움 등 여러 가지 감정을 동시에 느낍니다. 강사의 자부심을 느끼면서 동시에 상대적 초라함을 느끼고, 한국인의 긍지와 승리를 보면서 자신들의 패배주의와 피해망상을 느끼기도 합니다. 한국의 성공에서 자신들의 미래에 대한 희망을 느낍니다.

이렇게 청중은 부정과 긍정의 감정을 동시다발로 경험합니다. 만약에 이러한 상반되는 감정을 순차적으로 만났다면 그 감정의 굴곡을 다 소화하기 어려웠을 것입니다.

저는 이 강연에서 저 자신을 전혀 소개하지 않았습니다. 한국의 변천사를 소개하면 제가 한국인이라는 사실 하나만으로 충분히 이들로부터 인정받고 존경받는 대상이 될 것이라고 확신했기 때문입니다. 이날 이후 저는 루마니아 교육부 자문을 하게 되었습니다. 나중에는 중남미국가 교육협의체에서 기조강연을 하기도 했습니다.

강사의 정서적 에너지 변화

'화음 감정선'에서 점선은 청중이 느끼는 감정과 강도를 나타냅니다. 강사 스스로 이러한 감정을 오가야 한다는 것은 아닙니다. [그림 5-10]은 청중의 감정과 강사의 감정 상태를 함께 보여주는 화음 감정선의 사례입니다. 위아래의 두 점선은 청중의 감정이고, 그 사이에 있는 실선은 강사의 감정선입니다.

일단 강사의 기본적인 정서는 중립입니다. 처음부터 끝까지 그 상태에서 크게 벗어나지 않습니다. 그 모습이 바로 안정성입니다. 그러나 강사

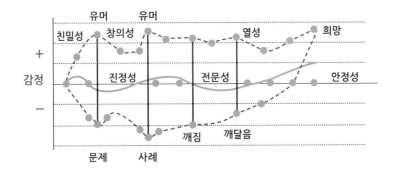

그림 5-10 청중의 감정과 강사의 감정을 함께 보여주는 화음 감정선

는 문제를 제기하고 문제의 후유증을 잘 보여주는 사례를 언급하기도 합니다. 불편하고 직면하고 싶지 않은 내용이더라도 청중이 강사를 믿고 강의를 더 들을 수 있게 해주는 힘이 바로 강사의 진정성과 전문성입니다. 즉, 강사의 전문성, 안정성, 진정성은 강사가 감정을 처음부터 끝까지 중립 상태를 유지할 수 있게 해줍니다.

강사는 청중의 감정을 움직여야 하지만, 처음에는 담담하게 시작해야 청중과 정서적으로 조율할 수 있습니다. 청중보다 너무 강한 에너지를 발산하면 상당수 청중은 불편할 것입니다.

만약 강의 시작 전부터 청중의 정서적 에너지가 낮다면 최소한 중립 상태로 끌어올리는 일은 사회자가 해야 할 일입니다. 물론 강사가 직접 나서서 서곡 역할을 해야 하는 경우도 있습니다. 이럴 때는 강사가 에너지로 승부를 걸기보다는 유머를 활용하는 게 좋습니다. 창의적인 스토리텔링과 슬라이드로 청중의 정서적 에너지를 높게 유지해야 합니다. 이 어려운 일을 강의 시작부터 끝까지 유지해 나갈 수 있게 해주는 강사의 에너지가 바로 열성입니다.

부정적 감정이 필요한 경우 강사가 직접 그 부정적 감정을 발산하는 것은 좋지 않습니다. 마치 가수가 슬픈 노래를 부르면서 청중을 울리더라도 본인은 울지 말아야 하는 것과 마찬가지입니다. 내용 자체가 감정을 유발하게 만들고, 강사는 담담하게 내용을 전달해야 합니다.

청중에게 두려움과 분노를 유발해야 할 때도 있습니다. 이때에도 강사는 청중의 마음속에 있는 그 감정을 만나도록 유도해야지, 강사가 그 감정을 격하게 보여서는 안 됩니다. 그러면 파쇼가 됩니다. 히틀러나 무솔리니가 강연하는 모습을 떠올려보면 이해가 될 것입니다.

그러나 강의 중반을 넘어가면서 강의의 클라이맥스에 도달할 때는 강사의 긍정 에너지가 강하게 발산되어야 합니다. 청중의 부정적 감정은 매우 쉽게 유도되는 반면, 긍정적 감정은 외부의 힘이 어느 정도 개입되어야 하기 때문입니다.

[그림 5-10]에서 강사의 감정선은 전체적으로 중립 상태에서 크게 벗어나지 않습니다. 그러나 청중의 감정선을 보면 긍정적 감정과 부정적 감정을 동시에 느끼고 있습니다. 강사가 청중의 감정을 유발하지만, 본인의 감정을 덮어씌우는 방식이 아니라 청중이 스스로 그 감정을 만나도록 유도하고 있다는 뜻입니다.●

순간적으로 강사의 감정이 청중보다 더 강해야 할 때도 있습니다. 예를

● 초보 강사는 청중이 강사 본인이 느끼는 감정으로 이끈다.
베테랑 강사는 의도한 감정을 청중이 느끼도록 안내한다.

들어 강의 시간이 점심 직후거나 동원된 청중에게 강의를 할 때가 그렇습니다. 그러나 이런 기법은 가끔 그리고 순간적으로 활용하셔야 합니다. 조심하지 않으면 매우 빠르게 에너지가 고갈되어 강사로 오래 활동하기 어렵게 되니까요.

5

실습④
전주 작곡으로 청중과 조율하기

가끔 강연장에서 강의를 시작하기 전에 경쾌한 음악을 틀어놓는 곳도 있고, 사물놀이 같은 음악 공연을 하는 곳도 있습니다. 공공기관에서 주최하는 강연회에는 주민 동아리 활동을 활성화하기 위해서 그들에게 공연할 기회를 마련해 주기도 합니다. 참 좋은 정책입니다. 입담 좋은 전문 사회자가 청중을 들었다 놨다 하면서 열기를 고조시키기도 합니다. 강사를 위해서 청중의 에너지를 높여주고 싶은 사회자의 참 좋은 의도입니다.

하지만 저는 이 모두를 몹시 싫어합니다. 음악이 아무리 좋고 사회자가 아무리 재밌고 흥을 북돋워도 제 강의 내용과 무관한 정서를 만들어놓으면 강의 초반부터 분위기가 엉클어진 셈입니다. 강사는 심각한 사회

272

문제를 이야기하려고 하는데 강의장이 잔칫집 분위기라면 강사와 청중의 정서에는 괴리가 있겠지요. 그러나 강사가 주최 측에 그렇게 하지 말아달라고 사전에 당부하기에는 한계가 있습니다.

사전 행사나 전문 사회자가 없을 때도 청중과 정서적으로 조율하는 일은 어렵습니다. 강사는 행복에 대한 이야기를 즐겁게 하려고 하는데 청중은 비를 맞으면서 급하게 뛰어 들어온 상태라면 꿉꿉하게 젖은 옷을 불편해하는 청중과 정서적 괴리가 있습니다. 강의 오기 직전에 부부싸움을 해서 기분이 언짢은 분도 있을 것이고 생일 축하를 받아서 기분이 좋은 분도 있을 것입니다. 비가 오든 해가 쨍쨍하든 상관없이 늘 우울한 사람도 있고 마냥 들떠 있는 사람도 있습니다. 이렇게 다양한 정서 상태의 청중과 정서적으로 연결해야 하는 게 강사의 처지입니다.

앞에서 저는 강사는 전문지식과 연결된 전문가로서 청중과 연결되어 둘 사이를 이어주는 촉매자라고 했습니다. 그리고 청중과의 연결을 친밀성이라고 했습니다. 이 친밀성 확보에는 정서적 조율이 중요합니다.

그래서 저는 강의 도입부 파트의 감정선을 특별히 신경 써서 디자인합니다. 강의장의 분위기가 어떻든, 청중의 사전 정서 상태가 어떻든 상관없이 그들의 감정을 하나로 아우르는 작업을 해야 하기 때문입니다.

한곳으로 모아 '감정 여행'을 떠나라

강사는 강의를 통해 청중과 함께 '감정 여행'을 떠나는 셈입니다. 마치 단체 여행 떠나기 전에 여행객들을 먼저 한곳에 모아야 하듯이 강의를 할 때도 다양한 정서 상태에 놓여 있는 청중을 일단 한곳으로 모아야 합니다. 여기서 감정을 모으는 방법과 어떤 감정으로 모아야 하는지를 선택해야 합니다.

감정을 모으는 방법에는 여러 가지가 있습니다. 날씨 이야기가 가장 쉽습니다. 실제로 우리는 사람을 만날 때 흔히 날씨 이야기를 꺼냅니다. 날씨야말로 그 자리에 함께한 모두가 지닌 공통점이며, 비슷한 정서를 느끼게 하는 요인입니다. 비 오는 날은 기분이 꿀꿀합니다. 비가 갠 후에는 상쾌합니다. 무더우면 불쾌하고 추우면 마음마저 움츠러듭니다. 그래서 날씨 이야기를 나누면서 서로 공감대를 형성하면 '함께'라는 기분이 듭니다. 그러면 좀더 속 깊은 대화로 이어가기 쉽습니다.

한 가지 주의해야 할 것이 있습니다. 도입부 파트에 정치나 사회 등 시사적인 이야기는 금물입니다. 그게 목표인 강의라면 모를까, 한곳에 모인 사람마저 양극으로 흩어지게 만들기 때문입니다. 그리고 각성시키고 극성맞게 만들기도 합니다.

가끔 강의 전에 올라오는 사전 연사가 이 금기를 깨는 경우가 있습니다. 규모가 큰 행사나 지자체에서 하는 행사에서는 환영사를 하러 단상에 올라간 단체장이나 귀빈이 정치 이야기를 꺼내거나 사회 문제점을 적나라하게 들춰냅니다. 본인이 문제에 대해 얼마나 고민하고 해결하려고 노력하는가를 청중이 알아주길 바라고 생색 내고 싶은 것이겠지만, 강사한테는 최악입니다. 청중의 감정을 부정적인 상태로 몰아주기 때문입니다.

저는 주로 자기소개를 하되 이력과 경력을 밋밋하게 나열하는 대신 개인 스토리를 언급하는 방법을 사용합니다. 같은 방법을 시도하신다면 다음 조건을 만족시키도록 다듬어보세요.

① 내용이 주제와 관련되어야 합니다. 콘텐츠 디자인 고려 사항을 만족시키는가.

② 밝고 친근한 내용으로 청중이 강사를 편안하게 대할 수 있도록 유도하는가.

③ 청중이 각자의 감정 상태에서 벗어날 수 있도록 약간의 유머가 있는가.

④ 간결한가.

이러한 방법은 청중을 일단 편안함과 차분함으로 집결시키는 데 도움이 됩니다. 저는 편안함을 각성과 이완 사이의 중간 지점으로 그리 좋지도 않고 그리 나쁘지도 않은 담담한 상태라고 봅니다. 차분함은 그 편안한 상태에 지속적으로 머무는 모습을 뜻합니다. 즉, 제가 유도하는 감정 집결지는 감정적 중립 상태입니다.

호이겐스 시계추 동기화

청중을 감정적 중립이라는 한곳에 모으는 방법은 딱 하나입니다. 강사가 먼저 그곳에 들어가 있어야 합니다. 그러면 희한하게도 청중이 강사의 정서 상태에 조율합니다. 강사가 다양한 청중에게 조율하는 건 불가능하니 청중이 강사한테 조율하도록 유도하게 하는 방법만이 해결책입니다.

아마 호이겐스 시계에 대한 이야기를 들어본 적이 있을 겁니다. 시계방에 여러 시계추가 제각각 흔들리고 있었는데 다음 날 와 보니 다 같이 움직이더라는 것입니다. 시계들이 가장 큰 시계추에 조율한 것이지요.

사람 사이에서도 이와 유사한 일이 벌어집니다. 강의장에서 가장 큰 시계추는 강사입니다. 청중 모두 강사의 말을 들으러 온 것이니까요. 그들의 시선은 강사로 향합니다. 강사가 어떤 모습으로 무엇을 하고 있는가를 눈여겨보고 있습니다. 이때 강사가 차분하고 담담하고 편안하게 있으면 청중도 그 정서에 조율하게 됩니다. 의식적으로 하는 게 아니라 무의식적으로 나오는 행동입니다.

미국 하트매스 연구소는 사람들 사이에 시계추와 같은 현상이 나타남을 과학적으로 입증했습니다. 세 명이 차분함을 유지하고 있는 방에 들떠 있는 사람이 들어가면 나중에 들어간 사람이 자기도 모르는 사이에 차분한 에너지가 전달되어 편안해진다는 것입니다.

그런데 문제는 강사는 혼자이고 다수는 제각각 상태라는 점입니다. 그러니 강사의 스케일이 여간 크지 않고는 다수의 정서를 모으기 어렵습니다. 여기서 강사의 스케일은 단지 이력과 학력 등 전문성과 지식 권력만 뜻하는 것이 아닙니다. 안정성과 진정성을 포함한 어른스러움도 포함됩니다. 파도와 바람에도 흔들리지 않을 것 같은 안정감을 보이면 청중들이 다가오고 의지할 것입니다.

먼저 심호흡 하기

감정적 중립에 들어가기 위해서 저는 강단에 서기 전 먼저 심호흡을 합니다. 그러면 편안함을 만나게 되는데, 눈여겨보면 프로들은 대부분 그렇게 합니다. 가수는 큰 무대를 앞두고 숨을 깊게 쉬고, 축구선수는 프리킥을 차기 전에 예외 없이 심호흡으로 긴장감을 해소하고 정신을 집중시킵니다. 야구에서 투수도 던지는 공 하나하나마다 심호흡을 합니다. 쓸데없이 그냥 습관적으로 하는 게 아니라 스트레스를 낮추는 데 도움이 되니까 일부러 습관을 들인 것입니다.

심호흡이 즉각적으로 효과를 내기 위해서는 평소에 심호흡을 연마해야 합니다. 심호흡은 발성에도 도움이 됩니다. 본질적으로 말하기란 호흡을 조정해서 날숨이 원하는 속도와 강도로 나오게 하는 일이니까요. 평상시에 운동을 해서 건강한 호흡과 몸을 유지하세요.

유익한 심호흡은 약 5초 동안 서서히 들이쉬고 5초 동안 서서히 내쉬는 것입니다. 심호흡을 하면서 편안했던 기억을 떠올리고 그때 느꼈던 편안함을 다시 느껴보는 것도 좋습니다. 상상해 보는 것만으로도 효과가 있습니다. 명상이라고 해도 좋고, 마음 챙김이라고 해도 좋고, 단전호흡이라 해도 상관없습니다. 어떤 이름을 붙이든 깊은 호흡은 긴장을 완화시켜 주고 평정심을 가져다줍니다.

저는 제가 양성하는 강사들에게 평상시에 정신을 심장에 집중하고 깊게 호흡하라고 가르칩니다. 앞서가는 마음을 가슴에 붙들어 매면 걱정 때문에 생긴 초조함과 떨림이 더 빠르게 가라앉습니다. 또한 청중을 존중하겠다는 초심을 다짐하는 데도 도움이 됩니다. 초심은 떨림을 좀이 아니라 설렘으로 만들어주는 마음입니다.● 어차피 해야 하는 숨쉬기이니 평상시보다 약간 깊이, 약간 천천히, 고르게 숨을 쉬세요.

● 초보 강사는 스트레스를 받을 때나 심호흡을 시도한다.
경력 강사는 수시로 심호흡한다.

6

여운이 남는 강의 디자인하기

어떤 강의는 웃음을 주고 눈물도 흘리게 합니다. 청중은 강의에 푹 빠져서 시간 가는 줄 모르고 경청합니다. 그러나 강의가 끝나고 강의장 문밖을 나서는 순간, 그 감정들이 어디에 갔는지 아무 느낌이 없습니다. 오래 앉아 있느라 저린 다리의 불편함, 배가 출출한 시장기, 빨리 집에 가서 저녁 식사 준비해야겠다는 다급함…… 강의와 전혀 관계가 없는 새로운 감정들만 밀려옵니다.

또하나의 강의는 똑같이 감동적이고 몰입하게 만들지만, 뒷맛이 다릅니다. 강의가 끝났는데 무엇인가 마음에 남아 계속 맴돕니다. 여릿한 감정이 가슴 아래에 쌓이고 환한 생각이 자꾸 머리 위로 치솟습니다. 감정은 옅어서 확실하지는 않고, 가슴을 꽉 메우지만 답답하지 않고 든든합니다. 생각은 반성 같기도 하고 다짐 같기도 하고, 꿀밤 한 대 맞은 듯해서 머리가 얼얼하지만 사뭇 상쾌합니다.

이 두 강의의 차이는 여운입니다. 전자는 순간의 재미와 감동을 선물한 엔터테인먼트였고, 후자는 여운을 남긴 명강의입니다. 명가수는 노래가 끝난 후에 긴 여운을 남깁니다. 여운을 남기는 강의를 하고 싶지 않으세요?

공명과 감동

여운이 남는 강의를 디자인하려면 먼저 여운이 어떻게 만들어지는지를 알아야 합니다. 저는 '어쩌다 보니 여운이 남더라' 식의 조언은 하고 싶지 않습니다. 작사는 이성적인 글쓰기지만 문법을 살짝 벗어나서 자유롭게 표현하는 시와 같고, 작곡은 정서적인 멜로디지만 수학처럼 정확한 음계와 박자에 맞추어야 합니다. 여운을 디자인하는 방법에도 과학적 근거가 있습니다.•

한 물체가 진동하여 만들어진 음파가 전파되면 그동안 주변에 있는 다른 물체를 진동시킵니다. 특별한 경우에는 첫 물체가 진동을 멈추어도 두 번째 물체의 진동은 계속됩니다. 두 물체의 고유 주파수가 조율되어 공명을 이룰 때입니다.

좋은 노래는 여운을 남깁니다. 가수의 목소리(음파)에 실린 감정이 청

• 초보 강사는 개선의 여지를 남긴다.
　경력 강사는 잔잔한 여운을 남긴다.

중에게 전달되어 감동을 주면 가수와 청중이 한마음으로 공감대를 이루어서 노래가 끝난 후에도 청중은 계속 그 감정을 느낍니다.

저는 좋은 강의도 이와 같은 이치로 여운을 남긴다고 생각합니다. 강사는 콘텐츠에 감정을 실어서 청중에게 전달합니다. 청중은 울림이 있는 강의에 감동합니다. 강의가 끝난 후에도 청중의 마음속에서 울림이 지속됩니다.

음파가 공명을 이루기 위해서는 두 물체의 고유 주파수가 일치해야 하듯이 강의가 감동을 주기 위해서는 강사와 청중의 정서가 조율되어야 합니다. 강사가 청중의 정서에 맞춰주는 것도 아니고 강사가 청중의 감정을 자신의 감정과 일치시키는 것도 아닙니다. 조율한다는 뜻은 조금 다릅니다. 조율하는 방법을 배우기 전에 먼저 감정에 두 가지 태생지가 있음을 알아야 합니다.

청중이 스스로 감정을 만나게 하기

여운을 남기려면 강사는 청중 본인들의 마음속에 있는 깊은 감정을 만나게 해야 합니다. 강사가 슬픈 이야기를 슬프게 하면 청중이 따라서 슬퍼합니다. 사람에게는 거울 뉴런이 있어서 공감이나 공명을 할 수 있습니다.

많은 강사는 청중이 느껴야 할 감정을 자신이 먼저 느끼면서 강의합니다. 그러나 강사에게 자극을 받아서 거울처럼 반응하는 감정은 강의가 끝나면 금방 사라집니다. 여운을 남기는 방법이 아닙니다.

명강사는 슬픈 이야기를 담담하게 하더라도 그로 인하여 청중이 가슴속에 있던 본인의 슬픔을 만나게 해줍니다. 잠시 잊고 있던 감정을 강의로 하여금 다시 느끼게 하는 것입니다. 이미 지니고 있던 감정이어서 강의가 끝난 후에도 계속 지니게 됩니다. 길게 남는 여운은 강사가 준 감정이 아니라 애초에 청중 본인의 것이었습니다.

저는 슬프거나 기쁘거나 강한 감정을 이야기하는 강사가 아닙니다. 저는 대체로 과학적 연구 결과를 토대로 강의하기 때문에 강의 내용 자체는 감정적으로 중립 상태입니다. 제가 하는 일은 의미 부여입니다. 의미는 가치를 만들며, 가치는 감정을 유발합니다.

예를 들어 제가 어떤 아이에게 100스위스프랑크를 줍니다. 만약에 그 아이가 그 돈의 가치를 모른다면 별 반응을 보이지 않겠지요. 하지만 그 가치가 겨우 100원이 아니라 10만 원 이상인 것을 알면 굉장히 기뻐할 것입니다.

집에 굴러다니는 빛바랜 사진 한 장이 유일하게 남은 증조할아버지의 사진이었음을 알게 되는 순간, 말로 표현하기 힘든 아주 깊고 진한 감정을 만나게 됩니다. 비록 경제적 가치는 없어도 말입니다.

의미 부여는 기계가 하지 못합니다. 오로지 사람만이 할 수 있습니다. 강사가 해야 하는 일입니다.

강사가 감정을 주는 게 아니라 이미 청중 마음속에 있는 감정을 만나게 하는 것이라는 사실을 잘 보여주는 사례를 소개하겠습니다. 얼마 전 베트남 교육부 초청으로 초·중·고 교장 선생님 사백 명을 대상으로 한 '교육이 미래다'라는 주제의 강의였습니다.

첫 슬라이드에 '베트남은 성공했고 성공하고 있는 나라다'라고 쓰인 문구 아래에 큰 나라, 큰 인구, 긴 역사, 독자적 문화와 언어 등 팩트를 나열했습니다. 베트남 교장 선생님들이 모르는 내용은 아니지요. 하지만 외국 강사가 나열해 주면 기분이 좋습니다. 아부하는 게 아닙니다. 제가 그렇게 해야 할 이유가 전혀 없습니다. 단지 저는 이미 그들 마음속에 있는 베트남인으로서의 자부심을 다시금 만나게 해주는 것입니다.

그리고 경제적 성공의 대가가 스트레스임을 설명하면서 학교폭력과 게임중독 같은 문제가 급증하고, 학생들로부터 존경받지 못하는 교원들의 사기 저하 문제로 괴로울 것이라고 했습니다.

이 부분에서 눈물을 흘리는 교장 선생님이 많았습니다. 베트남 학교가 벌써 그런 상황에 처했기에 교원들이 이미 자괴감과 절망감을 느끼고 있었기 때문입니다. 제 메시지가 그 감정을 만나게 하는 촉매제가 된 것입니다.

마무리에서 교사는 지식 중간 도매상이 아니라 국가 건설자이며 혁신가이며 희망의 원천이라고 결론을 내렸습니다. 교장 선생님들이 환호했습니다. 자신들도 그리 믿고 있었는데, 그 가치와 비전을 저버리고 싶지 않은 마음을 재확인한 것입니다. 제가 그 마음을 만들어준 게 아니라 단지 만나는 계기만 만들어준 것입니다.

강의가 끝나자 강의장은 오랫동안 웅성거렸습니다. 교육부 장관이 흥분한 나머지 단상에 올라와서 선언했습니다. "베트남 축구에 박항서가 있다면 교육계에는 조벽이 있다." 사실 말이 안 되는 비교지만 이 강의가 베트남 국영 TV에 방송까지 되었으니 긴 여운을 남긴 강의인 것은 확실합니다.

정말 어려운 일 '여운 남기기'

여운을 남기는 강의를 하기는 쉽지 않습니다. 저도 수없이 실패하였습니다. 잊고 싶은 기억이지만 잊기 어려운 경험도 있습니다. 그중 하나를 사례로 소개합니다.

글로벌 한인 여성 리더들이 참석한 세계한민족여성네트워크 행사에 '일·가정 양립을 위한 글로벌 파트너십 강화'를 주제로 기조강연을 하게 되었습니다. 주최 측은 제가 미국에서 오랫동안 갈등과 분쟁을 조정하는 옴부즈맨을 맡았던 경험 때문에 일과 가정의 양립이라는 갈등 상황에 대한 좋은 해결책을 제시해 줄 것이라고 기대해서 강연자로 초대했을 것입니다. 오백 명이 모인 대형 행사였습니다.

저는 모범을 보임으로써 얻을 수 있는 것과 투쟁으로 얻을 수 있는 것이 있다고 했습니다. 당연히 세계 여성 리더들이라 공감했을 것입니다. 그리고 세 번째로 화합으로만 얻을 수 있는 것도 있다고 했습니다. 일단 청중의 관심을 끄는 데에는 성공했습니다.

대가족이 해체되고, 핵가족마저 붕괴되어 아빠 엄마 모두 가정 밖으로 나가고, 이제는 아이들마저 집 밖을 떠도는, 모두가 불행한 시대가 되었다고 분석했습니다. 그래서 결론은 이제 모두가 다 가정으로 되돌아와야 한다고 했습니다.

반응이 별로 좋지 않았습니다. 누가 단상에 올라와서 '여성계의 역적 조벽을 타도하자!'라고 성토하지 않은 게 다행입니다.

앞서 좋은 강의는 누군가 해야 할 이야기를 내가 잘 준비해서 하는 것이라고 했습니다. 모두가 들어야 할 이야기를 하는 사람이 나여야 하는 이유가 있어야 한다고 했습니다.

아직도 저는 위 메시지는 남녀 불문하고 모두 들어야 할 이야기라고 생각합니다. 그러나 여성들 앞에서 남성이, 그것도 나이 많은 남성이 하기에는 무리가 있지 않았나 싶습니다. 여운이 아니라 회한만 남은 강의입니다.

그래도 다시 희망

'여운 남기기'를 회한만 남는 이야기로 끝낼 수 없어서 사례를 하나 더 소개하고자 합니다. 저와 제 아내가 운영하는 HD가족클리닉은 서울가정법원과 서울북부법원, 서울남부법원의 위탁센터이기도 합니다. 이혼의 법적 절차 중 숙려기간 동안 의무적으로 교육과 상담을 받는 과정이 있는데, HD가족클리닉에서 이 과정을 매달 진행합니다. 제가 교육 콘텐츠를 디자인하고 첫 강의를 했는데, 30년 강의 경험 중 가장 힘들었던 강의였습니다. 아니, 기억하고 싶지 않을 정도로 뒷맛이 씁쓸했습니다.

부부관계가 절망적이어서 이혼 서류를 법원에 제출한 상태이니 부부들의 마음은 굳게 닫혀 있었습니다. 이혼을 재고하라는 메시지가 비집고 들어갈 틈이 전혀 없었습니다. 법적 의무라고 하니 비록 몸은 강의장에 와 있지만 마음과 정신은 다른 곳에 가 있었습니다. 대부분 강의 내내 스마트폰을 보거나 틈틈이 물 마시거나, 담배 피우거나, 화장실 가기 위해 강의장을 들락날락했습니다.

그나마 경청하는 소수는 눈물을 흘리며 괴로워하는 모습도 간간이 보였습니다. 제 강의가 그들에게 희망이 아니라 상처에 소금을 뿌리는 고문이 아닌지 걱정되기도 했습니다. 강사인 제 뒷맛이 씁쓸한데, 청중에게 어떤 여운이 남았겠습니까?

그래서 곧바로 강의 콘텐츠를 대폭 수정했습니다. 강의 목표부터 바꿨습니다. 이혼의 후유증과 결혼의 혜택을 강조하면서 이혼을 재고하라는 메시지를 내세우지 않았습니다. 대신 "이 강의는 이혼을 하든 말든, 돌싱으로 살든 재혼을 하든 성공적이고 행복한 삶을 살기 위해 필요한 정보"라고 소개했습니다.

일단 청중의 주의력을 잡는 데 성공했습니다. 제 특유의 유머는 자제

했고 밝은 에너지를 대폭 낮춰 그들의 정서에 조율했습니다. 강의 내내 감정적 중립 상태에서 크게 벗어나지 않았습니다. 밝음 대신 따스함에, 깨침보다는 힐링에 더 초점을 맞췄습니다.

조금 더 많은 분들이 스마트폰을 내려놓았습니다. 조금 더 마음의 문을 열어주었습니다. 강의가 끝난 후 몇 분은 결혼과 이혼에 대해 좀더 생각해 봐야겠다는 말을 남겼습니다. 그들의 마음이 조금 움직인 것입니다. 실제로 부부 상담을 통해 관계를 회복한 커플들도 있습니다. 대단한 여운은 아니더라도 잔잔한 여파는 생긴 듯합니다.

7

왜 감정을
이해해야 하는가

앞부분을 충분히 이해하셨다면 이 부분을 읽지 않고 다음 장으로 넘어가도 됩니다. 그러나 우리는 어릴 적부터 '죽은 듯이' 공부하라고 강요받고 자랐기 때문에 대부분 감정에 대해 잘 모릅니다.

여기서 죽어야 하는 것은 생각이 아니라 감정입니다. 생각이 죽으면 공부를 할 수 없으니까요. 감정을 죽여야 차분히 앉아서 하루에 12시간 공부할 수 있을 테니까요.

감정에 대해서 조금 더 알고 싶다면 이 부분의 내용이 도움이 될 것입니다.

놀랍게도 감정에 대한 이론은 학문적으로 아직 미성숙합니다. 심리학이 철학에서 과학으로 옮겨가는 과정에서 감정이 외면당했기 때문입니다.

과학이라면 객관적으로 관찰되고 검증 가능해야 하기 때문에 학계에서는 행동에 집중했던 것입니다. 그러다가 1960년대 후반부터 생각(인지)이 심리학에 포함되었고, 겨우 2000년대에 들어와서 뇌과학 연구에 힘입어 감정이 본격적으로 다뤄지기 시작했습니다.

그래서 감정, 정서, 느낌, 기분, 무드, 욕구 등 감정과 관련된 개념들이 중구난방입니다. 감정이 어떻게 발생되고 생각과 어떤 관련이 있는가에 대한 논쟁도 진행 중입니다.

참 아쉬운 점은 한국은 감정에 대한 방대한 이론 체계를 지녔는데도 그것이 외면되고 있다는 사실입니다. 조선 시대 500년 동안 진행된 삼대 논쟁은 다 감정에 대한 논쟁이었지만 그 방대한 논의가 거의 잊힌 수준입니다.

예를 들어 서양에서는 겨우 현대에 들어와서 알게 된 일곱 가지 기본 감정에 대한 논쟁을 우리는 퇴계 이황과 율곡 이이 때 칠정사단 논쟁으로 진작에 시작했습니다. 한국 화폐를 장식한 두 학자가 대를 이어 학파를 이루고 심지어 당파를 이루게 된 정도로 심오한 학문적 연구 토론이었습니다. 이제 우리의 지적재산을 보호하고 더 우수하게 발전시켜 나가면 좋겠습니다.

저는 심리학자가 아니지만 매우 오랫동안 감정선을 디자인하다 보니 감정에 대한 남다른 '감'이 좀 생겼다고 자부합니다. 여기에 소개되는 감정에 대한 이야기는 저의 독자적인 이론임을 밝힙니다. 제가 (사)감정코칭협회 2016년도 추계학술대회에 발표한 내용이 일부 포함되었습니다. 당연히 동서양의 연구 결과를 두루 참고한 결과입니다. 감정 이론을 먼저 소개한 후에 그것을 감정선 디자인과 연결해서 설명하겠습니다.

감정과 생각과 몸은 연결되어 있다

몸이 아프면 불편합니다. 아픔과 불편함이 느껴지면 혹시 문제가 아닐까 걱정됩니다. 걱정은 생각입니다. 생각이 미래에 대한 불안감을 자극하니 근심이 생깁니다. 신체와 인지와 정서가 서로 긴밀하게 연결되어 감정을 불러일으킵니다.

몸은 편한데 마음이 불편할 때도 있습니다. 누구를 미워하고 원망하는 것은 다 생각입니다. 걱정과 불안감과 공포감은 미래에 대한 생각을 동반하는 감정입니다.

생각할 상(想), 생각할 염(念), 생각할 사(思)자에 모두 마음 심(心)자가 들어 있습니다. 인지와 정서가 함께 어우러져 많은 감정을 만들어냅니다. 수치심, 죄책감, 초조함, 증오심 등은 생각이 없으면 발생하지 않는 감정들입니다.

몸과 마음은 편한데, 즉 사회적으로 성공하고 경제적으로 부유한데 뭔가 허무하고 무의미해서 살맛이 나지 않는 경우도 있습니다. 죽고 사는 문제는 영성의 영역입니다. 이처럼 영성과 인지와 정서가 어우러져 심오한 감정을 느끼게 하는 것입니다.

부정적 감정뿐 아니라 유쾌, 편안함, 즐거움, 통쾌, 고마움, 재미, 흥미, 기대감, 희망 등 긍정적 감정도 같은 과정을 거쳐 발생합니다. 여기서 긍정과 부정 감정이란 좋고 나쁜 기분을 가리킵니다. 옳고 그름을 뜻하지는 않습니다.

감정은 몸과 마음과 정신 상태를 반영한 결과물이자 원동력입니다. 자극에 자연스럽게 반응하는 현상입니다.

생각은 감정을 동반한다

생각은 상(像, 이미지)을 떠올리는 작업입니다. 어떤 이미지는 아무런 감정을 불러일으키지 않습니다. 예를 들어 숫자가 그렇습니다. 숫자 3을 떠올리면 별 감정이 생기지 않습니다. 물론 숫자 7같이 행운이라는 의미를 부여한 특별한 경우에는 기분이 좋을 수도 있겠지만 일반적으로 감정을 불러일으키지 않는 이미지들입니다.

그러나 감정을 유발하는 이미지도 있습니다. 예를 들어 어머니라는 단어를 들으면 각자의 어머니 모습[像]이 머릿속에 떠오릅니다. 그러면 사람마다 다른 감정을 만나게 됩니다. 어떤 사람은 미안함, 미움, 슬픔을 느끼고 또 어떤 사람은 그리움, 고마움, 푸근함이 떠오를 수 있습니다. 저는 생각[像] 중에 감정을 동반하는 생각을 상(想)이라고 지칭합니다.

그래서 '말'은 감정을 상하게도 하고 기분 좋게도 합니다. 화자의 '말'이 청자의 머릿속에 상(像)을 떠올리게 하고, 그 상(像)이 다양한 상(想)으로 연결되기 때문입니다. 강사는 본인이 의도적으로 전하고 싶은 생각만이 아니라 그 생각에 동반되는 감정마저 의도한 대로 전달될 수 있도록 단어 선택을 잘해야 합니다. 그리고 말 내용과 함께 비구어적 측면인 목소리 톤과 억양 등도 의식하고 조정해야 합니다.

감정이 움직임으로 이어진다

감정은 행동의 원동력이 될 수 있습니다. 영어 'emotion'은 '움직임이 밖으로 나오다'라는 의미로 이를 잘 표현해 줍니다. 표정은 감정이 표출된 것입니다. 본래 표정은 자세에도 나타나지만 일반적으로 얼굴 근육의 미세한 움직임을 뜻합니다. 표정은 매우 위력적인 소통 방식입니다. 감정을 전달하고 감정에 동반된 무의식적인 생각마저 전달합니다. 그러니 강사는 표정도 관리해야 합니다. 도박사처럼 포커페이스를 유지하라는 뜻이 아닙니다. 강의에 도움이 되는 표정을 지을 수 있도록 몸과 마음과 정신 상태를 유지하라는 뜻입니다.

표정과 인상은 다릅니다. 이를 구분하는 방법이 있습니다. 원래 인상(人相, appearance)이란 몸, 특히 얼굴에 그려진 모습입니다. 그러니 둘 다 얼굴에 나타난 모습이긴 하지만 표정은 겉으로 자연스럽게 표출된 내적 감정 상태인 반면, 인상은 생각으로 인하여 인위적으로 얼굴에 그려낸 감정 표현이라고 할 수 있습니다.

예를 들어 정말로 화가 나면 그 감정이 얼굴 근육을 움직여 얼굴이 일그러집니다. 이건 표정입니다. 그러나 화가 많이 났음을 강조하거나 화난 척하기 위해 일부러 얼굴을 험상궂게 만들 수도 있습니다. 이건 인상을 쓰는 것입니다.

표정은 매우 자연스럽게 본능적으로 감정 상태가 반영된 것인 반면, 인상은 생각을 반영한다고 말할 수 있습니다. 그러나 일정한 감정과 생각이 오래 지속되어 얼굴에 그 상태가 각인된 모습도 인상이라고 합니다. 그러니 인상은 그 사람이 살아온 마음과 정신 상태를 잘 보여준다고 할 수 있습니다. 그래서 예전부터 '인상을 펴라' '인상 쓰지 마라' '인상은 험해도 마음은 착해요'란 말들이 있나 봅니다.

얼굴에는 총 43개의 섬세한 근육이 있어 다양한 표정을 만들 수 있습니다. 우리가 이 근육을 의도적으로 컨트롤하기는 불가능합니다. 그래서 우리가 느끼는 미세한 감정마저 표정에 고스란히 나타나게 되는 것입니다.

의도적으로 하는 몸짓(body language)도 있습니다. 감정이 아니라 의도가 표현되어 상대방에게 전달되는 것입니다.

일부러 표정을 지으면 무언가 어색해 보입니다. 왜냐하면 표정은 여러 개의 근육이 동시에 움직여져야 하는데 의도적으로 움직일 수 있는 근육은 그리 많지 않기 때문입니다. 예를 들어 미소를 짓는 데는 열일곱 개의 얼굴 근육이 움직입니다. 하지만 우리는 그렇게 많은 근육을 의도적으로 제어하지 못합니다. 그래서 억지 미소가 부자연스러워 보이는 것입니다.

강한 감정과 깊은 감정

강한 감정과 깊은 감정은 우리가 흔히 사용하는 표현입니다. 강한 감정은 쉽게 이해됩니다. 다들 어느 한 가지 감정이 약할 때와 강할 때의 차이를 느껴봤으니까요. 예를 들어 약간 슬플 때는 기분이 조금 처지는 정도지만 그 감정이 강할 때는 얼굴이 일그러지고 가슴이 미어지고 눈물도 나고 '엉엉' 우는 소리까지 납니다. 이 차이는 모두가 보고 듣고 느낄 수 있습니다. 강약은 스펙트럼입니다.

그러나 슬픔이 깊다는 것은 무슨 뜻이며 어떤 모습일까요? 과연 깊은 슬픔에 나타나는 모습은 강한 슬픔과 다를까요? 너무 깊은 나머지 가물가물 보이지 않아서 감을 잡기 어렵습니다.

'강한 감정'이란 표현에서 '강한'은 감정의 크기 또는 질감 등 성질을 나타내는 형용사입니다. '깊은 감정'이란 표현에서 '깊은'은 형용사 형태로 사용되었지만 사실은 감정이 발생하는 기점을 나타내는 부사로 보면 좋습니다. 위치를 가리키는 '깊은'에는 '곳'이 있어야 합니다. 여기서는 아마도 '마음'이라는 곳이 암시된 게지요. 즉, '깊은 감정'은 '표면이 아니라 마음속 깊은 곳에서 우러나오는 감정'을 줄인 말입니다. '우러나온다'는 말은 그것이 우리 안에 이미 존재하고 저장되어 있음을 전제합니다.

반응하는 감정과 저장된 감정

감정은 두 가지 경로로 발생됩니다. 바로 '반응하는 감정'과 '저장된 감정'입니다. 태생이 다른 두 종류의 감정입니다.

예를 들겠습니다. 운전을 하고 있는데 갑자기 다른 차가 끼어들면 깜짝 놀랍니다. 심장이 두근거리고 혈압이 확 올라갑니다. 생명을 위협한 행동에 화가 강하게 납니다. 놀람과 화는 외부 자극에 대한 신체적·본능적·동물적 반응입니다. 교감자율신경계가 순간적으로 활성화된 상태입니다. 그러나 안전하다는 사실에 곧바로 안도하고 언제 그랬냐는 듯 강한 감정이 금방 수그러들고 그냥 가던 길을 갑니다.

그러나 어떤 경우에는 화가 계속 납니다. 사고가 나지도 않았고 끼어든 차는 이미 시야에서 사라졌는데도 씩씩거립니다. 무시당한 것 같아 심한 모욕감을 도저히 참지 못합니다. 사과 한마디 없는 행태가 밉고 괘씸합니다. 무법자는 쫓아가서 응징해야 한다는 정의감에 불탑니다.

이러한 모욕감, 미움, 정의감 등은 동물적인 반응적 감정이 아닙니다. 이런 감정은 이미 내 마음속에 저장되어 있던 감정들입니다. 1초 동안 벌어진 일은 안전하게 종결됐지만 이로 인하여 내 안에 있는 저장된 감정들이 건드려지고 사후에도 계속 흐르는 것입니다. 여러 번 무시당한 경험이 있거나, 용서하기 어려운 과오의 대상이 있거나, 부당한 대우를 받은 적이 있는 경우에는 강하고 깊은 감정을 만나게 됩니다. 이런 감정을 우리는 트라우마 후유증이라고 합니다.

지속된 스트레스의 후유증은 호르몬계의 작동이며 호르몬은 한번 분비되면 피에 녹아 들어가서 온몸을 돌아다닙니다. 스트레스 호르몬의 반감기는 약 4시간입니다. 그래서 저장된 감정은 오래 지속됩니다.

292

부정적 감정이 우세하다

인간은 불편, 불쾌, 불안감, 공포감을 유발하는 외부 자극에 매우 민감하게 반응합니다. 생존을 위한 본능적인 장치입니다. 긍정적인 감정은 그냥 느끼면 될 뿐 어떤 조치도 취할 필요가 없습니다. 그러나 부정적 감정을 느끼게 하는 자극은 생명에 위협이 될 수 있으므로 재빨리 알아차리고 그 자극으로부터 도망가거나 싸워 이겨서 자극을 없애버려야 합니다.

그래서 강사가 청중이 즐거움과 행복감과 희망을 느끼도록 하기는 어렵고, 부정적 감정을 유도하는 것은 상대적으로 쉽습니다. 그래서 정치인들이 네거티브 선거를 하지 않겠다는 약속을 지키기가 어려운 것입니다. 사람들이 희망을 가지도록 만들기보다는 분노하고 두려워하게 만드는 것이 상대적으로 쉽기 때문입니다. 여러분은 부디 청중이 강의 마무리에서 긍정적인 감정을 만나도록 노력하길 바랍니다.

6 장

강의 실전

임팩트 있는 강의를 위한 설명의 기술

1

주의력 대신
상상력을 장악하라

시대에 따라 스토리텔링 기술이 달라집니다. 제가 어릴 적에는 나무 그늘 아래에서 책을 읽었습니다. 집 마당에 큰 나무가 있어서 둥치에 기대고 책을 읽는 기분이 참으로 좋았습니다. 집 밖에서 읽은 책은 방 안에서 읽을 때와는 너무나 다른 느낌으로 남았습니다.

제가 고등학생일 때 톨스토이의 『전쟁과 평화』를 읽었습니다. 한 손으로 들기 버거울 정도로 두꺼운 책이었습니다. 책을 다 읽는 데 시간이 얼마나 걸렸는지는 기억이 나지 않습니다. 아마 꼬박 보름 정도 걸리지 않았을까 싶습니다.

책을 읽는 내내 글이 묘사한 모든 상황과 모습을 머릿속에서 나름대로 상상했습니다. 나중에 알고 보니 완전히 엉터리로 상상한 것도 있고 여기저기서 보고 들었던 내용들이 더해져서 엇비슷하게 머릿속에 그려낸 것도 있었습니다. 예를 들어『전쟁과 평화』에 등장하는 러시아 상류층 생활 모습을 상상한 것은 완전히 엉터리였습니다. 하지만 나폴레옹 군대와 전쟁하는 모습은 어느 정도 현실적이었습니다. 역사책에서 나폴레옹 그림과 그 시대의 전쟁을 담은 삽화를 많이 봤기 때문입니다.

우리는 기억을 회상하고 연상시키며 부족한 부분을 상상하면서 책 내용을 재구성하여 자신만의 독서 경험을 만들어냅니다. 그래서 열 명이 책을 읽으면 열 개의 스토리텔링이 만들어집니다. 여유로운 책 읽기에서는 상상만 자유로운 게 아니라 감정도 만납니다. 사색하고 성찰하고 판단하는 이성적 여유만이 아니라, 느끼고 음미하고 감동하는 정서적 여유도 있었습니다.

강의도 같습니다. 강사의 의도와는 달리 청중은 각자의 기존 지식 안에서 강의 내용을 소화해 내고 의미를 발견하게 됩니다. 그래서 명강사는 청중의 수준을 알아보고 그 수준에 맞춥니다. 매번 같은 주제와 내용을 다루더라도 청중에 따라 깊이와 넓이를 조정합니다. 논리를 조리 있게 전개해 나가는 정도를 선택합니다.

또한 강사는 억양과 표정과 제스처를 통해 열정을 전달하고 호기심을 자극합니다. 또한 청중의 심정을 건드려서 내면의 감정 세계를 만나게 돕습니다. 청중은 강사의 슬프거나 기쁜 이야기에 동감하기도 하지만 본인의 슬픔과 기쁨으로 연결하여 서로 공감대를 이루기도 합니다.

그러나 이 모두가 옛날이야기입니다. 이제는 청중이나 강사나 이렇게 여유를 지니며 정보와 지식을 나누고 정서적으로 조율하는 시대가 아닙니다. 아무리 재미있어도 느긋하게 천 쪽이 넘는 장편소설을 읽는 시대는 지났듯이 한 시간 강의를 일부러 들으려는 청중은 많지 않습니다.

짧아지는 주의력

언택트 시대는 한 가지 주제에 깊숙이 들어가는 게 아니라 5분이나 10분 정도 온라인 강좌가 대세입니다. 이는 게릴라 콘서트와 플래시몹에 익숙해진 세대에 적격입니다. 말초 신경을 자극하고 과잉 감정을 주입하는 시청각 메시지가 흔합니다. 노골적으로 화면에 청중이 어떤 감정을 얼마만큼 느끼고 반응해야 하는지를 자막으로 또는 음향효과로 알려주기도 합니다. 청중은 이러한 '지시'에 익숙해져서 본인도 모르는 사이에 반응하고 순응합니다.

본래 강의란 청중들에게 새로운 알아차림과 깨달음을 주기 위한 것이었지만 어느새 예능화되고 또하나의 엔터테인먼트가 되고 있습니다. 강의는 힐링과 희망이어야 하는데, 너무 자주 순간적 희열만 주거나 달콤한 유혹으로 끝납니다.

다 이유가 있습니다. 최근 통계를 보면 사람은 하루 평균 독서에 23분, 신문 읽기에 30분, 라디오 듣기에 1시간, 스마트폰 사용에 1시간 50분, 텔레비전 시청에 3시간 9분, 컴퓨터 사용에 3시간 18분을 사용한다고 합니다. 총 10시간 이상 미디어에 노출되고 있는 것입니다. 먹고 자고 씻는 기본적인 생활에 소요되는 시간을 제외하면 남는 시간이 별로 없습니다. 그동안 엄청난 양의 메시지를 접하고 있습니다. 결과적으로 접하는 정보와 지식에 대해서 스스로 생각할 시간이 없습니다.

누가 메시지를 만들고 보냈는지, 어떻게 나의 주의력을 끌었는지 알아차릴 시간이 없습니다. 과연 다른 관점이 존재하는지, 어떤 가치관이 내포되었는지를 분석하고 고민할 여유가 없습니다. 왜 그 메시지를 보냈는지에 대해서도 생각할 겨를이 없습니다. 메시지를 리트윗하고 퍼 나르기 바쁩니다. 그래서 무엇이 사실이고 거짓인지 알기 어렵고, 그저 즉각적인 반응만 하게 됩니다. 결국 자유를 상실하고 남의 조종을 받는 꼭두각시가 됩니다. 그리고 성장이 정체되고 맙니다.

상상력을 자극하기

제가 좋아하는 심리학자 빅터 프랭클은 "자극과 반응 사이에 여지가 있다. 반응을 선택할 수 있는 우리의 능력이 존재하는 곳이다. 그 능력에 우리의 자유와 성장이 있다"라고 했습니다.

성장은 새로운 자신을 창조한 결과입니다. 자유와 성장은 상상력의 세상입니다. 우리는 이제 청중의 상상력을 자극해야 합니다. 그래야 그들의 주의력을 얻을 수 있습니다.

언택트 시대 전에는 청중의 주의력을 강사가 독차지했습니다. 이후에는 강의 내용물을 스크린에 넣는 바람에 강사와 스크린이 청중의 주의력을 나눠 가졌습니다. 이제는 강사마저 아예 스크린 안으로 들어갔다고 여기면 됩니다. 그래서 청중은 이제 다시 한곳만 주시하면 됩니다. 다행히 한곳을 보는 것은 현대인들이 좋아하는 포맷입니다. 그 시끄럽고 번잡한 지하철에서 거의 모든 사람들은 스마트폰에 열중합니다. 대단한 주의 집중력을 발휘합니다.

그러니 언택트 시대에는 분명히 장점도 있는 셈입니다. 강사가 청중의 상상력을 자극하기 위한 새로운 기술을 도입하고 예전 기술을 좀더 정교하게 활용하면 됩니다. 여기에서는 제가 애용하는 스토리텔링 테크닉 일곱 가지를 소개하려고 합니다. 청킹, 순서, 사례, 비유, 비교, 대칭, 유머가 그것입니다.

2

청크로 나누어
전달하라

청중의 주의력이 짧아졌다는 사실이 슬프지만, 그 현실을 수용합니다. 그래서 더 이상 한 시간 강의를 예전같이 '큰 줄기와 여러 작은 줄기로 서로 엮여나가는' 장편소설 구조로 이어가지 않습니다.

청중과 한 장소에서 함께 숨 쉴 때는 제가 서 있는 위치, 몸동작, 말하기와 보여주기 등 시청각의 활용도, 청중과 상호작용하는 방식의 변화 등으로 강의를 '박진감 있게 진행되는' 다막극으로 만들어나갈 수 있습니다. 그러나 스크린을 통해서만 청중을 만날 경우에는 이러한 방식의 다막극 장치가 여의치 않습니다. 그래서 저는 강의를 6~7청크(chunk)로 나눠서 진행합니다.

교육학 용어인 청크는 기억단위를 뜻합니다. 인간의 단기기억의 용량에 대한 연구에 의하면, 인간은 정보를 낱낱이 기억하는 게 아니라 의미 있는 덩어리로 집합해서 기억하는데, 한 번에 대략 다섯 덩어리에서 아홉 덩어리를 소화해 낼 수 있다고 합니다. 그 덩어리를 '청크'라고 합니다.

각 청크는 10분 이내로 진행하고 하나의 스토리텔링 테크닉을 담습니다. 그래야 청크마다 새로운 스토리처럼 보여서 청중들의 관심사와 주의력을 잡아둘 수 있기 때문입니다. 비록 표면 위로는 토막 난 것처럼 보이

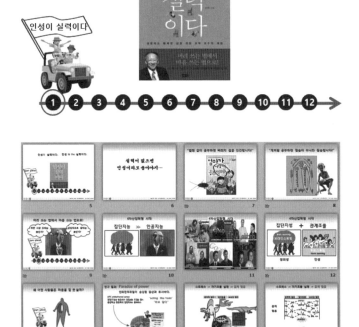

그림 6-1 청크의 첫 슬라이드와 청크 구조

지만 표면 밑으로는 하나의 큰 흐름으로 이어지게 해서 다들 목적지에 도달하게 합니다.

최근에 제가 대학생 대상으로 준비한 2시간 특강 사례가 있습니다. 대학생들이 책을 읽은 후에 저자의 강의를 온라인으로 듣는 교양 수업이었습니다. 학생들은 『인성이 실력이다』라는 책을 읽었습니다. 저는 총 열두 개 청크로 나눠진 강의를 두 시간에 걸쳐 진행했습니다. 마치 학생들과 열두 곳을 거쳐 가는 사파리 여행을 연상시키는 슬라이드를 만들었습니다. [그림 6-1]을 보면, 각 청크의 첫 슬라이드에 현재 우리가 어느 지점에 와 있는지를 알려주고 있습니다.

실은 작년에 같은 강의를 했을 때도 똑같은 콘텐츠를 사용했습니다. 그때는 콘텐츠를 이처럼 토막 내지 않았고 하나의 긴 스토리처럼 진행했습니다. 그러나 이번에는 온라인이라는 특성 때문에 좀 다르게 구성한 것입니다.

보시다시피 각 청크는 하나의 주 아이디어를 소개하고, 내용이 전개되는 방식으로는 비유, 사례, 대칭이라는 스토리텔링 장치가 하나 내지 두 가지 정도만 활용되었습니다. 상당히 간단한 구조입니다.

3

정리정돈해서
순서대로 전달하라

공부 못하는 사람들이 자주 하는 말이 있습니다. 시험 보고 난 다음에 '아, 이거 알았었는데'라는 것입니다. 알았는데 시험 볼 때만 기억 못 했다는 말입니다. 틀린 말이 아닙니다. 변명이나 억지가 아니라 정확한 과학적 표현입니다.

인간의 두뇌에는 자신이 듣고 본 것과 체험한 것들이 모두 저장되어 있습니다. 그런데 공부 못하는 사람들은 그 내용이 머릿속에 엉망진창으로 들어가 있습니다. 그래서 필요할 때 기억해 내지 못하는 것입니다. 마치 방 안에 물건들이 다 들어 있는데 사방팔방 어질러져 있다면 필요한 물건을 찾지 못하는 것과 마찬가지입니다. 결국 쓰레기와 다를 바 없어집니다. 물건은 정리정돈되어야 가치가 있습니다.

좋은 강사는 청중에게 새로운 이야기를 그대로 전달하는 데 그치지 않습니다. 정리정돈해서 전달해 줍니다. 또는 청중의 머릿속을 정리정돈해 줍니다. 정리정돈의 방법에는 네 가지가 있습니다. 이에 맞춰서 강의를 준비하면 효과적인 강의를 할 수 있습니다.

네 가지 정리법

어떤 원칙이나 규칙으로, 순서대로 정리되거나, 분류되거나, 짝을 이루면서 정리되는 것이 정리의 원칙입니다. 강의법을 예로 들어보겠습니다.

흔히 강의법 안내서를 보면 강의 잘하는 팁들을 나열했습니다. 이 책에 나오는 팁을 그런 식으로 나열하면 이백 개는 족히 넘을 것입니다. 하나하나를 읽을 때는 다 의미 있고 재미있을 수 있지만 다 읽은 후에는 팁들이 뒤범벅되어 막상 강의하려고 하면 어떤 팁을 언제 어떻게 적용해야 할지 막막할 것입니다. 그래서 저는 그냥 나열하지 않았습니다. 규칙에 의해서 순서를 정하고 분류하고 짝을 지었습니다.

첫째, 강의법을 세 가지 기본으로 분류했습니다. '강의 기준, 강의 기술, 강의 준비'처럼 시간의 흐름이라는 규칙에 따른 분류입니다.

둘째, 총 여섯 개의 강의 기준을 짝을 이루는 세 세트로 분류하였습니다. 전문성과 친밀성, 안정성과 열성, 진정성과 창의성을 짝지었습니다. 아무렇게나 짝지은 게 아니라 한 짝은 스케일을, 다른 짝은 스타일을 나타낸다는 규칙을 적용했습니다.

셋째, 강의 기술도 여섯 가지 영역으로 분류했고, 청중의 입장에서 잘 보이는 순서로 나열했습니다. 마지막 영역인 '강의 구성'은 워낙 커서 별도로 다루었고 콘텐츠 디자인과 감정선 디자인으로 분류했지만 작사와

그림 6-2 콘텐츠 정리법

작곡 같은 개념으로 짝지어주었습니다.

모세는 열 가지 계명을 들고 강의했습니다. 공자는 자신의 사상을 삼강오륜으로 구분해서 강의했습니다. 부처는 사성제와 팔정도를 설파하였습니다. 간결한 게 최고인 듯싶습니다.[•]

그러나 설명하고자 하는 복잡한 현상을 간략하게 구성하면 청중들이 오해할 수 있다는 단점이 있습니다. 예를 들어 강의 기술의 여섯 가지 영역은 서로 배타적인 영역이 아닙니다. 목소리도 사실상 성대와 입과 혀의 움직임이며, 온몸이 울림통이어서 배에 힘을 주고 호흡하는 행동과 밀접

• 초보 강사는 청중이 소화할 수 있도록 보여준다.
  경력 강사는 청중이 소화할 수 있는 만큼 보여준다.

306

하게 연계되어 있습니다. 그러니 몸동작과 목소리는 겹치는 부분이 많습니다. 하지만 그 복잡함을 일일이 다 설명할 필요가 없습니다.

그런데 청중 중에는 복잡한 것을 좋아하는 사람도 있습니다. 단순한 것을 체질적으로 거부하는 사람들이 있습니다. 이런 청중에게는 여유를 가지고 차근차근 복잡함을 조금씩 보여준다면 좋은 강의가 됩니다. 강사는 모든 청중을 100퍼센트 만족시키려고 하는 욕심을 버려야 합니다. 그러면 병듭니다.

그다음을 상상하게 만들기

강사가 강의 내용을 순서로 나열하거나, 짝으로 소개하거나, 분류해 설명할 때 청중은 그다음을 상상하게 됩니다. 예를 들어 강의법을 분류하는 데 세 가지 방법이 있다고 소개한 후에 '강의 전'과 '강의 중'을 언급하면 청중은 자연스럽게 '강의 후'를 생각하게 됩니다.

내용을 짝으로 소개할 때도 상상력을 자극합니다. 전문성은 친밀성과 짝을 이룬다고 소개한 후에 안정성을 언급하면 청중은 당연히 어떤 짝이 나올까 기대하게 되고, 심지어 스스로 짝을 생각해 볼 것입니다.

청중의 예측이 맞을 수도 있고 틀릴 수도 있습니다. 맞으면 기쁘고 틀리더라도 청중 입장에서는 당연한 일입니다. 중요한 것은 강의가 하나의 게임처럼 청중의 호기심과 도전 욕구를 자극하여 상상력을 동원시킨다는 점입니다.

4

풍부한 사례로
이해를 돕는다

흔히 강의에는 사례가 사용됩니다. 특히 이론을 설명하면서 현장 또는 실제 사례를 언급하면 청중이 이론을 이해하는 데 크게 도움이 됩니다. 풍부한 사례는 전문성을 확보하는 데에도 필요합니다. 청중이 친숙한 상황에 대한 사례를 이야기하면 친밀성마저 확보하게 됩니다.

사례는 이야기입니다. 이야기는 시대를 막론하고 상상력을 동원합니다. 사례에는 인물이 등장하고, 플롯, 상황, 배경이 있고, 기승전결이 있지요. 스토리텔링을 할 때에는 강사가 등장인물의 말투를 어느 정도 흉내 내고 몸짓을 따라 하게 됩니다. 구어적으로나 비구어적으로 감정 상태를 반영하는 것입니다. 즉, 드라마를 연출합니다. 그래서 사례를 사용하면 자연스럽게 청중은 이 모든 것을 머릿속에서 상상으로 재현해 냅니다.

짧지만 핵심 메시지가 담긴 사례

제가 소통에 대한 특강을 할 때 사용하는 사례 중 하나를 소개합니다. 제가 설명하는 말을 그대로 옮겨보겠습니다. [ ] 안에는 제 몸짓과 감정 상태를 표시했습니다. 볼드체는 말을 할 때 강조한다는 뜻입니다.

소통의 핵심은 경청과 공감이라고 하지요. 경청은 흔히 **잘~** 듣기, **귀담아** 듣기, **온 마음을 다해서** 듣기 등이라고 하잖아요. 그러니 그냥 듣기가 아니라 플러스알파(+α)가 있는 건 분명합니다!!! 그러나 그 플러스알파가 너무 추상적이어서 구체적으로 무엇을 해야 하는지 전혀 도움이 되지 않네요.

귀담아듣기…… 흠, 귀로 듣지 않는 방식이 있다는 뜻인가요? '**잘 듣기**'라 하면 도대체 어떻게 해야 '잘' 하는 것인지 설명이 없으니 참 답답합니다.[ㅎㅎ] 저는 이 문제를 해결했어요!!! 저는 다음 방정식을 사용합니다.

경청 = 듣기 + 알게끔 함 + 조율함

즉, 플러스알파는 말을 잘 듣고 있음을 상대방이 알게끔 알려주는 것입니다. 상대방에게 시선을 주고, 고개를 끄덕이거나, 추임새를 넣어서 '내가 당신에게 집중하며 당신의 말을 듣고 있노라'고 확인해 주는 것입니다. 그러니까 경청은 일방적으로 듣는 행동이 아니라 적극적으로 소통하는 것입니다. 듣고 난 후에 말하는 순차적 대화가 아니라 듣는 중에도 상대방에게 자신이 듣고 있음을 알려주는 동시다발 쌍방적 소통입니다.

훌륭한 경청의 예를 들어보겠습니다. 제 아내의 어릴 적 이야기입니다. 제 아내, 그러니까 조그마한 어린아이가 밖에서 놀다가 집에 들어가서 아버지에게 말을 걸면 아버지는 보시던 텔레비전을 탁! 끄고 어린 딸의 말을 들으셨답니다. [이때 저는 몸을 앞으로 기울이면서 손으로 다이얼을 돌리는 시늉을 합니다.]

조작하려면 리모컨이 없고 버튼 식도 아니라 동그란 다이얼을 돌려야 했던 구식 텔레비전 시대의 향수를 자극합니다. 그래야 감성을 자극하는 스토리텔링이 완성됩니다.

제가 이 사례를 언급하면 청중은 예외 없이 '와!' 하며 놀라는 모습이 역력합니다. 옆 사람들하고 감탄사를 주고받습니다. 무슨 말을 하는지는 몰라도 아마 '너무 감동적이야, 얼마나 좋았을까, 역시 그 아버지에 그 딸이네'란 말이 나왔을 법합니다.

청중은 깊이 감동합니다. 그러나 감동에서 끝난다면 그냥 좋은 스토리일 뿐입니다. 청중은 경청이 일방적 듣기가 아리나 동시다발적·쌍방적 소통임을 확실히 터득하게 됩니다. 핵심 이론을 명료하게 만들어주기 때문에 좋은 사례가 됩니다.

사례에 대한 '소통 특강 사례'는 거의 한 쪽 분량이었습니다. 그 사례 안에서 사용한 '아버지의 경청 사례'는 세 줄짜리 짧은 문장으로 이루어졌습니다. 사례가 긴 이야기일 필요는 전혀 없습니다. 핵심 메시지가 드러나면 충분합니다.

잘못된 사례 세 가지

저는 잘못된 사례를 흔히 봅니다. 사례가 재미있기는 한데 강사가 무슨 포인트를 이야기하려는지 잘 이해가 안 되는 경우입니다. 사례가 잘못

되는 세 가지 경우가 있습니다.

첫째는 사례가 너무 빈약한 경우입니다. 강사가 맥락을 뛰어넘거나, 충분한 설명이 없거나, 엉성하게 구성된 경우가 이에 속합니다. 그러면 청중이 사례를 따라가기가 어렵습니다.

특히 강사가 자신의 이야기를 할 때 이런 문제가 자주 발생합니다. 강사는 이야기의 전후가 머릿속에 훤합니다. 본인은 앞뒤 맥락을 다 알지만 청중이 무엇을 알고 모르는지에 대한 알아차림이 없습니다. 어떤 말을 포함시켜야 청중이 내 이야기를 따라올 것인지를 전혀 의식하지 않고, 자신한테 재밌거나 중요한 이야기 위주로 하기 때문에 청중이 따라오지 못하는 것입니다.

이런 사례들은 흐름이 매끄럽지 않습니다. 전후 맥락이 생략되기 쉽습니다. 하지만 사례 자체가 하나의 스토리입니다. 사례 하나에도 앞서 설명된 콘텐츠와 감정선이 잘 디자인되어야 합니다.

두 번째는 사례가 너무 장황한 경우입니다. 핵심만이 아니라 온갖 부차적인 디테일을 다 이야기합니다. 청중은 듣다가 지쳐버리고 끝나기를 바랍니다.

이런 일이 벌어지는 가장 큰 이유는 디테일이 강사 자신한테는 다 의미심장하기 때문입니다. 마치 집에 많은 물건들이 있는데 남한테는 잡동사니지만 주인한테는 하나하나에 다 추억이 있고 의미가 있기 때문에 버리지 못하고 애지중지 보듬고 있는 것과 마찬가집니다. 강사가 사례를 이야기할 때는 부차적인 디테일은 과감하게 빼버려야 합니다. 기억나시지요? 콘텐츠 디자인을 잘 하려면 '더하기와 빼기'를 잘해야 한다는 것을요.

세 번째 경우는 조금 다릅니다. 사례를 말하다가 자꾸 곁가지 이야기를 하는 경우입니다. 청중은 곁가지 이야기를 듣다가 본래 사례 이야기가 무엇이었는지 기억이 나지 않습니다. 무슨 메시지(이론)를 던지자고 이야기(사례)를 하는지 헷갈립니다. 마치 여행 가이드가 큰길을 걷다가 샛길로 들어갔다 나왔다 하면 따라가던 여행자는 가이드를 놓치기 쉬운 것과 같습니다. 청중은 목적지에 가지 못하고 골목에서 헤매는 셈입니다. 이런 일은 도대체 왜 벌어지는 것일까요?

강사는 샛길로 들어가도 편안합니다. 강사의 머릿속에는 지도가 그려져 있기 때문입니다. 언제든지 다시 큰길로 되돌아 나와서 목적지를 향할 수 있습니다. 그러나 청중의 머릿속에는 지도가 없습니다. 샛길로 자주 들어가면 청중은 헤맬 수 있고, 삼천포로 빠질 수도 있습니다. 그러나 강사는 자신이 편하다고 청중도 편할 것이라 착각하는 것입니다.

세 경우 다 강사가 자기중심적인 생각에 빠져 있고 청중의 입장을 고려하지 못했다는 반증입니다. 청중이나 강의의 핵심과 무관하다면 애초에 꺼내지 말아야 합니다. 자신한테 아무리 이야기가 재밌고, 신나고, 즐겁고, 의미가 있다고 하더라도 아까워하지 말고 과감하게 버리세요.

명료하고 신뢰할 수 있는 사례를 만들기 위해

청중들에게 명쾌하고 명료한 사례를 보여주고 싶다면 글로 적어보세요. 생각만 할 때는 실수하기 쉽습니다. 그러나 글로 쓰인 글은 재차 읽으면서 설명하고자 했던 이론(메시지)이 제대로 부각되었는지를 살펴볼 수 있습니다. 이론이 충분히 들어 있다면 사례를 더 재밌고 흥미로우며 청중들이 좋아하도록 만드세요.

풍부하려면 먼저 쓸데없는 것을 빼서 여지를 확보해야 합니다. 먼저 뼈대를 갖추고 살을 붙이십시오. 그래야 모양새가 나옵니다. 뼈대만 있으면 일단 흉하고 맛이 없고 메말라 있기만 합니다. 그래서 충분히 살을 붙이고 양념도 살짝 뿌려야 합니다. 뼈와 살에 양념이 조금 들어 있는 갈비구이와 같아야 합니다. 인공 조미료를 쏟아 붓거나 과대 포장하지 않도록 자제해야 합니다.

매번 똑같은 사례를 재사용하면 부패한 냄새가 날 수 있습니다. 강사가 한 말이 꾸며진 이야기 또는 지어낸 이야기처럼 들리면 강사에 대한 신뢰에 큰 흠집이 생깁니다.

그렇다면 사례에 신뢰성이 있게 만들기 위해서는 무엇을 해야 할까요? 어떻게 진정성을 확보할 수 있을까요?

당연히 있는 그대로 이야기해야 합니다. 그리고 이야기할 때는, 특히 자기 사례를 이야기할 때는 '나눔'이라는 개념으로 다가가야 합니다. 내 이야기를 남에게 준다고 해서 그 이야기가 사라지는 것은 아닙니다. 그것은 그냥 '나누는' 것입니다.

'나눔'은 '배려함'을 뜻합니다. 청중들에 대한 배려입니다. 내가 말하고자 하는 메시지를 더 잘 이해할 수 있도록 배려하는 것입니다.

다시 음식을 준비한다고 가정해 봅시다. 갈비구이처럼 음식이 평범하면 더 많은 사람들이 좋아할 것입니다. 그런데 아주 예외적이고 특별한 사례를 언급한다면, 새롭고 신선하고 희귀하기 때문에 청중이 주의를 집중할 수 있습니다. 하지만 친밀성은 떨어집니다.

예를 들어 제가 갈비구이 대신 원숭이 머리 요리를 언급했다면 어땠을까요? 분명히 특별하니까 기억에는 남을 것입니다. 하지만 선뜻 숟가락이 가거나, 맛있게 먹더라도 잘 소화되지는 않을 것 같습니다. 그래서 사례는 특별한 경우를 빼고는 평범한 것을 이야기하는 것이 가장 좋습니다.

두 가지 사례 접근 방식

사례는 크게 다음과 같은 두 가지 방식으로 접근합니다.

① 이론을 먼저 설명한 후에 사례로 구체화함
② 사례를 이야기하다 보니 이론이 자연스럽게 펼쳐짐

첫 번째 방법이 가장 흔하고 우리에게 익숙한 방법입니다. 학교 다닐 적에 선생님께서 이론을 설명하신 후에 예시, 본보기 또는 예제를 보여 주었기 때문입니다.

두 번째 방법은 사례를 먼저 이야기하되 핵심이 저절로 드러나게 하는 것입니다. 청중의 입장에서는 전혀 예상치 않은 결론에 도달하니까 뭔가 극적이고, 머리를 탁 치게 하는 효과를 얻을 수 있습니다. 그러나 이것은 첫 번째 방법보다 조금 더 어렵습니다.

각 방식에 대한 사례를 소개하겠습니다. 첫 번째 방식의 사례는 제가 한국의 명문대학 10곳의 입학처장들과 입학사정관이 모인 워크숍에서 한 기조강연입니다. 저는 우리 대학이 세 가지 실력을 갖춘 인재를 추구해야 한다고 강조했습니다. 그 세 가지 실력을 '자기조율, 관계조율, 공익조율'이라고 규정하고, 그 이유를 설명했습니다. 그리고 그런 인재상을 추구하는 세계적인 대학의 사례로 하버드대학을 꼽았습니다.

백문이 불여일견이라고, 하버드대학 입학처 홈페이지를 스캔해서 보여 주었습니다. 세 가지 실력을 매우 구체적이고 실질적으로 표현한 자료였습니다. 우연의 일치라고 치부할 수도 있다는 이유 때문에 스탠퍼드대학, MIT의 입학처에 실린 내용도 스캔해서 추가 사례로 제시했습니다. 이처럼 '막강한' 사례는 제 이론을 뒷받침하는 증거물이 되어주었습니다.

하버드대학과 스탠퍼드대학은 예외적이고 특별한 곳이지요. 하지만 한국의 명문대가 벤치마킹하는 대학이라는 점에서 희귀한 사례는 아닙니다. 오히려 지극히 평범한 사례입니다. 그런 평범한 사례를 자신들이 미처 모르고 있었다는 점에서 관계자들은 다소 충격을 받았습니다.

두 번째 방식은 흔하지 않습니다. 그러나 특별하게 사례 중심으로 특강을 한 적이 있습니다. 교육부가 진행한 수석교사 연수에서 한 강의였습니다. 수석교사의 역할 중에는 다른 교사의 수업을 관찰하고 조언해주는 수업 컨설팅이 포함되어 있습니다. 제가 수석교사 시범사업을 할때 수석교사 전원에게 특강을 했고, 수년 후 다시 전원에게 여러 회기에 걸쳐 수업 컨설팅하는 기술에 대해 특강을 하게 되었습니다.

만약에 제가 수업 컨설팅의 이론부터 설명하기 시작했다면 수석교사들 중 다수는 지루해했을 것입니다. 그들은 수업 컨설팅에 일가견이 있다고 자타가 공인하는 전문가들이기 때문입니다. 그래서 저는 강의 도입부터 EBS 다큐프라임 교육대기획 〈우리 선생님이 달라졌어요〉에서 시범을 보인 수업 컨설팅 사례로 시작했습니다.

수업 컨설팅 붐을 일으킨 다큐멘터리여서 거의 모든 수석교사는 한 번은 시청했을 것이며 다수는 수차례 시청했다는 것을 압니다. 그래서 저는 이 다큐멘터리의 '비하인드 스토리'를 들려주는 식으로 강의를 전개해 나갔습니다. 당연히 수석교사들의 호기심을 유발했습니다. 명화를 열 번이나 관람했더라도 영화감독이 직접 제작 과정을 설명해 준다면 얼마나 흥미롭겠습니까.

저는 주요 장면 하나하나를 보여주면서 어떤 내막이 있었는지를 설명했습니다. 동영상을 보여준 게 아니라 동영상의 어떤 순간을 캡처한 사진을 보여주면서 그 시점에 제가 했던 말 한마디, 몸동작 하나에 어떤 의

그림 6-3 EBS 〈우리 선생님이 달라졌어요〉 캡처 화면

도와 의미가 있었는지를 설명해 주었습니다.

[그림 6-3]을 보여주면서 제가 한 말 "그 수업엔 학생이 빠져 있어요"와 제가 하지 않은 말 "선생님께서 학생을 무시하셨어요"의 차이도 강조했습니다. 아쉬운 모습은 선생님의 일반적인 수업 모습이 아니라 '그 수업'이라고 한정해 주었습니다.

다음 장면에서도 제가 한 말 "이것은 선생님하고 학생과의 어떤 대화가 전혀 없는 상황이에요"와 제가 하지 않은 말 "선생님께서는 학생하고 대화를 하지 않으시네요"의 차이를 설명했습니다. 강의법의 아쉬운 순간을 '상황'으로 여기되 그것을 선생님의 '습관 또는 능력'으로 치부하지 않았음을 강조했습니다. 대화가 없음은 객관적 사실입니다. 하지만 관찰된 내용을 어떻게 해석하고 어떻게 전달해 주는가가 매우 중요합니다.

다음 장면에는 제가 한 말 중 "열정도 있고, 웃음도 있고, 유머도 있고, 에너지도 많고, 밝고, 명랑하고…… 그게 얼마나 좋아요. 선생님의 최고

장점이에요" 등 선생님의 장점을 발견하려고 애쓰는 모습을 보여주었습니다.

이러한 장면들을 여러 개 연달아 보여주니, 어느새 수석교사는 다음과 같은, 제가 전해주고 싶은 수업 컨설팅의 핵심 이론을 터득하게 되었습니다.

- 수업 컨설팅은 교사를 분석하는 게 아니라 수업을 분석하는 것이다.
- 수업 컨설팅은 컨설팅을 받는 교사를 존중해 주고 보호해 주고 지지해 주는 것이다.
- 수업 컨설팅은 교사의 단점이 아니라 장점을 발견해 주어 미래에 희망을 가지도록 돕는 것이다.

이 사례에서 두 가지 포인트를 강조하고 싶습니다. 첫째, 이 사례는 청중에게 큰 깨달음을 줍니다. 왜냐하면 수업 컨설팅에서는 흔히 교사의 행동에 초점을 맞추어 분석하고 판단하고 평가하기 때문입니다. 또한 컨설턴트는 흔히 교사의 단점을 발견해 주는 게 도와주는 것이라 생각합니다. 저는 이러한 편견을 깨주고 있습니다.

둘째, 수석교사는 비록 정지된 장면을 보지만 그 장면 앞뒤를 상상합니다. 오히려 정지된 사진을 보여줬기 때문에 수석교사는 맘껏 상상할 수 있습니다. 사례로 인하여 청중의 상상력을 동원하고 주의를 집중하게 만들었습니다. 사례의 역할을 충분히 잘 해낸 사례라고 생각합니다.

강사의 삶 속에 수많은 사례가 있다

사례를 먼 곳에서 찾을 필요는 없습니다. 강사의 삶 전체가 수많은 사례의 보고입니다. 사례는 꼭 본인 개인의 이야기를 뜻하지는 않습니다. 살아오면서 경험하고 체험하고 관찰하고 알게 된 모든 내용이 잠재적 사례라는 뜻입니다.

예를 들어 앞에서 저는 명문대 입학사정관 대상 특강과 수석교사 대상 특강을 사례로 언급했습니다. 그 사례 안에 제가 하버드대학 홈페이지를 방문해서 알게 된 이야기와 제가 등장한 EBS 다큐멘터리 이야기를 담았습니다. 이 모두 제가 직접 체험하거나 경험한 이야기들입니다.

제 아내가 어렸을 적 경험한 장인어른의 이야기도 있었습니다. 비록 제가 직접 목격한 이야기는 아니지만 결혼생활을 하면서 바라본 장인어른의 모습은 그 장면이 충분히 상상 가능한 것이었습니다. 그래서 그 사례는 진정성이 청중에게 고스란히 전달되기에 충분히 위력적인 사례가 된 것입니다.

혹시 현재 이 꼭지에 사용된 사례가 총 몇 개인지 아세요? 최소 일곱 개가 동원되었습니다. 한번 찾아보세요.

지금 강의 모드인가

자신의 사례를 많이 사용하는 사람들 중에는 '꼰대'가 포함됩니다. '라떼는 말이야'로 자신의 체험담을 이야기합니다. 왜 이런 사례는 환영받지 못할까요?

좋은 경험담과 '라떼는 말이야'는 둘 다 어떤 메시지를 전달하기 위한 사례라는 점에서 같습니다. 그러나 왜 하나는 환영받고 다른 하나는 경멸받을까요? 차이는 '때와 장소'입니다. 강의는 이야기하라고 멍석을 깔아준 시공간에서 벌어지는 일입니다. 청중은 강사의 이야기를 들을 준비가 되어 있습니다. 그러나 '라떼는 말이야'는 시도 때도 없이 장소를 가리지 않고 불쑥 튀어나오기 때문에 듣기 싫은 잔소리로 여겨지는 것입니다. 대화하고자 모였는데 강의를 하니 꼴불견이 되는 것입니다.

우리는 대화하는 중에 강의하는 사람을 싫어합니다. 제가 가끔 그 실수를 저지릅니다. 강사의 직업병이라고 할까요? 오랫동안 강단 위에서 강의를 해오다 보니 강단에서 내려와서도 강의 모드에서 벗어나지 못하는 겁니다. 조심해야 합니다. 저부터 조심하겠습니다.

강의 자체가 하나의 이야기처럼

강의에 사례가 꼭 포함되어야 하는 건 아닙니다. 제 강의에는 도입부에 저를 소개하기 위해서 제 이야기를 조금 합니다. 그러나 본론에는 제 이야기가 별로 등장하지 않습니다. 저는 흔히 사회적 또는 교육적 이슈에 대해서 강의를 하기 때문에 제 강의는 주로 사회적 현상을 언급하고 과학적 연구 결과에 근거를 둔 해결 방안들을 제시합니다. 여기에 제 개인 경험을 군이 포함시켜야 할 이유가 없는 것이지요.

물론 포함하려고 마음만 먹으면 얼마든지 할 수도 있습니다. 하지만 저는 청중이 저라는 개인이 아니라 제 메시지에 초점을 맞추기를 바랍니다. 그래서 되도록 제 개인 이야기는 자제합니다.

그 대신 저는 제 강의 자체가 하나의 이야기처럼 전개되도록 디자인합니다. 강의 자체가 사례의 핵심 요소를 갖추게 합니다.[*] 이야기 형태로 진행되는 사례는 위력적이기 때문입니다. 청중의 상상력을 동원시키고 주의력을 집중시키는 효과가 대단합니다.

사례가 위력적인 이유는 내용에 기승전결이라는 논리적 흐름이 있고, 드라마 요소가 가미되어 감정을 자극하기 때문입니다. 즉, 콘텐츠와 감정선이 서로 잘 어울리도록 디자인되어 있다는 뜻입니다. 딱딱한 연구 내용이라도 감정을 입히면 좋은 사례가 됩니다.

- 초보 강사는 강의에 사례를 여러 개 넣는다.
  경력 강사는 강의 자체가 하나의 긴 사례다.

5

비교는
극명하게 하라

설명할 때 A와 B를 비교하면 청중 스스로 공통점과 차이점을 찾으려고 합니다. 둘 사이의 관계와 더불어 각 개체를 더 깊이 이해하게 되고 가장 중요한 요소도 더 잘 보이게 됩니다. 이게 비교의 힘입니다.

앞서 저는 참 많은 것을 비교해 왔습니다. 초보 강사와 경력 강사를 비교했습니다. 강의법과 교수법을 비교했고, 콘텐츠 디자인과 감정선 디자인을 비교했습니다. 강의 기준에서 전문성은 친밀성과, 안정성은 열성과, 진정성은 창의성과 비교했습니다. 강의 진행과 강의 구성을 시간 관리와 공간 관리라는 차원에서 비교했습니다.

그러나 아무렇게나 비교하지는 않았습니다. 흔히 엄마와 아빠를 비교하고 엄마와 딸을 비교하지만 아빠와 딸을 비교하지는 않듯이, 강의법에서도 감정선을 창의성에 비교하지 않고, 강의법을 시간 관리에 비교하지 않았습니다. 제가 비교한 것과 비교하지 않은 것이 확실히 존재한다면 여기에도 지켜야 하는 법칙이 있다는 뜻입니다. 몇 가지 중요한 법칙을 소개하겠습니다.

공통점과 차이점

비교는 차이점에서 공통점을 부각시키거나 공통점들 사이에 차이점을 부각시키는 일입니다. 그러니 다름과 같음이 둘 다 존재해야 가능해지는 게 비교입니다. 엄마와 아빠는 부모라는 공통점에 남녀라는 차이점이 존재하고, 엄마와 딸은 여성이라는 공통점에 부모와 자식이라는 차이점이 존재하기에 비교 대상입니다. 아빠와 딸이 흔히 비교되지 않는 이유는

그림 6-4 창의적 사고와 비판적 사고

차이점은 많은 데 비해 공통점은 적기 때문입니다.

벤다이어그램 도표를 그리면 쉽게 설명됩니다. [그림 6-4]는 제가 HD 행복연구소에서 강사들을 대상으로 진행하는 연수에 사용하는 창의적 사고와 비판적 사고를 비교한 그림입니다. 둘 다 생각하는 과정이기에 어떤 내용을 기억해 두고, 그 내용을 필요할 때 기억해 내고, 머릿속에서 조작하고 가치를 부여하고 연결하는 작업은 공통적입니다. 하지만 창의적 사고에는 무비판과 직관, 영감이 중요하다면 비판적 사고에는 비교, 식별과 논리적 추론이 중요합니다.

제가 이 책의 부록에 강의법과 교수법을 비교해 설명했습니다. 저는 강의법과 교수법의 차이점을 밝히는 게 목표입니다. 그래서 공통점을 먼저 이야기하고 그다음에 차이점을 비교했습니다. 그래야 차이점이 더 확 와

교수법 (초·중·고·대학 수업) 연속성(대하 드라마)	강의법 (특강) 일회성(단편영화)	발표법 (회의) 일회성(단편영화)
	콘텐츠 준비하고 전달하기 말하기/설득하기 시청각 도구 사용하기 동기부여하기	
수업 사이 경험 디자인 장기전, 지구전 학생 주도 허락 학생-학생 상호작용	강의 중 경험 디자인 첫 10분 매우 중요 강사 주도 강사-청중 상호작용	핵심 내용 전달 첫 10분만 있음 조건/청중 주도 질의응답

그림 6-5 강의법 vs 교수법 vs 발표법

닿는 것입니다.

만약에 제가 차이점부터 말한다면 아마 여러분들 머릿속에는 계속해서 '둘 다 말하는 건데, 둘 다 시각적인 모습을 보여주는 건데' 하면서 의문이 생겼을 것입니다. 그러나 제가 선제적으로 유사점을 언급하기 때문에 유사점은 배경으로 물러날 수 있고 차이점에 집중할 수 있게 될 것입니다.●

우수한 교수라고 평가받는 분인데 외부 특강에 왜 두 번 초대받지 못하는지 고민하던 분이라면, 차이를 알게 되는 순간 밝아지는 기분이 들게 됩니다. 나머지는 유사하니까 이 차이점들만 보완하면 명강사가 될 수 있겠다는 희망이 보일 것입니다.

마치 '틀린 그림 찾기' 게임처럼

영어 문화권에서는 비교에 대한 설명을 할 때 '사과와 오렌지 비교하기(comparing apples and oranges)'라는 숙어를 사용합니다. 사과와 오렌지가 비교 대상이 될 수 있는 두 가지 기본 조건을 지녔기 때문입니다. 둘 사이에는 확연한 공통점들과 차이점이 있습니다.

사과와 오렌지 사이에 존재하는 공통점은 '과일이다' '나무에 열린다' '둥글다' '크기가 비슷하다' '향기가 좋다' '맛있다' '꼭지가 있다' '씨앗이 들어 있다' 등입니다. 그러나 차이도 극명합니다. 달거나 시고, 물기가 없

● 초보 강사는 보이는 것을 비교한다.
　경력 강사는 비교해서 보이도록 한다.

그림 6-6 '매력'을 설명하는 비교 사례

거나 많고, 껍질이 얇거나 두껍고, 껍질을 깎거나 벗깁니다.

단순히 다름과 같음을 그냥 나열하는 비교는 썩 좋은 강의 방식이 아닙니다. 비교는 마치 '틀린 그림 찾기' 게임과 같아야 합니다. 두 그림이 똑같아 보이는데 차이점을 발견했을 때 기분이 좋습니다. 별것 아니지만 그 순간만큼은 마치 보물을 발견한 듯한 기분입니다. 그러니 비교를 통한 설명은 보물단지로 안내받는 기쁨으로 이어질 수 있습니다. 즉, 잘 보이지 않던 차이점을 강의로 인하여 발견함으로써 깨달음 또는 희망을 얻게 해주는 방식이 좋습니다.

예를 들어 친밀성에 관련된 요소 중에 매력을 설명하기 위해 저는 두 얼굴을 비교합니다. 청중은 한 얼굴은 매력이 없고, 다른 얼굴은 매력적이라고 이구동성으로 동의합니다. 그런데 자세히 보니 두 얼굴은 동일인입니다. 머리 길이도 같고, 얼굴 모양도 같고, 옷도 똑같은데, 단 하나의 차이는 얼굴 표정입니다. 그러니 매력은 잘생기거나 못생긴 외모와는 전혀 관계가 없음이 확실하고, 그 핵심은 긍정적 감정일 수밖에 없다는 결론에 도달하게 됩니다. 시비를 가리는 논쟁이 필요하지 않습니다. 차이는 극명하고 결론은 명확합니다. 이런 비교가 좋은 비교입니다.

'틀린 그림 찾기'와 반대로 '공통점 찾기' 게임도 있습니다. 완전히 관계가 없어 보이는 둘을 비교해 보는 일입니다. 여기서도 공통점을 발견했을 때 즐거움과 깨달음이 있게 됩니다.

예를 들어 유치원과 대학원 사이에 공통점을 한번 찾아보세요. 학교라는 점 외에 공통점을 찾아내셨나요? '하루 종일 자도 괜찮다' '주로 하는 일이 잘라내기와 붙이기다' '울고 싶어 한다' '남들과 잘 지내기만 하면 된다'라고 합니다. '웃픈' 이야기입니다.

비교는 차이점이나 공통점을 찾는 게임처럼 재미를 선물합니다. 생각하게 만드는 힘이 있습니다. 엉뚱한 결론이 도출될 때는 즐거움도 만납니다. 유머가 작동하기도 합니다.

저는 이러한 비교를 많이 찾아서 사용합니다. 예를 들어 글로벌인재포럼에서 4차산업혁명시대에 대한 특강을 할 때 인공지능을 능가할 수 있는 대표적인 것이 집단지능이라고 소개한 적이 있습니다. 집단지성의 최대 적은 '집단실성'이라고 하면서 [그림 6-7]로 이 두 개념을 비교해 줬습니다. 추가 설명을 할 필요가 없었습니다.

청중은 로봇, 빅데이터, 클라우드, 무인자동차, 사물인터넷, 드론, 가상현실 등 정보통신기술 혁명으로 새로운 세계 질서가 형성된다는 4차산업혁명시대에 대한 강의에서 BTS와 국회가 등장하리라고는 전혀 상상하지 못했을 것입니다. 또 BTS와 국회가 비교 대상이 되리라고도 예상하지

집단지성　　　　　　　　집단실성

방탄소년　　　　　　　　방탄국회

그림 6-7 방탄소년단과 국회

못했을 것입니다.

　비교에서 공통점 또는 차이점을 발견할 때 깨달음도 생기고 재미도 있습니다. 위 사례에는 비교에 대칭 구조마저 지녔습니다. 그래서 차이와 공통점이 더 자연스럽게 극명해지고 무리가 없어 보입니다. 대칭 구조를 잘 활용하면 설명이 아름다워지기까지 합니다.

6

아름다운 대칭을
찾아라

대칭은 시각적 차원에서 아름다움의 대명사입니다. 인간이 만든 건물뿐만 아니라 생명체를 포함한 자연에도 대칭의 아름다움이 있습니다. 좌우 대칭의 타지마할, 사분면 대칭의 에펠 탑, 육각 대칭의 눈 결정체, 그리고 무한한 대칭 구조의 해와 달이 있습니다. 생명체는 일반적으로 좌우 대칭 구조를 지녔습니다. 정확한 대칭이 완벽한 것이고, 완벽함이 미의 기준입니다. 또한 대칭은 안정적이고, 조화를 이루고 있습니다.

대칭은 개념적 차원에서도 존재합니다. 낮과 밤이 있듯이 선과 악이 있고, 긍정과 부정이 있고, 남녀가 있고, 음과 양이 있습니다. 대칭은 사람들이 자연스럽게 받아들이는 자연의 이치입니다. 그래서 우리는 대칭 구조를 추구합니다. 하나를 언급하면 자동적으로 대칭을 상상하게 됩니다.

설명이 필요 없는 대칭

A를 잘 설명하고자 B와 비교를 했는데, 그 비교를 설명하기 위해 또 많은 말을 덧붙여야 한다면 좋은 비교가 아닙니다. 하지만 A와 B가 완전히 상반되는 대칭 구도를 지녔다면 하나를 알면 다른 하나는 저절로 알게 됩니다.

예를 들어보겠습니다. 제 특강 중에 '신뢰는 과학이고 소통은 예술이다'라는 주제가 있습니다. 기업체 대상 특강인데, 이 강의에는 존 가트맨 박사의 인간관계론을 소개하는 부분이 있습니다. 관계의 달인은 '네 가지 덕'인 호감, 존중, 감사, 배려를 나누고, 관계의 폭탄은 '네 가지 독'인 비난, 경멸, 방어, 담쌓기를 한다고 전합니다. 그리고 관계의 달인의 사례로 비를 맞으면서 비서에게 우산을 받쳐주고 있는 오바마 전 대통령의 사진을 보여줍니다. 그리고 곧바로 비서는 비 맞게 하고 자기 혼자 우산을 쓰고 있는 다른 대통령의 사진을 보여줍니다.

그림 6-8 극명한 비교와 대칭

설명이 필요 없습니다. 청중은 두 사진을 보는 순간 다 이해합니다. 그리고 말로 일일이 다 설명 못한 세부 내용도 깨우칩니다.

앞에서 비교에는 공통점과 차이점이 동시에 있어야 한다고 했습니다. 그리고 차이점은 그냥 다름이 아니라 동일한 구조에 특질이 정 반대에 있어야 한다고 했습니다. 이 사례에 사용된 비교와 대칭 구조를 분석해 보겠습니다.

둘 다 대통령이라는 점과 여비서를 대하는 태도라는 점, 비 오는 날 우산을 쓰는 모습이라는 공통점들이 있기 때문에 차이가 더 확실하게 드러납니다. 그리고 비를 맞고 안 맞고, 남을 씌워주는 것과 자기 혼자 쓰는 것이라는 차이점이 정반대에 놓여 있는 대칭 구조를 지녔기 때문에 차이가 더 극단적으로 드러납니다.

위 사진에서 백인과 흑인의 차이를 보려고 하는 사람도 있을 것이고, 잔디밭과 아스팔트의 차이라고 우기는 사람도 있을지 모릅니다. 그러나 모든 면에서 대칭이 존재할 필요는 없습니다. 핵심만 비교되고 대칭되면 됩니다.

강의 포인트	관계의 달인 네 가지 덕 호감, 존중, 감사, 배려	관계의 폭탄 네 가지 독 비난, 경멸, 방어, 담쌓기
사례의 공통점	남자 대통령과 여비서 비 오는 날 우산 쓴 모습	
사례의 차이점	남에게 우산 씌워줌	자기 혼자 우산 씀

그림 6-9 비교와 대칭 구조

언어유희를 즐기기

대칭은 시각적 차원과 개념적 차원 외에 음률적 차원이 있습니다. 발음이 유사한 단어로 대칭을 이루는 방식입니다. 언어유희에는 상당한 재미와 즐거움이 따릅니다. 랩이 그런 경우입니다. [그림 6-10]은 제가 이미 이 책에서 사용한 언어적 대칭 사례를 몇 가지 나열한 것입니다.

초보 강사와 경력 강사를 비교한 문구들은 거의 다 대칭적 개념을 동원했는데, 그중에 상당 부분은 다음과 같이 유사한 발음과 음운의 대칭도 고려하였습니다.

강의법 영역	매크로	마이크로
전문성과 친밀성	경력 이력	경험 매력
안정성과 열성	음 옷차림	힘 알아차림
강사의 두 면모	스케일	스타일

초보 강사는 개선의 여지를 남긴다.
경력 강사는 잔잔한 여운을 남긴다.

초보 강사는 내용이 꽉 차고, 진행이 느슨하고, 행동이 절박하다.
경력 강사는 내용이 알차고, 진행이 느긋하고, 행동이 쌈박하다.

그림 6-10 이 책에서 사용한 언어적 대칭 사례

대칭은 강의에 학습의 즐거움을 주는 일에 한몫 거듭니다. 꽤 괜찮은 스타일을 입혀줍니다. 본질적으로 딱딱한 내용을 부드럽게 만들어 소화하기 쉽게 해줍니다. 그리고 기억하기에도 좋습니다.

규칙과 짝을 찾아보기

비슷한 문화권인 동아시아 중에서 유달리 한국이 음양 사상을 좋아합니다. 대문에 음양을 상징하는 태극 문양을 그려 넣는 것을 비롯해 국기에까지 새겼습니다. 음양의 대칭적인 양극, 둘 사이의 조화와 끊임없는 상호작용이 만물을 빚어낸다는 믿음입니다. 그것이 세상과 우주의 이치라고 믿습니다.

저는 이러한 대칭 구조를 강의법 규칙과 짝을 발견하는 데 활용했습니다. 강의법에 A가 중요하다는 것을 경험적으로 알 때 대칭 구도에 놓인 B가 존재한다는 것을 압니다. 그래서 경험을 다시 잘 살펴보면 B를 찾아낼 수 있습니다. 예를 들어 감정선 디자인이란 개념을 이런 식으로 찾아냈습니다.

본래 제 의식에는 '콘텐츠 디자인'이란 개념만 있었습니다. 예전부터 널리 사용되어 온 개념이니까요. 하지만 생각을 다듬는 일 외에 감정을 관리하는 일도 매우 중요하다는 사실을 경험적으로는 직관했지만, 이 내용을 담아낼 사고의 틀이 없었습니다. 그러나 강의법을 가르치면서 감정적인 요소를 체계적으로 정리할 필요성을 간절히 느끼게 되었습니다. 콘텐츠 디자인에 감정선 디자인이라는 짝을 찾아주고, 생각과 감정으로 분류하고, 특성을 이성과 감성, 논리와 심리 등 개념적 대칭 구조로 정리정돈했습니다.

저는 강의법에 대한 내용만이 아니라 다른 주제도 이렇게 콘텐츠를 개발해 나갑니다. 예를 들어 좋은 소통 방식인 감정코칭과 나쁜 방식인 감정코팅, 스트레스에 무너지는 PTSD과 스트레스로 성장하는 PTSG, 기여하는 삶과 기생하는 삶 등이 있습니다.

대칭 개념은 조화를 이룹니다. 논리와 심리가 합쳐져 합리, 이성과 감성이 합쳐져 인성, 생각과 감정이 합쳐져 마음이 생깁니다. 그러나 이런 대칭 찾기는 대충 해야 합니다. 극단으로 가면 신뢰를 잃습니다.

7

오아시스 물 같은
비유를 하라

비유는 매우 강력한 설명 도구이며 스토리텔링의 핵심 기술입니다. 저는 이 책에 비유를 자주 사용했습니다. [그림 6-11]은 이 책에 나오는 대표적인 비유를 몇 가지 나열한 것입니다.

이 외에도 강의법과 교수법을 일회성 단편영화와 연속드라마에 비유하면서 비교했습니다. 콘텐츠 디자인과 감정선 디자인을 작사와 작곡에 비유했습니다.

비유는 설명하고자 하는 개념을 보다 잘 표현하기 위해서 다른 사물을 비교 대상으로 동원시키는 수사법입니다. 편의상 지금부터는 비유 대상을 '개념', 비유에 동원된 개념을 '사물'이라고 간단하게 칭하겠습니다. 좋은 비유가 되기 위해서는 두 가지 조건을 만족시켜야 합니다.

| 콘텐츠 디자인
이음새
강의 감정선
감정선 디자인하기
감정선 폭 높낮이
강의 진행
강의 구성
나쁜 발음 | 골프 코스 다자인
구슬 꿰기
노래 악보
노래 작곡하기
롤러코스터 높낮이
마라톤 페이스 조절
마라톤 코스
고요 속의 외침 |

그림 6-11 이 책에 나오는 대표적인 비유

첫째, 사물이 청중에게 익숙하고 친숙한 것이어야 합니다. 예를 들어서 감정선 디자인하기는 제가 이 책을 통해서 처음 소개하는 개념이어서 여러분은 그것이 무엇인지 선뜻 이해되지 않을 수 있습니다. 그래서 제가 그 개념을 노래 작곡하기에 비유했습니다.

물론 노래를 직접 작곡한 사람은 그리 많지 않을 것입니다. 하지만 그 결과물인 악보는 다들 보았을 것이며 작곡하는 과정을 영화나 텔레비전 프로그램에서 본 적은 있을 것입니다. 예를 들어 아카데미 수상작 〈아마데우스〉에서 모차르트가 작곡하는 장면은 굉장히 인상적이었지요. 그래서 노래 작곡하기를 언급하면 이와 비슷한 그림이 머릿속에 훤하게 나타나거나 느낌이 확 옵니다.

둘째, 개념과 사물 사이에 대표적인 특성이나 현상이 같아야 합니다. 예를 들어 감정보와 악보에는 시간의 흐름을 나타내는 수평선들이 있고, 선에 그려지는 점들이 있습니다. 위와 아래가 질적·양적 차이를 나타냅니다. 수평선을 따라 이어지는 점들의 상대적인 위치에 따라 강사와 작곡자가 의도하고자 하는 감정을 유도해 냅니다.

물론 둘이 모든 면에서 같을 수는 없습니다. 예를 들어 감정보는 위아래로 갈수록 더 강한 긍정과 부정 감정을 나타내지만, 악보에서 위아래는 더 높은 고음과 더 낮은 저음을 나타냅니다. 그래서 비유에는 한계가 있으며 한정적으로 사용해야 합니다.

저는 비유를 좋아합니다. 추상적인 개념을 구체화시킬 때 외에도 복잡하거나 복합적인 개념을 간소화할 때도 매우 편리합니다. 예를 들어 사람의 목소리는 상당히 복잡한 인체 구조와 발성 과정을 거쳐서 나옵니다. 저는 사람 목소리를 트롬본 소리에 비유했습니다. 본래 목소리에 개입되는 인체는 횡격막부터 성대와 구강구조를 비롯하여 실제로 온몸입니다. 이토록 복잡한 것을 마우스피스, 슬라이드, 벨로 구성된 트롬본에 비유함으로써 이해를 도왔습니다.

익숙해서 생길 수 있는 문제

'인생은 흐르는 물과 같다.'

인생이란 매우 길어서 처음부터 끝까지 경험한 사람이 제 주변에는 없습니다. 다 경험한 사람은 더 이상 살아 있지 않을 테니까요. 그래서 인생에 대한 비유가 필요합니다.

여기서는 인생을 물에 비유하고 있습니다. 그런데 물은 오히려 모두가 너무 익숙하고 친숙하기 때문에 문제가 생길 수도 있습니다. 청중이 개념과 사물 사이를 강사가 의도하지 않은 의미에 연결할 수 있기 때문입니다.

여러분은 흐르는 물을 볼 때 무엇이 연상됩니까? 하염없이 흐르는 강물, 한번 엎질러지면 도로 담을 수 없는 물, 수도꼭지에서 똑똑 흐르며 낭비되는 물 등 어떤 '흐르는 물'을 연상하는지에 따라 인생에 대한 인식과 의미는 달라집니다. 그래서 강사는 이런 비유를 들 때는 내용이 본인의 의도대로 바로 이어지도록 설명을 덧붙여야 합니다.

'인생은 등산과도 같다.'

인생을 등산으로 비유한 경우에도 전혀 예기치 않은 이해로 귀결될 수 있습니다. 강사는 정상을 향해서 올라가는 과정을 염두에 두었고, 꼭 하나의 길이 아니라 여러 갈래가 있기에 선택의 여지가 있음을 강조하고 싶었다고 칩시다. 청중 역시 그러한 모습과 과정을 연상했다면 비유가 제대로 전달된 것일까요? 아닐 수도 있습니다.

어떤 청중은 등산을 연상하면서 매우 힘들고 지쳤던 감정을 떠올릴 수 있습니다. 다른 청중은 신나고 상쾌했던 감정적 기억을 떠올릴 수 있습니다. 비록 같은 등산길의 모습이지만 매우 다른 감정의 경험으로 인하여 인생에 대해 전혀 다른 느낌으로 연결될 수 있습니다. 비록 물리적 과정은 같아도 강사가 전혀 의도하지 않은 정서적 결과로 이어질 수 있다는 것입니다. 그래서 비유는 강사가 사전에 충분히 다방면으로 검토해서 청중이 강사의 의도대로 이해할 수 있는 것을 사용해야 합니다.

그러나 너무 완벽하려고 하지는 마세요. 모든 비유는 어느 시점에는 다 무너지게 되어 있으며, 엉뚱하게 이해하는 청중이 한두 명은 있게 마련입니다. 잘못 해석하는 청중이 한두 명이라면 그 청중이 잘못 생각한 것이라고 여기면 되는데, 그렇게 생각하는 청중이 한두 명이 아니라면 강사가 잘못된 비유를 사용한 것입니다.

진화하는 비유

저는 앞에서 '콘텐츠 디자인하기'를 설명하기 위해서 여러 버전의 비유를 거쳤습니다. 처음에는 사람 인체에 비유했습니다. 흔히 강의안을 작성할 때 뼈대를 갖추고 살을 붙인다고 하지 않습니까? 그래서 저는 이음새를 관절에 비유하고, 꼭 포함되어야 하는 스토리는 근육에, 사이드 스토리는 우리 옆구리에 붙어 있는 살에 비유했습니다. 그럴듯했습니다.

사람은 많은 내용물들로 구성되어 있습니다. 총 206개의 뼈, 650개의 근육, 360개의 관절, 그리고 헤아릴 수 없는 살이 있습니다. 파트 구성을 보면 위에서부터 순서대로 머리뼈대, 갈비뼈대, 엉덩이뼈대와 다리뼈대로 이어졌습니다. 스토리의 기승전결에 해당됩니다.

뼈들은 근육으로 지탱되듯이 각 파트도 여러 작은 주요 스토리들로 이루어졌지요. 뼈에 살이 붙어서 몸을 부드럽게 해주듯 파트에도 '사이드 스토리'들이 재미를 더합니다. 그러나 옆구리에 너무 많은 살이 붙어 있으면 비만이 되듯이 강의에 사이드 스토리가 너무 많으면 재미는 있어도 부담스럽습니다. 가끔 강사가 사이드 스토리에 너무 빠지는 바람에 전체 스토리의 중심이 무너지는 경우가 있습니다.

이런 식으로 콘텐츠 디자인을 설명해 나가다가 큰 벽에 부딪치게 되었습니다. 인체는 이미 신이 완벽하게 디자인해 놓은 틀에 내용물만 채우

그림 6-12 강의 내용물의 비유

는 것입니다. 하지만 강의 준비에는 강사의 많은 창의력이 허락됩니다. 틀 자체를 디자인하는 것이니까요. 그래서 아쉽지만 이 비유를 폐기하고 레고 블록으로 모형 만들기에 비유해 보았습니다.

레고 놀이는 블록들을 이리저리 붙였다 뗐다를 반복하면서 원하는 최종 형태를 만드는 창의적인 작업입니다. 어떤 최종 모습이 나올지는 모르지만 일단 어렴풋이 형태를 상상하면서 시작합니다. 레고 블록이 스토리 블록이고, 여러 블록들이 모여서 하나의 큰 모양을 이루는 것입니다. 이음새가 견고하지 않으면 쉽게 떨어져버리는 것도 같습니다. 그러나 이게 다였습니다.

마지막 비유가 골프 코스 디자인하기입니다. 저는 20년간 골프 코스에서 5분 거리에서 살았지만, 첫 라운딩을 열일곱 살에 경험한 게 마지막이었습니다. 비록 개인적으로는 제가 골프와 거리가 멀지만, 이제 골프는 한국 선수들이 세계 톱 10에 절반을 차지할 정도로 국가 대표 스포츠입니다. 대다수가 알고 쉽게 상상할 수 있는 대상이어서 비유에는 훌륭한 조건을 갖추었습니다.

속담 자체만으로 충분하다

속담은 비유의 한 종류이며 특별한 방식입니다. 일반적으로 비유를 들 때 이해를 돕기 위해 추가 설명을 곁들입니다. 하지만 속담은 워낙 오랫동안 자주 사용되어 온 비유이기 때문에 추가 설명이 필요하지 않아서 매우 효율적이고, 이미 폭넓게 활용되기 때문에 금방 이해하게 된다는 면에서 효과적입니다.

예를 들어 '콘텐츠 디자인하기' 파트에서 이음새의 중요성을 '구슬이

서 말이라도 꿰어야 보배'라는 속담으로 비유했습니다. 속담에 대한 설명은 없었습니다. 제가 속담을 사용한 문장을 여기에 그대로 보여드리겠습니다.

"……아무리 스토리 하나하나가 유익하고 재미있어도 서로 연결되지 않으면 듣기 어렵습니다. …… '구슬이 서 말이라도 꿰어야 보배'라는 속담이 여기에 제격입니다."

왜 제격인지 추가 설명은 없었습니다. 속담 자체만으로 충분했기 때문입니다. 하지만 흔한 비유여서 쉽게 이해되는 장점은 있으나 단점도 있습니다. 워낙 흔해서 식상할 수 있고, 그래서 기억에 남지 않을 수 있습니다. '흔함'이 장점인 동시에 단점으로 작동한다는 뜻입니다.

기억에 남을 비유를 사용하기

기억에 남는 비유가 좋습니다. 저는 감정선 디자인을 작곡에 비유했습니다. 만약에 여러분이 이제부터 감정선을 디자인할 때 악보가 떠오르고 작곡하는 모습이 연상된다면 제 비유가 성공한 것입니다. 훌륭한 비유는 머릿속 깊이 각인되어 오래 기억에 남습니다.

저는 좋은 비유를 오아시스 물에 비유하고 싶습니다. 사막에서 목이 탈 때 오아시스 물을 마신다면 갈증이 해소될 것입니다. 제가 왜 '비유가 오아시스 물 같은지' 설명은 하지 않았지만 적어도 비유는 그 정도로 좋고 위력적인 것이라는 메시지는 전달하게 됩니다.

아마 오아시스 물을 직접 마셔본 한국인은 거의 없을 것입니다. 하지만 모습과 느낌은 간접적으로 어릴 적부터 자주 접했기 때문에 마치 직접 체험한 거나 마찬가지일 것입니다. 익숙하고 친숙하다는 조건은 꼭 직접 체험한 것이어야 할 필요는 없습니다. 특성이 상상된다면 충분합니다.

비유는 추상적 설명의 답답함을 해소해 주는 수사법이고, 오아시스 물은 뜨거운 사막의 갈증을 해소해 주는 수분 공급처입니다. 둘 사이에 같은 구조 또는 과정이 존재합니다. 만약에 제가 지금 '비유는 추상적 설명의 답답함을 해소해 주는 수사법'이라고 설명하면 (애초에 '비유'가 무엇인지 잘 모르는 사람이라면) 잘 이해가 되지 않았을 것입니다. 그러나 오아시스 물이 갈증을 해소해 주는 것쯤은 다 압니다.

이제부터 '비유' 하면 '오아시스 물'이 연상되길 바랍니다.

8

세련된 유머로
초월하라

마지막으로 유머에 대해 살펴보겠습니다. 유머는 훌륭한 강의에 꼭 포함되는 스토리텔링의 가장 위력적인 테크닉입니다. 기승전결, 반전과 뜻밖의 전개가 핵심입니다. 즉, 청중을 어떤 결론을 상상하도록 유도할 수 있어야 합니다. 유머는 상상력을 동원시키는 최고의 기술입니다.

제가 일부러 '테크닉'이란 단어를 사용했습니다. 유머는 타고나는 재능이 아니라 노력으로 얻을 수 있는 실력임을 강조하고 싶기 때문입니다. 단연코 유머는 배울 수 있는 강의법 기술입니다.

유머는 웃음을 주고 미소를 짓게 하고 즐거움을 선물합니다. 아무리 좋은 내용이어도 시무룩한 강의는 오래 듣고 싶지 않지요. 반대로 강의가 진지하더라도 중간에 웃는 순간이 있다면 오래 견딜 수 있습니다.

유머는 웃음과 미소를 자아내지만, 슬피 울면서도 느낄 수 있는 매우 이상한 면이 있습니다. 반대로 멀쩡하다가도 한참 웃다 보면 눈물까지 흘리게 됩니다. 그런데 그냥 웃는 것과는 조금 다릅니다. 얼굴에서 웃음이 사라진 후에도 마음이 웃고 있습니다. 웃음은 끝났어도 긴 여운이 남습니다. 그러니 유머는 웃음이라는 현상만으로는 설명이 안 됩니다.

결론부터 말씀드리고 설명하겠습니다. 유머는 두 방향으로 작동합니다. 유머감이 있는 사람은 타인에게 웃음과 동시에 깨달음을 줍니다. 유머감이 있는 사람은 본인이 처해 있는 상황이 힘들고 어려워도, 타인이 힘들고 어렵게 해도 '허허허' 하고 웃고 넘어갑니다. 자신과 상황을 초월하고 타인을 포용하는 참으로 엄청난 능력입니다. 유머감은 바로 그 사람의 스케일을 보여줍니다.

유머감이란 무엇인가

유머라는 단어는 외국어여서 우리에게는 좀 생소합니다. 일단 유머를 능력과 행동으로 구분하겠습니다. 유머감은 영어로 'sense of humor'이며 센스는 '감'을 지니는 능력입니다. 유머감이 있다고 유머스러운 행동을 한다는 뜻은 아닙니다. 누군가 절대 음감을 지녔다고 해서 항상 노래를 부르지는 않듯이 말입니다.

유머감이 있는 사람인지 없는 사람인지를 알 수 있을까요? 독심술을 지닌 사람이 아닌 이상 알 수 없습니다. 그럼 행동을 보면 알 수 있을까요? 그러나 웃기는 행동을 하지 않았는데 남들은 웃는 경우가 있는 반면, 웃기는 행동을 하지만 유머감은 빵점인 경우도 있습니다. 남을 웃기는 것만으로 유머가 되지는 않습니다.

그렇다면 유머감이라는 것은 무엇일까요? 먼저 무엇이 유머가 아닌지를 말해야겠습니다. 우스운 행동, 우스갯소리는 유머와 다릅니다. 조크, 농담, 개그 등 상대방을 웃게 하는 것이 유머도 아닙니다.

웃음에는 꼭 맥락이 필요하지 않습니다. 마치 옆구리를 찌르면 간지럼을 타듯이 웃음도 누르면 터지는 버튼이 있습니다. 갑자기 '하하하' 하고 웃고 갑자기 끝나기도 합니다. 제 아내의 웃음 버튼은 '방귀'입니다. '뽕' 하는 방귀소리에 예외 없이 한바탕 웃습니다. '방귀'라고 말만 해도 빵 터집니다.

이처럼 맥락이 필요 없이 자극을 주면 거의 신체적 반응으로 웃게 하는 게 조크와 개그입니다. 말로만 하면 조크, 말과 몸으로 하면 개그, 몸으로만 하면 슬랩스틱(몸개그)이라 하지요. 이런 부류는 미리 준비할 수 있고 재활용이 가능합니다. 즉, 유머감이 없는 강사도 청중에게 웃음은 줄 수 있습니다.

우리는 재치, 위트, 해학에도 웃습니다. 이 부류는 앞뒤 맥락을 알아야 이해되고 예기치 못한 새로운 발상에 미소가 나오는 인지적 반응이기에 생각을 깊게 하는 사람만이 즐길 수 있습니다. 순발력과 창의성이 생명이기에 타이밍을 놓치면 맥이 풀리고 되풀이되면 식상합니다.

유머는 이 모든 것과 웃음이라는 공통점이 있는 반면, 차이점이 하나 있습니다. 벤다이어그램*으로 설명해 볼까요? 큰 원은 웃음을 주는 것들의 세상입니다. 그 안에 조크, 농담, 개그, 재치, 위트, 해학이 들어 있습

---

* 초보 강사는 입이 찢어지도록 파안대소하게 합니다.
경력 강사는 입가에 미소가 피어오르게 합니다.

344

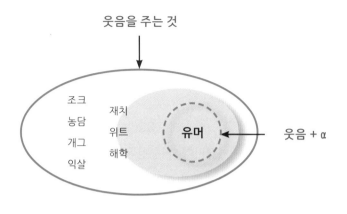

그림 6-13 유머 벤다이어그램

니다. 큰 원 안에 있는 조그마한 원이 유머의 세상입니다. 이 원에는 웃음 외에 추가적인 특성이 있는 것만 들어갑니다. 그게 깨달음입니다.[•]

강의는 깨침, 깨달음, 희망을 준다고 했습니다. 그러니 강사는 개그나 농담이나 조크나 던지면서 웃음을 파는 사람이 아닙니다. 재치와 위트만으로 순간을 넘기는 사람도 아닙니다. 웃음이 멎고 강의가 끝난 후에도 밝은 에너지가 느껴지게 하는 유머감을 지니고 유머스러운 강의를 하는 사람이어야 일류 강사라고 할 수 있습니다.

• 초보 강사의 유머는 깨알 같다.

　경력 강사의 유머는 깨침을 준다.

유머를 만드는 여덟 가지 방법

그렇다면 유머를 어떻게 만들어야 할까요? 총 여덟 가지 방법들을 소개하겠습니다.

① 뜻밖의 흐름

스토리에는 기승전결이 있습니다. '기승전'은 '결'을 위한 준비 작업입니다. 그래서 일반적으로 '기승전'까지 이야기하면 청중은 어떤 '결'이 나올지 기대하게 됩니다. 예상된 '결'이 나오면 평범한 이야기이지만, 전혀 예상하지 못한 '결'로 흘러가면 유머가 됩니다. 뜻밖의 흐름으로 유쾌한 놀람이 동반됩니다.

예를 들어 앞서 소개한 우산을 쓴 두 대통령 사진으로 긍정심과 부정심의 차이를 극명하게 비교할 때 유머를 추가할 수 있습니다. "긍정심은 존경, 사랑, 따름을 얻는다면 부정심은 무엇을 얻을까요?"하고 청중에게 묻습니다. 청중은 자연스럽게 경멸, 미움, 배반 등 비교 대상과 반대되는 요소를 예상하게 됩니다. 그러나 정답은 '탄핵'이라고 하면 사람들이 웃음을 터트립니다. 전혀 예상하지 않았던 뜻밖의 단어가 나왔기 때문입니다.

② 뜻밖의 불일치

두 번째 방법은 생각의 패턴에서 완전히 벗어나는, 생각의 틀을 깨버리는 '결'로 안내하는 방법입니다. 이때 청중은 잠시 혼란스럽습니다. 하지만 그 혼란이 그렇게 나쁜 것은 아닙니다. 깨침과 깨달음은 '파괴적 창조'이니까요.

재미있는 예가 있습니다. 제가 기업체 임직원을 대상으로 공감과 소통에 대한 특강을 할 때 사용하는 예입니다.

울고 있는 사람의 사진을 보여주면서 어떤 감정이냐고 물어보면 청중은 슬픔이라고 답합니다. 곧바로 그 사람이 너무 기뻐서 우는 사진을 보여줍니다. 이때 저는 "사람은 슬플 때도 울고, 화가 날 때도 눈물이 나고, 기뻐서도 눈물이 나고, 그리고……"라고 말하면 청중은 그 다음에 나올 감정을 예측합니다.

제가 첫 세 가지 리스트를 통해서 심어놓은 생각의 패턴이 감정이기 때문입니다. 그래서 '억울해서도 눈물이 나고'를 기대하게 만듭니다. 그러나 마지막 답은 "갱년기에도 눈물을 흘립니다"입니다. 웃음이 터집니다.

뜻밖의 불일치는 리스트를 작성하면 쉽게 시도할 수 있습니다. 주제를 하나 던져놓고 첫 1, 2, 3을 강사가 먼저 제시하면 청중이 4를 기대하게 만드는 것입니다.

③ 반전

반전은 '결'이 예측과 완전히 반대인 경우입니다. 이때 청중이 확고하게 믿고 있는 결론이 전제되어야 합니다.

반전의 예를 들어보겠습니다. 인재 양성에 대한 특강에서 제가 한국 교육 현실을 걱정하는 부분입니다. 저는 한국 교육의 가장 큰 문제는 주입식 교육보다는 자녀의 꿈마저 주입시키는 부모라고 생각합니다. 자녀를 꼭두각시처럼 부모의 뜻대로 키우고 자녀를 위해서라면 모든 것을 해결해 주어 정작 자녀는 자생력 없는 온실화가 되어가는 게 걱정이라는 점을 부각하기 위해서 다음 이야기를 꺼냅니다.

"학교 운동장에서 심하게 다투는 소리가 들렸습니다. 다음 날 어떤 어머니가 교장 선생님을 찾아와서 항의합니다. '교장 선생님. 우리 애가 싸우다가 다쳤는데 어떻게 교장 선생님께서 가만히 계실 수 있으세요?' 알고 보니 그 어머니는 교사의 어머니였습니다."

청중은 항의하는 어머니가 싸우다가 맞은 학생의 학부모라고 믿습니다. 그런데 학생이 아니라 교사의 어머니라는 반전입니다.

아들을 군대 보내놓고 군부대 앞 원룸에 세 들어 사는 부모와 대학에 와서 자식 대신 수강 신청하는 부모도 있다는 어두운 현실을 유머로 풍자하고 있습니다. 이렇게 반전을 제공하기 위해서는 사람들이 어떻게 생각하고 있는지를 먼저 확실하게 알아야 합니다.

반전은 긴 이야기가 아니라 단어 하나로 만들어낼 수 있습니다. 예를 들어 저는 서너 시간 진행되는 강의가 끝날 때 청중에게 마지막 조언을 드립니다.

"성공하고 행복하게 사시려면 좀 대충 사세요."

청중들은 크게 웃습니다. 강사가 강의 내내 이래라저래라 온갖 잔소리를 해놓고는 끝에 '대충 살아라' 하면 완전히 반전이잖아요. 비록 좋은 내용이어도 조언이 많으면 숨 막힐 정도로 질리게 됩니다. 그때 반전은 숨통을 틔워주는 역할을 합니다. 하지만 저는 곧바로 또하나의 반전을 줍니다.

"대충이란 본래 아무렇게나 하라는 말이 아닙니다. 대충은 십이 방위의 정중앙을 뜻합니다. 두루두루 살려서 중심적인 것을 하여 모두에게 이롭게 하라는 뜻입니다."

청중은 숙연해집니다. 찬물을 끼얹어 싸늘해진 기분이 아니라 갑자기 가슴이 뭉클해지며 따스해집니다. 깨달음은 내면의 반전입니다.

④ 익숙함

뜻밖의 흐름이 아니라 반대로 예측 가능한 이야기도 유머가 될 수 있습니다. 강사가 말하는 어두운 이야기가 바로 자신의 이야기와 동일할 때 웃게 되는 경우가 그렇습니다. 예를 들어 부부가 아이처럼 싸우는 이야기를 꺼내면 대다수의 기혼자들은 웃습니다.

사실 이 사례 자체는 우습지 않습니다. 부부가 싸우는 게 뭐가 우습겠습니까? 그런데 그 모습에서 자신의 모습을 봅니다. 남이 할 때는 우스꽝스럽고 유치하게 느껴지는 걸 그렇게 죽기 살기로 했다는 깨달음에 허탈하게 웃는 것입니다. 익숙함과 친밀함을 이용한 유머입니다.

유머는 사람이 처한 상황에 대한 깊은 이해가 동반됩니다. 특히 비극적인 상황에서 재미를 발견하는 능력입니다. 상당한 창의력과 긍정적 시각이 요구됩니다.

자신이 겪을 때는 우습지 않던 이야기가 남의 이야기처럼 듣게 되면 우습습니다. 남이라는 제삼자의 눈을 통해서 자신을 초월하여 자신을 밖에서 그리고 위에서 아래로 내려다보는 경험을 하게 돕습니다. 새로운 시각에서 보는 능력, 하늘 높이에서 전체를 볼 수 있는 능력, 자신의 사고 틀에서 벗어나서 타인의 입장에서 볼 수 있는 능력이 바로 창의력의 핵심 중에 핵심입니다.

이런 소재는 주변에 많이 있습니다. 남한테 익숙하면 나한테도 익숙한 것입니다. 익숙함을 활용한 유머는 친밀성마저 확보하게 해줍니다.

⑤ 반복

반복은 어떤 걸까요? 궁금하신가요? "궁금하면 500원." 코미디 프로그램에서 유행어로 웃음을 얻는 공식입니다. 처음에는 별로 우습지 않다가도 여러 번 반복하면 어느새 청중들이 그 말이 나올 것을 기대하면서 웃게 됩니다.

그러나 무조건 반복한다고 되는 것은 아닙니다. 생각이 반복되면 지루하고 지겹습니다. 그러나 감정은 반복될수록 더 짙어진다는 사실을 알아야 합니다. 좋은 노래는 들으면 들을수록 더 좋아지잖아요. 노래에는 감정이 듬뿍 담겼기 때문입니다.

'궁금하면 500원'을 아무 표정이나 억양 없이 반복하면 재미가 하나도 없습니다. 그 말 내용 자체는 별 의미가 없기 때문입니다. 설사 있다 하더라도 반복해서 들을 가치가 없습니다.

그러나 그 말을 하면서 짓는 표정과 내뱉는 억양은 내용이 아니라 감정을 전달합니다. 그 감정이 처음에 웃음을 선물했다면 다음에도 또 웃게 됩니다. 좋은 선물은 받고 또 받아도 좋은 이치와 같습니다.

⑥ 과장

과장도 우습습니다. 실제보다 조금만 과장하면 전혀 우습지 않지만 대폭 과장하면 우습습니다. 기업체 임원 또는 고위 공무원 대상 특강에서 저를 소개할 때 쓰는 사례입니다.

"저는 해외에서 40년 살면서 많은 사람을 만났습니다" 하고 제가 만난 사람들의 사진을 보여줍니다. "한국에 돌아온 후에도 많은 사람을 만나고 있습니다"라고 하면서 보여주는 사진에는 사람들의 얼굴이 모자이크 처리되어 있습니다. "얼굴을 보여드리지 못하는 이유는 제가 만난 사람에 두 종류가 있다는 사실 때문입니다. 이미 감옥에 간 사람과 앞으로 감옥에 갈 사람"이라고 하면 다 웃습니다.

과장이 아닌 척 말하면 허풍이 되고, 확실하게 과장하되 뼈가 들어 있으면 유머(해학)가 됩니다.

여러 요소들이 두루 섞인 유머도 흔합니다. 뜻밖의 불일치와 익숙함과 반복, 과장이 섞인 사례가 앞서 감정선 디자인에 소개되었던 신입생 환영회에서 진행된 'P.E.C.K.의 지혜' 강의 도입부입니다. 신입생들은 타지역은 물론, 외국에서도 오지요. 그래서 도입부에 저를 이렇게 소개합니다.

"여러분 모두 미시간공과대학에 오신 걸 환영합니다. 여러분 중 일부는 지역 주민들이지요, 환영합니다. 타지역(out of town)에서 오신 분들도 환영합니다. 멀리 타주(out of state)에서 오신 분들도 환영하고, 심지어 타국(out of country)에서 오신 학생과 가족분들도 환영합니다. 저 역시 외국에서 왔습니다. 제가 전에 살던 곳은 캘리포니아입니다."

마지막 부분에서 청중들이 빵 터집니다. 미국에서는 캘리포니아가 워낙 특별하여 흔히 '외국'이라고 부르는 우스갯소리가 돌아다니기 때문입니다. 그러나 이 유머로 백인 위주 대학에서 웬 동양인이 신입생 환영회에 기조강연을 하는가에 대해 가졌을지도 모를 청중의 불편함을 완전히 해소시킬 수 있었습니다.

⑦ 가학적 유머

외모 비하, 성차별, 바보 흉내 등이 가학적인 유머입니다. 남의 단점이나 불운으로 우월감과 안도감을 주는 방식입니다.

가학적 유머는 넘지 말아야 하는 선을 침범하기 쉽습니다. 그 선은 어떤 것일까요? 모두가 다 함께 웃으면 유머입니다. 당사자가 웃지 않으면 언어폭력입니다. 저는 남의 불운으로 웃음을 구하는 것은 시도조차 하지 않습니다. 청중 중 단 한 명이라도 창피를 느끼게 해서는 안 됩니다.

남을 기분 나쁘게 하는 농담은 실없습니다. 실없음이란 꾸밈과 미더운

데가 있으나 참됨은 없다는 뜻입니다. 특히 농담이 남을 놀리는 장난일 경우에는 웃음에 누군가가 아픔으로 대가를 치루어야 합니다. 그래서 저는 강사가 강의 중에 농담과 우스갯소리를 하는 경우를 매우 경계합니다. 아무리 재미있고 웃겨도 소중한 강의 시간을 낭비하기 때문입니다.

가학적 유머를 쓸 때는 정말 조심해야 합니다. 내가 어떤 상대를 대상으로 하고 있는지, 어떤 상황이고 어떤 맥락인지를 고려해서 사용해야 합니다. 우습다고 해서 막 해버리면 어떤 상황에서는 분위기가 썰렁해져 버릴 수 있습니다. 그러면 실수한 것입니다.

⑧ 자기비하적 유머

자기비하적 유머는 자신의 단점이나 잘못을 말하면서 청중의 웃음을 유발합니다. 자기비하는 자학과 다릅니다. 자기비하적인 발언은 세상을 좀더 긍정적이고 재미있게 바라보는 시각이며 겸손함을 느끼게 합니다. 반면에 자학적인 발언을 하고 난 후에는 기분이 더 나빠지고, 더 우울해지고, 자존감이 더 낮아집니다.

아무쪼록 강사는 청중 앞에 겸손해야 합니다. 청중보다 높은 전문성을 내세워야 하는 강사는 오만해지거나 자만에 빠지기 쉽습니다. 그래서 유머를 구사함으로써 청중과 친밀감과 동질감을 형성하여 평형을 이루고 거만함을 예방할 수 있습니다.

저는 자기비하적 유머를 애용합니다. 제 발음이 나쁘다고 고백하는 것이 하나의 예입니다. 분명 저 스스로 강사에게는 치명적인 단점을 들춰내고, 그래서 사람들이 어이없어 웃기는 하지만, 그래도 최고의 강사가 될 수 있다는 희망을 줍니다. 그냥 웃기는 이야기가 아니라 단점을 다른 장점으로 충분히 보완할 수 있다는 깨달음을 줍니다.

제 소개를 할 때 제가 노벨 수상자들과 함께 단상에 앉아 있는 사진을 보여주는 경우도 있습니다. 제 모습 아래에 '꼽사리 낀 조벽'이라고 써 놓았습니다. 남이 그런 댓글을 달았다면 화가 날 문구를 저 스스로 달았습니다. 그래서 청중은 안전하게 저와 함께 웃을 수 있습니다.

하지만 자기비하적 유머는 청중의 눈에 제가 전문성을 충분히 확보한 후에만 사용해야 합니다. 제 발음이 나쁘다는 내용의 자기비하적 유머를 저는 강의법을 강의할 때만 사용합니다. 그리고 스토리에 안전장치를 마련해 놓습니다. 바로 'KBS 아나운서들 앞에서 이 이야기를 했다'는 점을 내세우는 것입니다. 발음이 최고로 좋은 방송국 아나운서들을 대상으로 발음에 대해 강의를 했다는 사실에 전문성과 신뢰를 확보하게 됩니다.

'꼽사리 낀 조벽' 사진은 자기 분야에 최고 전문가라고 자부심이 높은 청중들이 모인 강의 상황에서 주로 사용합니다. 꼽사리 끼기는 했지만 다시 말하면 꼽사리 낄 정도는 됐다는 겁니다. 즉, 노벨상 수상자들과 동일하지는 않지만 그들과 같이 한 단상에 앉을 정도는 됐다는 점도 포함됩니다. 그래서 청중이 웃으면서도 동시에 '저 강사는 그래도 그만한 전문가구나' 하고 인정하게 하는 효과를 얻습니다.

안전장치가 있어야만 자기비하를 하더라도 안전합니다. 그래서 자기비하 유머는 함부로 쓰면 안 됩니다. 뭔가 있거나 있어 보이는 강사가 써야지, 아예 없거나 없어 보이는 강사가 쓰면 안 됩니다. 있어 보이는 강사가 할 때는 겸손이지만 없어 보이는 강사가 하면 그냥 자학으로 끝날 수 있습니다.

유머는 웃음 더하기 깨달음

결론적으로, 유머는 엄청난 창의성입니다. 그런데 유머감만 가지고 있으면 코미디언으로 빠지기 쉽습니다. 코미디언들은 유머감이 뛰어난 사람들입니다. 개그, 농담, 우스갯소리 등을 사용해 어떻게 해서라도 웃기면 됩니다. 이상야릇한 소리와 몸짓, 허풍과 과장, 뜻밖의 결론, 반복되는 코멘트(유행어), 언어유희, 야담, 농담 등이 포함됩니다. 개그는 적시하거나 적절하지 않으면 웃음이 아니라 비웃음을 초래할 수 있습니다. 무리하면 불쾌감마저 유발할 수 있습니다.

유머와 웃기는 말의 차이는 그렇게 뚜렷하지 않습니다. 그래서 많은 사람들이 자기가 웃기는 행동, 웃기는 말을 하고서 그게 유머라고 착각하는 경우가 흔합니다. 뚜렷하게 구분되는 영역이 존재하지 않기 때문에 착각하고 오해하기 쉽습니다. 그래서 강사는 코미디언이 되면 안 됩니다.

강사는 창의력을 발휘하되 진정성이 있어야 합니다. 유머감과 별도로 진정성에 대한 감이 있어야 합니다. 이 두 개가 균형을 이룰 때 훌륭한 강사가 됩니다. 한쪽으로 치우치면 그냥 개그맨, 코미디언에 불과합니다. 그 강의는 그냥 엔터테인먼트입니다. 강의에는 진지함이 동시에 들어가 있어야 합니다. 거기에서 깨달음이 나옵니다. 유머는 웃음 더하기 깨달음입니다.

강사는 진중함과 유머감, 둘 다 필요합니다. 진중한 내용을 진중하게만 전개한다면 청중은 빠르게 피곤해지며 강의 내용을 소화하기 어려워집니다. 그러나 강사가 강의 중간중간에 웃음을 선물해서 강의실 분위기를 밝게 해준다면 청중이 강의 내용의 무거움에 짓눌리지 않게 됩니다.

유머는 타인을 기분 좋게 만들어주고, 친근함을 얻고, 스트레스를 견딜 수 있게 해주는 능력입니다. 긍정심리학에서는 유머를 사랑, 희망, 영성과 더불어 '자기 초월 영역의 시그니처 강점' 중에 하나로 여깁니다. 이러한 장점은 세상과 연결되고 삶의 의미를 찾을 수 있도록 돕습니다.

나치 포로수용소에서 살아남은 빅터 프랭클은 유머를 자아를 초월하는 힘이라고 했습니다. 유머는 남이 무슨 짓을 하더라도 웃고 넘어갈 수 있는 능력입니다. '저 사람 왜 그래?'라면서 짜증내고 핏대 올리는 사람은 유머감이 없는 사람입니다. 유머감은 좀 웃기지 않은 일을 하더라도 '허허허' 하고 그냥 넘어갈 수 있는 능력입니다. 고통을 견뎌내게 하는 능력이 유머감입니다. 대단히 큰 능력입니다.

평생 고통을 맞닥뜨리면서 살았던 사람 중의 한 명인 마하트마 간디가 한 말이 있습니다. "만약 내게 유머감이 없었다면 나는 오래 전에 자살했을 것이다." 그래서 유머는 그냥 우스갯소리가 아니고, 하찮은 것이 아닙니다.

유머감은 내 안에 있는 것으로 하여금 남에게 무언가를 해주는 측면도 있지만, 남이 뭔가 했을 때 그것을 포용하고 수용할 수 있는 능력이라는 뜻이기도 합니다. 한마디로 요약하자면, 유머감이 있는 사람은 스케일이 큰 사람입니다. 많은 것을 수용하고 허용할 수 있습니다. 회복탄력성이 높은 사람들입니다.

깨달음은 새로운 의미를 창출하는 것입니다. 그것을 만들어내는 아주 위력적인, 아주 짧으면서도 강력한 방법이 바로 유머입니다. 또한 유머는 노력하고 훈련하면 얻을 수 있는 능력입니다. 강사에게도 필요한 능력이지만, 한 존재로서 잘 살아가기 위해서도 필요한 능력입니다.

9

질의응답도
기술이다

대부분의 강사는 강의 후에 청중이 질문할 기회를 잘 만들지 않습니다. 여기에는 혹시 질문이 없어서 썰렁해질까 봐, 혹시 답을 할 수 없는 질문이 나올까 봐, 혹시 공격하거나 반박하는 코멘트가 나올까 봐, 혹시 관련 없는 질문으로 시간을 낭비할까 봐, 해주고 싶은 이야기가 너무 많으니까 등 다양한 이유가 있습니다.

질문이 강의 도중에 나오는 경우도 있습니다. 이를 강의의 흐름을 끊는 불청객으로 여기는 강사가 있는가 하면, 어떤 강사는 청중에게 잠시 휴식을 주는 기회로 여기고 환영합니다. 강사는 강의 초기에 청중에게 아무 때나 질문해도 된다거나, 질문은 강의가 끝난 후에 받겠다거나, 또는 질문을 써 내게 한다거나 등 질의응답 기회에 대해서 알려주어야 합니다. 이런 방법들은 가끔 질문의 질을 높이거나 또 강사한테 선택권을 주기 위한 방법으로 사용되기도 합니다. 다양한 상황에 대해서 질의응답하는 팁을 강사의 멘트를 중심으로 알려드리겠습니다.

Q&A를 할 때

다음은 ①과 ②는 강사가 하지 말아야 하는 말이며, 이후 ③부터는 강사가 하면 좋은 말입니다.

① "질문 있습니까?"

질문을 받고 싶지 않다면 이렇게 초대하세요. 이 말처럼 질문이 나오지 않도록 하는 말은 없는 것 같습니다. 강의가 끝나고 충분히 시간이 남았는데도 불구하고, 강사가 질문을 초대했는데도 불구하고 질문이 나오지 않으면 썰렁해집니다. 강의가 끝나기만 기다리던 청중은 좋아할 수 있어도 강사는 계면쩍습니다. 마치 아무도 강의 내용에 대해서 관심을 가지지 않은 것 같기 때문입니다.

만일 강사가 강의 후에 질문이 나오기를 원한다면 강의 도입부에 질문을 초대해야 합니다.

"저는 질문을 환영합니다. 강의가 끝나면 질문을 받겠습니다. 많은 질문이 있기를 기대합니다. 미리 적으셔서 사회자에게 전달하셔도 됩니다."

② "또 다른 질문은 없으신가요?"

이런 부정 문구는 오히려 질문을 억제합니다. 없을 것을 강조하는 대신 있을 것을 당연시하세요.

"질문 몇 가지 더 받을 시간이 충분히 있습니다. 질문해 주시면 고맙겠습니다."

청중이 질문을 한 다음에 강사가 어떻게 답을 하는지에 따라 더 많은 질문이 쏟아질지 아니면 사라질지가 결정됩니다. 강사의 반응에 따라 질의응답 시간의 질이 매우 달라집니다.

③ "좋은 질문이네요. 고맙습니다."

질문을 받으면 답하는 데 급급하지 말고 조금 여유를 가지고 질문 자체에 대해 짤막하게 긍정적인 코멘트를 하세요. 강사가 모든 청중에게 자신이 질문을 환영하고, 질문자를 존중하고 우호적으로 대할 것임을 알리는 것입니다.

딱히 좋은 생각이나 멘트가 떠오르지 않으면 그냥 "아, 좋은 질문입니다"만 해도 됩니다. 그러나 질문마다 똑같은 말을 반복하면 진정성이 떨어집니다. 그래서 다양한 코멘트를 미리 생각해 두는 것이 좋습니다.

질문의 요지보다 더 중요한 것은 질문 행위 자체입니다. 질문은 청중이 강의에 관심을 가져주었고 더 알고 싶은 마음이 들었다는 증거입니다. 그래서 질문은 강사에게 참 고마운 반응입니다. 고마움을 충분히 표시하세요.

④ "이러이러한 질문이지요?"

모든 청중이 질문을 잘 들을 수 없는 상황이라면 질문을 다시 반복하세요. 이때 되도록 질문을 그대로 반복하면 좋습니다. 질문이 길거나 장황할 때는 핵심 요지를 최대한 충실하게 반영하면 됩니다.

모든 청중이 잘 들었더라도 '미러링'하세요. 미러링(거울식 반영)은 경청을 나타내는 최고의 기술입니다. 질문자만이 아니라 청중 모두가 강사한 데 존중받고 배려받는 기분이 들게 됩니다.

⑤ "이러이러한 질문으로 이해했습니다. 제가 잘 이해했나요?"

질문이 잘 정리가 되지 않았거나 핵심 포인트가 강의 주제에서 벗어났다면 질문을 조금 다듬거나 포인트를 주제의 핵심으로 수정해 주세요. 대다수의 질문자는 본인의 질문이 훼손되었다고 싫어하기보다는 오히려 좋은 질문으로 만들어준 강사가 고마울 것입니다.

청중은 흔히 남들 앞에서 손들고 질문하기를 망설입니다. 혹시나 수준 낮은 질문으로 창피당하지는 않을까 두려움이 앞서기 때문입니다. 심지어 '바보 같은 질문이 될 수 있는데요'라며 먼저 자책하며 질문하기도 합니다. 그런데 강사가 설익은 질문마저 좋은 질문으로 만들어주니 일단 신뢰가 갑니다. 그런 후부터는 청중들이 안심하고 질문하게 됩니다.

횡설수설하는 질문자를 한심하게 여기지 마세요. 질의응답 시간은 청중을 평가하는 시간이 아닙니다. 강사는 말할 내용을 미리 준비해 왔으니 짜임새가 있지만 질문자는 즉석에서 말하니 어설플 수 있습니다. 용기를 낸 질문자를 존중해 주세요.

첫 한두 질문에 강사가 질문자를 보호해 주고 배려해 주고 돋보이게 해준다면 청중이 자신감이 생겨서 질문이 많이 나올 것입니다.

⑥ "……"

질문이 끝나자마자 답을 하는 강사가 많습니다. 심지어 질문이 끝나기도 전에 답하려고 서두르는 강사도 있습니다. 이때 강사 표정은 밝습니다. 답을 아는 질문을 해줘서 너무 고마운 겁니다. 마치 문제 푸는 수험

생이 아는 질문이 나오면 신이 나서 지체 없이 답을 쓰듯이 말입니다. 그러나 질의응답 시간은 강사의 시험대가 아닙니다. 여유를 지니세요.

질문을 받으면 가끔 대답하기 전에 약간 뜸을 들이세요. 두 가지 효과가 있습니다. 첫째, 좋은 답변을 준비할 여유를 확보합니다. 답변을 곧바로 말해야 한다는 중압감에서 벗어나세요. 뜸을 들인다고 청중이 강사의 전문성을 의심하지는 않습니다. 오히려 신중하다고 여깁니다. 답변을 하는 중에 말이 꼬이거나 머뭇거리게 되면 전문성이 상처를 입게 됩니다.

둘째, 강사가 답을 쉽게 말할 수 있음에도 뜸을 들이게 되면 청중은 자신의 질문이 가볍게 다뤄지지 않고 있다는 메시지를 받습니다. '다행히 바보 같은 질문이 아니었구나' 하면서 안심하고, '강사가 생각을 많이 해주시는구나' 하면서 고마워합니다. 청중 모두가 답변에 대한 기대가 커지고 강사에게 집중하게 됩니다.

⑦ "제 생각은 이렇습니다." 또는 "제 경험에 비춰 봤을 때는……"

답변을 강사 본인의 의견으로 한정시키세요. 강사의 마음이 열려 있으며 다른 사람의 의견을 존중하겠다는 뜻을 전달하게 됩니다.

제가 강의를 할 때 가장 흔하게 하는 말은 "저는……" 또는 '제 생각은……'입니다. 제가 다 아는 것도 아니고, 제 이야기가 불변의 법칙도 아니고, 제 의견만 옳은 것이 아니라고 청중에게 수시로 말해줍니다. 질의응답할 때는 그것을 더 강조합니다.

저는 강의를 할 때 모르는 사이에 우월감이 생기지 않나 수시로 점검합니다. 강사는 우월한 전문성 때문에 청중 앞에 선 것이므로 그런 마음이 생기기 너무 쉽습니다. 그러나 우월감이 생기면 상대를 점점 얕잡아보게 됩니다. 매우 위험합니다. 강사가 초심을 잃은 상태입니다. 강사의 초심은 청중에 대한 존중과 그들 삶에 기여하고자 하는 마음입니다. 답변이 의견임을 강조하는 습관은 제가 초심을 기억하는 또하나의 장치입니다.

⑧ "이러이러해서 참 좋은 질문이라고 생각합니다."

질문이 왜 좋은지 설명하세요. 비록 질문자 본인은 질문의 취지를 알고 있어도 다른 청중들은 전혀 감을 잡지 못할 수 있습니다. 질문 자체에 의미와 가치를 부여해 주는 방법입니다. 그래서 질문자 외에 다른 청중도 답변에 관심을 가지도록 유도합니다. 그래야 질의응답이 질문자와 강사 둘만의 사적 대화가 아니라 청중 전체가 참여하는 질의응답 시간이 될 수 있습니다.

⑨ 청중을 둘러보며 답하기

강사가 흔히 하는 실수가 오로지 질문자한테만 답을 하는 것입니다. 바람직하지 않습니다. 비록 한 사람이 궁금해서 질문했지만, 답은 전체한테 해야 합니다. 누구도 소외돼서는 안 되기 때문입니다. 질의응답이 강사와 질문자 사이에 개인적인 대화가 되어서는 안 됩니다. 둘만의 사적 대화처럼 보이면 청중은 남 이야기를 엿듣는 형태가 돼버립니다.

답을 할 때는 모두를 보면서 해야 합니다. 그런데 질문한 사람을 외면하거나 무시한다고 오해할 수 있으니 청중 전체를 둘러보기 전에 먼저 질문자를 보면서 답변을 시작하세요. 답변을 마무리할 때는 다시 질문자에게 집중하세요.

⑩ "특별한 경우라서 제가 배경을 확실히 알지 않고는 답변을 드리기 어렵습니다. 하지만 이와 비슷하지만 일반적인 상황에서는……"

개인 문제에 대한 조언을 구하는 질문도 많습니다. 다른 청중에게는 관심 밖일 수 있습니다. 관심이 있더라도 내용이 모두에게 도움이 되지 않는 경우도 많습니다. 또한 상황을 잘 모르고 조언하는 것은 비전문가적인 행위입니다. 질문자에게 해가 될 수도 있습니다.

그래서 저는 질문을 재구성합니다. 질문자가 언급한 특별한 경우에서 가장 흔한 요소들에 초점을 맞춘 다음, 제가 한계를 긋는다는 사실을 청중에게 알리고, 한정된 답변을 합니다. 모든 청중에게 도움이 되는 질의응답이 되도록 만듭니다.

⑪ "그 부분은 잠시 후에 다루게 됩니다. 혹시 강의 내용으로 충분한 답변이 되지 않으면 그때 다시 질문해 주세요."

질문이 강의를 앞서갈 때가 있습니다. 좋은 징조입니다. 강의가 잘 구성되었다면 청중은 앞을 내다보게 됩니다. 기대감과 호기심도 생기고 궁금한 것이 생기기 때문에 질문하는 것입니다. 어떤 강사는 괜히 유머를 쓴답시고 "속도위반하시네요" 같은 멘트를 던지기도 합니다. 청중이 웃더라도 이건 유머가 아닙니다. 그냥 질문한 사람을 무안하게 만드는 겁니다. 질문자가 웃음의 대상이 되었기 때문입니다.

⑫ "좋은 질문을 해줘서 고맙습니다. 제 최선을 다해 답해 보도록 하겠습니다."

질문자가 강사를 곤경에 빠트리기 위해서 일부러 까다로운 질문을 하거나 자신을 돋보이거나 잘난 체하기 위해서 질문을 하는 경우도 가끔 있습니다. 질문이라는 형태를 빌려서 자기가 얼마나 많이 알고 있고 얼마나 잘났는지를 과시하려는 상황입니다. 강사는 응수할 필요도 없고 이기려 할 필요도 없습니다. 역공은 어리석은 일입니다. 이겨봤자 본전이고, 지면 큰 손해이기 때문입니다.

강사는 겸손하면 됩니다. 겸손은 상대에게 자신을 낮추는 행위가 아닙니다. 오히려 낮추면 안 됩니다. 강사는 청중보다 전문성이 높은 사람이어야 하기 때문입니다.

겸손은 '나는 당신과 경쟁하지 않겠습니다'라는 선언입니다. 맞붙지 않고 비켜주는 것입니다. 그렇다고 해서 청중이 강사가 졌다고 판단하지는 않습니다. 질문자의 잘못된 의도는 청중도 알아차릴 테니까요. 질문자는 만족합니다. 강사가 자신의 질문이 좋은 질문이라고 인정해 줬으니까요. 질문의 목표를 이룬 셈입니다.

군이 비유하자면 맞싸우는 게 아니라 덤벼드는 상대를 살짝 비켜 서줌으로써 스스로 넘어지게 하는 방식이라고 할 수 있습니다. 그러나 상대는 화려하게 도는 기술을 보였다고 착각하며 만족하는 셈입니다.

⑬ "그렇게도 생각할 수 있겠네요. 그러나⋯⋯"

청중이 오래된 정보나 상반된 이론을 제시할 경우 그 내용을 비하하지 마세요. 수업 시간이 아니라면 청중을 가르친다기보다는 청중의 시야를 넓혀준다는 시각으로 접근하세요.

⑭ "혹시 세션이 끝난 후에 따로 이야기 나눌 수 있을까요?" "혹시 이 질문에 대해 답변을 아는 분 계시나요?"

하지만 계속해서 꼬리를 물고 질문 공세를 이어간다면 어떻게 해야 할까요? 난처할 수 있습니다. 강사는 한 사람이 질문을 독점하게 내버려두어서는 안 됩니다. 강의가 논쟁으로 변질되도록 내버려두어서는 안 됩니다. 강사는 질문자 한 명이 아니라 청중 전체를 만족시켜야 하는 책임이 있습니다.

이럴 때는 답변을 뒤로 미루거나 다른 사람에게 넘겨주어도 됩니다. 강사가 답을 꼭 해야 한다는 강박감에서 벗어나시면 됩니다.

⑮ **"그 질문에 대해서 미처 생각을 못 해봤습니다. 하지만 어디서 답을 찾을 수 있는지는 알고 있으니 곧 답을 찾아서 알려드리겠습니다."**

강사의 말에서 약점을 파고들거나 트집을 잡거나 자신의 의견과 다른 것을 이야기하면 공격적으로 나오는 고약한 경우가 있습니다. 또는 정말 좋지만 답하기 어려운 질문을 받을 때도 있습니다. 이럴 때는 당황하고 창피할 수 있습니다. 강사 자존심에 상처를 입을까 봐 두렵습니다.

이런 경우에는 가장 먼저 강사가 모든 질문에 답을 알아야 한다는 중압감을 버리세요. 아무리 강사가 한 분야에 전문가라고 해도 그 분야에 대해 모든 걸 다 아는 사람은 없습니다. 그러나 식은땀을 흘려가며 끙끙대는 강사가 있습니다. 보기 딱합니다. 시원찮은 답을 좋은 답인 척하는 강사가 가장 불쌍하게 보입니다.

강사가 모든 것을 다 알 필요는 없지만 그냥 인정하는 것으로 끝내면 무책임한 사람이 됩니다. "답을 찾아서 알려드리겠습니다"라고 하면 책임 있는 강사로 인정받게 됩니다.

내가 강사로 살아가는 이유

이 책의 첫머리에서 저는 운 좋게 고등학교 시절 훌륭한 멘토를 만났다고 고백했습니다. 저를 감탄하고 감격하게 만들고, 저에게 감동과 감명을 선물하신 분이라고 했습니다. 저는 그때 이성과 감성이 합쳐질 때 마음이 움직인다는 것을 처음으로 알았습니다.

사실 저는 중학교 시절 남몰래 가슴에 품은 꿈이 있었습니다. 강의하는 강사가 그 꿈이었습니다. 두 가지 사건이 맞물려 꿈을 만들어냈습니다.

그 시절 저는 밥 말리의 레게와 해리 벨라폰테의 칼립소의 나라 자메이카에서 꿈같은 사춘기를 보냈습니다. 참으로 한가로운 나라였고, 집에는 손님들이 가득했습니다. 거의 매일 저녁식사 후에 부모님은 손님들과 이야기꽃을 피웠습니다. 1960년대 어른들의 대화 레퍼토리는 주로 일제 강점기와 6·25 전쟁 이야기였습니다. 저는 거실 한구석에 조용히 앉아 어른들의 이야기를 들었습니다. 나라를 구하는 사람들의 이야기는 언제나 감동적이었습니다. 어느덧 제 꿈은 나라를 구하는 영웅이 되었습니다.

마침 집에는 『플루타르코스 영웅전』이 있었습니다. 제가 어린 시절에는 남자아이에게 이 책은 필독서였습니다. 그 책을 열 번 넘게 읽었습니다.

책에는 알렉산더 대왕부터 카이사르와 안토니우스 등 그리스 로마 시대 영웅 수십 명의 삶이 그려져 있었습니다. 저는 특히 데모스테네스 편을 좋아했습니다. 잘 알려지지는 않았지만, 그는 아테네의 웅변가로 시대의 의사(醫師)이며 요즘으로 치자면 강의(講義)하는 강사(師)였습니다.

제가 데모스테네스에 이끌린 이유는 두 가지입니다. 첫째, 군대가 아니라 웅변으로 나라를 구할 수 있다는 것이 신기했습니다. 둘째, 타고난 말더듬이가 노력으로 단점을 극복하여 최고의 웅변가가 되었다는 이야기에 큰 희망을 느꼈습니다. 제가 말을 더듬는다고 누이들에게 핀잔을 자주 들었기에 주눅이 들어 있었기 때문입니다.

데모스테네스는 바닷가에 가서 파도 소리와 맞싸워 연설하면서 말 더듬는 습관을 고쳤다고 합니다. 어깨를 꿈틀거리는 나쁜 습관을 없애려고 지하실 천장에 칼을 매달아 어깨 위에 걸어놨다고도 합니다. '나도 노력하면 되겠구나' 하는 생각에 가슴이 뛰었습니다. 그렇게 나라를 구하는 영웅이 되겠다는 꿈이 웅변가의 꿈으로 발전한 것입니다.

그러나 저는 누구에게도 제 우상이 데모스테네스이며 저도 그와 같이 웅변으로 나라를 구하는 일이 꿈이라고 말하지 않았습니다. 어렸을 때는 비웃음을 받을까 봐 싫었고, 자라서는 '구국'이라는 말이 얼마나 엄청난 말인지를 알았기 때문에 두려웠습니다.

그러나 이제는 말할 수 있습니다. 나라를 외적으로부터 구하는 일이 아니더라도 우리 사회의 미래를 좀먹고 있는 크고 작은 문제의 심각성을 일깨워주고 이에 대한 해결책을 제시하는 것도 의미 있고 중요하다는 것을 알기 때문입니다. 자신이 할 수 있는 일을 묵묵히 하는 것도 충분히 이로운 일임을 이제는 알기 때문입니다.

제가 지금 하는 일이 그런 일입니다. 학교폭력의 심각성과 예방법, 애착 손상 예방법, 자녀를 인재로 키우기, 학생을 인재로 가르치기, 감정코칭하기, 감정 응급처치하기, 소통하는 법, 좋은 관계 만드는 법, 회복탄력성 강화하기, 행복하게 살아가는 방법, 강의를 잘하는 방법 등에 대한 해결책을 제시하면서 살고 있습니다.

아직 이런 문제들이 해결되었다는 소식은 없으니 제가 영웅이 아님은 틀림없습니다. 그러나 저는 제 수준에서 이런 문제들의 해결을 위해 할 수 있는 일을 성심껏 하고 있습니다. 그래서 저는 어릴 적 꿈을 이루면서 살고 있다고 당당하게 말할 수 있습니다.

저에게는 지금 새로운 꿈이 있습니다. 이 꿈은 제 아내와 함께 꾸는 꿈입니다. 바로 저희가 설립한 HD행복연구소가 우리 사회에 행복 씨앗을 심는 많은 강사들의 보금자리가 되는 것입니다. 앞으로 100년 동안 지탱할 수 있는 튼튼한 보금자리를 만드는 것이 저희의 꿈입니다.

많은 강사들이 저희와 함께 이 꿈을 공유하고 있습니다. 각자 할 수 있는 일을 찾아 그 일을 맡아서 묵묵히 기여합니다. 저희와 함께하는 강사는 연구소에서 건강한 음식을 만들어 밥을 나눠 먹고, 청소를 나눠 하고, 배움을 나눕니다. 청결하고 건강한 몸과 마음과 정신을 지녀서 스스로 이롭고 의로워야 남에게도 그리 할 수 있다는 믿음에 동참하는 것입니다.

HD행복연구소는 저희의 가치와 비전을 공유하는 강사에게 개방되어 있습니다. 우리 사회에 행복 씨앗을 심고 싶은 사람들은 언제나 환영합니다. 한 명이라도 더 함께 모이면 저희의 꿈을 앞으로도 오래 이어갈 수 있겠지요. 이것이 저희 부부가 강사와 심리치료사로 살아가는 이유입니다.

2020년 9월
조벽

감사의 말

어느덧 강의를 해온 지 30년이 훌쩍 넘었습니다. 첫 15년은 대학에서 학기 내내 진행되는 수업을 했고, 최근 15년 동안은 주로 일회성 강의를 해왔습니다. 그래서 이전에는 교수법에 대한 책을, 이번에는 강의법에 대한 책을 집필하게 되었습니다.

이 원고를 쓰면서 많은 분들이 고맙게 다가왔습니다. 제게 강의를 할 기회를 주신 분들입니다. 이 책에 나오는 강의 사례들은 이분들 덕분입니다. (호칭은 당시 직함을 사용하겠습니다.)

제가 1994년에 브레인풀 초빙교수로 서울대학교에 와 있을 때 연구회에서 특강을 한 것이 한국 교육계에 첫발을 내딛는 계기가 되었습니다. 서울대학교의 김도연, 유영제, 정석호 교수님께 감사드립니다. 교육에 관심을 가진 서울대 'Friday 13'의 원년 멤버들입니다. 그 후에도 최근까지 이분들과 함께 국가적 차원에서 교육에 관한 여러 다양한 일을 할 기회를 얻게 되었습니다.

2000년과 2001년에 저를 서울대학교에 초청해 서울대학교 교수학습개발센터 설립에 관한 자문을 부탁하신 서울대학교 이기준 총장님이 고맙습니다. 그 결과 전국의 대학교에서 교수님들을 대상으로 강의를 할 수 있는 소중한 기회를 얻게 되었습니다. 저는 이기준 총장님이 추진하시는 교육혁신 리더십을 존경하기에 제가 2008년에 한국공학한림원의 해동상을 수여하면서 받은 상금 전액에 제 개인 성금을 보태어 한국공학교육학회에 기부하여 '이기준 공학교육혁신상'을 만들었습니다. 총장님께 미미하나마 조금이라도 감사의 뜻을 전할 수 있어 다행으로 여깁니다.

부산교육연수원 이병애 연구사님과 한국기술교육대학 김정근 교수님께 감사드립니다. 두 분 덕분에 제가 미국에 있으면서도 수년간 매해 주기적으로 한국을 방문하여 교사와 교수들을 대상으로 강의법 연수를 진행할 수 있었습니다.

제가 2005년에 미시간공과대학을 떠나 한국에 영구 귀국한 후에도 계속 강의 활동을 할 수 있도록 도와주신 분들이 계십니다. 동국대학교 오영교 총장님과 김병식 부총장님, 숙명여자대학교 이경숙 총장님과 강정애 총장님, 연세대학교 김우식 총장님, 울산대학교 김도연 총장님, 고려대학교 정진택 총장님께 온 마음을 다해 감사드립니다. 특히 정진택 총장님과 저는 지난 25년 동안 주기적으로 일을 함께 해왔습니다. 한 나라에 있지도 않고, 한 대학 관계자도 아니고, 같은 분야도 아니며, 같은 직책에 있지도 않은데 긴 세월 동안 이어온 참으로 특이하고 소중한 관계가 고맙습니다.

2008년 EBS 다큐멘터리 〈최고의 교수〉를 제작한 이형관 PD와 채제분 작가님이 고맙습니다. 제가 한국에 영구 귀국하자마자 제 교수법을 한국 사회에 널리 알려주셨고, 그 덕에 한국에 잘 안착할 수 있었습니다. 다큐멘터리에 함께 등장한 하버드대 마이클 샌델 교수나 옥스퍼드대 데니스 노블 교수에 비해 인지도가 적었던 저를 믿어주셔서 정말 고맙습니다.

2010년 EBS 다큐프라임 교육대기획 〈우리 선생님이 달라졌어요〉를 제작한 정성욱 PD님께 감사드립니다. 또 『나는 대한민국의 교사다』를 온라인 연수 과정으로 제작해 주신 테크빌의 이형세 대표님과 김지혜 상무님이 고맙습니다. 티처빌 온라인 플랫폼을 통해 수만 명의 교사에게 교수법을 전달할 수 있었습니다.

저를 2007년부터 '글로벌 인재 포럼'에 열 번이나 강사 또는 강연회 좌장으로 초대해 준 한국경제신문사와 교육부, 한국직업능력개발원 관계자들에게 감사드립니다. 특히 총괄간사를 맡으셨던 장병석 간사님께 고맙습니다.

해군사관학교 인성교육실의 이은지 실장님에게 감사드립니다. 제가 국방부와 계룡대를 비롯하여 많은 군부대와 군 기관에서 특강을 했지만 해군사관학교에서는 30차례 이상 했습니다. 특히 지난 6년 동안에는 매해 사관학교 생도들 전원과 훈육요원들에게 특강뿐만 아니라 제 제자들과 함께 1박2일 연수를 진행해 왔습니다. 이은지 실장님의 믿음과 추진력이 있었기에 가능한 일이었습니다. 또한 매해 60명에서 90명이나 되는 강사진을 행정적으로 지원해 준 신정민, 장태자 강사님을 비롯하여 박현주, 조정미, 최현화, 한수원 강사님이 고맙습니다.

교육부 장·차관과 함께 전국을 순회하면서 '학부모 토크 콘서트'와 '릴레이 포럼'에서 기조강의를 하는 경험도 가졌습니다. 이런 기회를 주신 교육부 관계자들에게 감사드립니다. 한국교원대종합교육연수원의 문진 연구관과 문성진 연구사에게 감사드립니다. 평생 잊지 못할 특별한 경험들이었습니다.

저희 부부가 하노이에서 강사 양성 프로그램을 개최하는 데 물심양면으로 도와주신 김성자 선생님과 윤상호 하노이한인회 회장님께 감사드립니다. 저희가 베트남 국영방송과 함께 제작한 다큐멘터리에 남미라, 양희경, 최우생, 한승희 강사님께서 참여해주셔서 고마웠습니다. 베트남에서의 활동을 처음 시작하게 해주신 하노이한국국제학교의 오경자 교장 선생님과 이승준 담당선생님께도 감사드립니다.

저와 제 아내가 함께 설립한 HD행복연구소는 우리 사회에 행복 씨앗을 심는 강사를 양성하고 있습니다. 이 과정에 많은 동료 강사들이 수고를 해주십니다. 그중 강의심사위원장을 역임한 이혜수, 최영주 선생님을 비롯하여 많은 강의심사위원들께 진심으로 감사드립니다. 강사 양성 과정을 총괄해 오신 김민정, 김순복, 박영순, 이정온 강사님을 비롯하여 연구소 운영에 도움을 주신 김남희, 김민주, 김수진, 김혜빈, 김희정, 박웅식, 박지윤, 박진희, 박현아, 박현진, 박혜준, 배윤경, 신기영, 이광호, 이상도, 조은혜, 진수명, 천미영, 추은혜 선생님께 감사드립니다. 최근 코로나19 사태에도 불구하고 주 강사로 활동해 주신 김미숙, 문수영, 신미카엘라, 유재희, 유희남, 윤지영, 전옥선, 한이숙 선생님을 비롯하여 많은 강사님들께 감사드립니다.

지난 수년간 저희 연구소가 양성한 감정코칭 전문 강사들과 함께 전국 어린이집 교사들에게 감정코칭 특강을 하는 봉사활동을 해오고 있습니다. 하나원에서는 탈북 여성들에게, 아동복지시설에서는 상담사와 복지사에게, Wee상담센터에서는 상담사에게 강의를 했습니다. 또 천안함, 세

월호, 경주지진 등 사고 현장에서 트라우마 응급 처치를 위한 다양한 관계들을 안정시키고 안심시키기 위한 힐링 프로그램을 진행했습니다. 저희는 감정코칭과 감정응급처치법을 강의하는 (사)감정코칭협회 전문 강사들이 매우 자랑스럽습니다. 존과 줄리 가트맨 명예회장님을 비롯하여 김미화, 한이숙, 한정희 회장님, 그리고 현 회장단의 심기원, 이상도, 이세나, 이진현, 이혜수, 임선녀, 최명길, 최영주 선생님께 감사드립니다. 수고하신 강사님들을 일일이 다 거명하지 못해 죄송합니다. 너그러이 이해해 주시리라 믿습니다.

HD행복연구소의 자매기관인 HD가족클리닉은 상담뿐만 아니라 서울가정법원, 서울북부법원과 서울남부법원의 위탁센터로서 이혼의 법적 절차를 진행 중인 부부를 위한 강의를 진행합니다. 매우 어려운 상황에서 유익하고 희망을 주는 프로그램을 맡고 있는 김민정, 김순복, 이학기, 박만기, 이혜수 국제공인 가트맨부부치료사들과 이수현, 이경진 선생님들이 고맙습니다.

이러한 강사 활동이 가능하도록 지원하는 연구소와 관련 기관의 행정 스태프들인 강부경, 김순임, 이소영, 이진, 정기원, 한명례, 홍인숙, 황애숙 선생님께도 감사드립니다. 연구소 일을 말없이 도와주고 지원해 주는 제 누이 조성아와 조화주도 고맙습니다.

저는 제가 집필하는 모든 책을 해냄출판사에 맡깁니다. 제가 오로지 책 집필에 집중할 수 있는 편안한 여건을 만들어주기 때문입니다. 해냄출판사의 박신애 편집자, 이혜진 주간, 송영석 대표께 감사드립니다.

저는 이 원고를 신축된 HD행복연구소에서 집필했습니다. 아름답고 운치 있는 북악산과 북한산, 인왕산으로 둘러싸여 평화롭고 조용한 연구소는 집필하기에 안성맞춤입니다. 저희가 가장 힘겨울 때 힘이 되어주신 허정 고문님과 오윤경 변호사께 머리 숙여 감사드립니다. 앞으로도 두고 두고 고마워할 것입니다. 이분들 덕에 건물이 완공되었습니다. 김민혁 변호사, 조창구 회장과 이각수 대표를 비롯하여 음으로 양으로 지지해 주신 박항기, 서경숙, 이덕경, 김영선, 김영주 님께 진심으로 감사드립니다.

제가 교육자의 길을 가는 것을 가장 기뻐해 주셨던 저희 부모님이 생각납니다. 강의하는 강사의 길로 안내해 주신 저희 부모님이 사무치게 그립습니다.

마지막으로 가장 소중하고 고마운 사람에게 감사합니다. 제 아내이며 심리학자 최성애와 저는 함께 살고, 함께 걷고, 함께 강의하면서 많은 세월을 보냈습니다. 지난 36년 동안 지구 한 바퀴 반이나 되는 거리를 함께 산책하면서 저는 제 아내에게 심리학을 배웠습니다. 그리고 한길, 요한, 수경, 주호, 미유, 이랑, 은영, 단이를 함께 돌보면서 감정의 중요성을 배웠습니다. 함께 꿈을 꾸고, 함께 꿈을 이루어가고 있습니다. 이러한 바탕이 밑거름이 되어 이 책을 집필할 수 있었습니다. 고맙고 또 고맙습니다.

이 모든 고마운 분들께 조금이라도 보답이 될 만한 책이 되기를 바라고, 독자들에게 실질적인 도움이 되기를 바랍니다. 대한민국이 '강의하는 강사'로 인해 더 큰 깨침과 깨달음과 힐링을 얻고 한반도뿐만 아니라 지구촌에까지 희망적인 미래를 만드는 데 일조할 수 있게 되길 진심으로 바랍니다. 그렇게 해주시는 '강의하는 강사님' 모두 고맙고 감사합니다.

2020년 9월

조벽

부록

강의법과 교수법

저는 초·중·고와 대학에서 한 학기 내내 가르치는 행위를 '수업'이라고 부르고, 일회성으로 끝나는 행위를 '강의'라고 합니다. 그리고 각종 회의나 수업 시간에 이루어지는 '발표'가 있습니다.

이와 연계해서 교수나 대학 강사 그리고 교사를 '교수자'라고 칭하고 교수자가 수업 시간에 활용하는 기술을 '교수법', 강의와 강연을 하는 자를 '강사'로 칭하고 이에 필요한 기술을 '강의법', 그리고 '발표자'가 발표할 때 동원하는 기술을 '발표법'이라고 구분하겠습니다. 대상자는 각각 '학생' '청중' '참석자'라고 일부러 구분해서 부르겠습니다. 하지만 굳이 다른 명칭을 사용하지 않아도 구분이 충분한 경우에는 자유롭게 혼용하겠습니다.

'강의하기'는 주로 학문적 지식과 정보를 체계적으로 전달하기 위한 행위를 뜻하는 반면, '강연하기'는 강사 자신의 개인 의견 전달이 좀더 중심이 된 행위를 뜻한다는 차이가 있습니다.

'연설하기'는 한국에서는 주로 정치적인 행사에서 강연하는 행위를 뜻하

교수법 (초·중·고대학 수업) 연속성(대하 드라마)	강의법 (특강) 일회성(단편영화)	발표법 (회의) 일회성(단편영화)
	콘텐츠 준비하고 전달하기 말하기/설득하기 시청각 도구 사용하기 동기부여하기	
수업 사이 경험 디자인 장기전, 지구전 학생 주도 허락 학생-학생 상호작용	강의 중 경험 디자인 첫 10분 매우 중요 강사 주도 강사-청중 상호작용	핵심 내용 전달 첫 10분만 있음 조건/청중 주도 질의응답

부록 1-1 교수법과 강의법과 발표기술

지요. 일반적으로 개인 의견과 입장을 청중이 이해하도록 피력하고 어필하기를 넘어서 청중을 연설자가 원하는 행동으로 유도하는 게 주된 목적입니다. 한때 '웅변'이라고 부르기도 했고 한국에 웅변학원이 대유행했던 적도 있으나 현재는 이 모든 행위를 통틀어 '스피치'라고 부릅니다.

편의상 구분하는 것입니다. 실제로 이 모든 종류의 활동에 서로 겹치는 부분이 많습니다. 수업 같은 강의도 있고, 강의 같은 발표도 있습니다. 강의가 연설이 되기도 하고 심지어 목회자의 설교처럼 느껴질 때도 흔합니다.

이처럼 서로 확연한 경계선이 없고 유사한 점이 많기 때문에 이 책에 소개되는 강의법은 상당 부분 교수법과 발표법에도 다분히 적용됩니다. 이제 이들 사이의 유사점과 차이점을 살펴보겠습니다.

셋 사이의 유사점과 차이점

강의법, 교수법, 발표법 등에는 두드러지는 유사점이 있기 때문에 일반인들은 보통 이들을 특별히 구분하지 않습니다. 모두 준비된 콘텐츠가 전달되고, 상당 부분 말하는 행위로 이루어지고, 흔히 시청각 도구가 사용되고, 청중에게 동기부여 또는 설득을 하는 행위가 동반됩니다. 그래서 강의법의 상당 부분은 강사, 교수자, 발표자 모두에게 유용합니다.

그러나 차이점도 있습니다. 먼저 강의법과 교수법의 차이를 드라마에 비유하여 설명하겠습니다. 강의가 한두 시간짜리 한 편의 영화라면 수업은 40부작 연속극이라고 할 수 있습니다. 영화에는 기승전결이 알차고 박진감 있게 진행되는 반면 연속극은 각 편마다 스토리가 있지만 다음 편을 기다리게 만드는 서스펜스 요소로 끝납니다. 강사는 모든 것을 그 한정된 시간 안에 쏟아내서 목표를 달성해야 합니다.

반면 한 학기 내내 연속적으로 이어지는 수업에는 매 수업마다 이루어야 하는 세부적인 학습 목표가 서서히 쌓이고 연결되면서 학기 말에 더 큰 학습 목표를 이루게 됩니다. 이 근본적인 차이는 상당히 많은 세부적인 차이로 이어지게 됩니다.

- 강사는 하나의 강의만 준비하면 되지만 교수자는 수업과 수업 사이마저 디자인해야 합니다. 즉, 수업 사이에 어떤 과제(숙제)를 내주고 어떻게 피드백을 줄 것인가를 고민하고 디자인해야 합니다.
- 강의는 일회성입니다. 강사에게는 다음 기회가 없으며, 첫인상을 비롯하여 첫 몇 분이 강의의 성패를 많이 좌우합니다. 청중의 수준(인지적 능력)과 니즈와 학습동기(정서적 상태)가 매우 다양합니다. 그래서 강사는 강의 초반에 청중의 주의력을 모을 수 있는 강렬한 힘과 강의법 기술이

있어야 합니다.

반면에 교수자는 오늘 학생의 마음을 사로잡기에 실패하더라도 다음번 수업시간에 학생들이 다시 옵니다. 교수자에게 여러 번의 기회가 주어지는 셈이어서 느긋하게 장기전을 치룰 수 있습니다.

- 수업의 경우, 비록 학생들의 기초 실력이 다양하더라도 이들의 학문적 성숙도는 비슷하고 동일한 학습 목표를 공유하고 있습니다. 그래서 교수자가 수업을 준비하기가 비교적 수월합니다.

강의의 경우, 청중이 매우 다양합니다. 일반인을 대상으로 강의를 할 때는 아이들부터 나이 많은 어르신들까지, 강의 주제에 대해 초보자부터 준전문가까지 함께 섞여 있는 경우가 흔합니다. 누구의 수준에 맞출 것인가를 판단하기 어렵습니다. 그래서 강사는 청중에 대한 사전 지식을 얻으려고 노력해야 합니다.

- 수업 시 교수자는 'sage on the stage'가 아니라 'guide on the side'가 될 수 있어야 합니다. 즉, 교단 중심에 우뚝 선 지도자가 아니라 학생 곁에서 돕는 가이드가 되어야 합니다. 학습 주도권을 학생에게 많이 넘겨주는 게 바람직하다는 의미입니다. 그래야 학생들이 자기주도학습 능력을 키울 수 있기 때문입니다. 학생들이 수업 도중에 많은 질문을 하도록 허락하고 발표하도록 유도하는 '거꾸로 수업'과 '하브루타 수업' 등이 대표적인 예입니다.

이와 반대로 강의는 처음부터 끝까지 강사가 주도해야 합니다. 청중이 강사에게 집중하도록 하고, 강사의 논리적 전개를 이해하고, 강사의 감정에 이입하도록 유도해야 합니다. 물론 자신의 생각에 너무 빠진 나머지 강사가 하는 말이 더 이상 귀에 들어오지 않는다면 강사는 강의 목적을 달성하지 못하게 됩니다.

- 청중(학생)과 상호작용 면에서도 차이가 있습니다. 강의 시에는 강사와 청중 사이의 관계에 집중합니다. 그러나 수업 시에는 교수자와 학생 사이만이 아니라 학생들 간 관계도 매우 중요합니다. 팀워크와 토론 등 학생들끼리 어울리면서 공부할 때 얻어지는 '동료학습(peer learning)' 효과를 극대화하기 위함입니다.
- 교수자는 학생의 학습 활동 영역을 다차원적으로 확산시켜야 합니다. 공간적으로 교실 밖으로, 시간적으로 수업시간 외로, 그리고 상호작용을 교수자와 학생 외 다른 사람으로 점차 확대해 나가야 합니다.
  반면 강사의 영역은 주어진 강의장과 강의 시간에 한정되어 있습니다. 강사와 청중의 에너지가 '지금, 여기'에 총집결되는 강렬한 경험을 만들어내야 합니다.

이러한 차이 때문에 대학교수가 수업은 잘하되 강의를 잘 못할 수 있는 것입니다. 또한 어느 한 분야에서 유능하다고 평가받는 강사도 다른 주제의 강의에서는 유능하지 못할 수도 있습니다. 그래서 강의법 심사를 해보면 노련한 초·중·고 교사와 대학교수가 자신만만하게 왔다가 상당히 겸손해져서 가는 경우를 많이 봤습니다.

아무리 경험이 많다고 하더라도 상황이 달라지면 추가 사항을 고려해야 한다는 것을 유의해야 합니다. 그래서 유능한 교수자와 강사들도 경험에만 의지하지 말고 한 번쯤은 강의법을 정식으로 배우고 익히면 다양한 상황에 다양한 대상을 위한 역량을 키울 수 있을 것입니다.

발표도 강의처럼 하라

수업을 대하드라마에, 강의를 한 편의 영화에 비유한다면 발표는 단편 영화입니다. 대부분 발표는 강의보다 짧기 때문입니다. 회의할 때에는 10분 이내일 경우가 많습니다. 그래서 참석자와 상호작용은 중요하지 않고 오로지 발표 목적에 충실하여 핵심 메시지 전달 위주로 진행하게 됩니다.

발표자의 스타일을 내세울 수 있는 여지가 별로 없습니다. 오히려 참석자들의 공동 스타일, 조직의 문화와 습관과 기대치에 부응하기 바쁩니다. 물론 위험부담을 안고 독특한 발표 방식을 내세워 신선함에 승부를 걸 수는 있습니다. 하지만 성공보다 실패할 확률이 높습니다.

왜냐하면 참석자들이 발표를 듣는 이유는 어느 구체적인 정보에 집중하기 위해서이지 발표자의 스타일을 즐기기 위해서가 아니기 때문입니다. 그래서 조직마다 발표 스타일이 다를 수 있지만 많은 조직의 사내 문화가 엇비슷하기 때문에 발표 스타일도 비슷합니다.

강사가 지녀야 할 강의법 기술 중에는 발표자에게도 필요한 내용이 많습니다. 점점 강의와 발표가 서로 닮은꼴로 진화하니까요. 일반적으로 강의는 길이가 한두 시간인 경우가 흔하지만 TED와 세바시처럼 15분 남짓 매우 짧게 진행되기도 합니다. 거의 발표 수준이라고 해도 됩니다.

이 책에 소개되는 기술은 초·중·고 교사, 대학 강사와 교수, 기업체 강사, 프레젠테이션을 하는 전문가와 직원, 그리고 외부 특강을 나가는 전문가들에게 도움이 될 것입니다.

부록 2 _ 긴급 처방: 강의법 팁 모음

지금까지 긴 시간 동안 강의법에 대해 설명했습니다. 무엇을, 왜, 어떻게 해야 하는지를 설명하다 보니 긴 책이 되었습니다. 그러나 긴 설명서가 오히려 방해가 되는 경우가 있습니다. 그래서 이론과 설명은 다 빼고 구체적인 'To Do'와 'Not To Do' 리스트를 부록으로 만들어보았습니다. 모든 조언에 예외가 있고 정도가 있지만 여기서는 매우 강하게 극단적으로 표현했습니다. 강조하기 위해서 무리수를 둔다는 점을 미리 말씀드립니다.

리스트는 다섯 가지로 나눴습니다. 모든 강의에 적용되는 첫 리스트는 강사가 지녀야 하는 기본 자세와 태도입니다. 두 번째 리스트는 매크로 강의법 팁으로, 강사가 체화해야 하는 강의 기준입니다. 세 번째 리스트는 강의를 준비할 때 고려하면 좋은 내용입니다. 네 번째 리스트는 마이크로 강의법 팁으로, 세세한 지침들의 모음입니다. 강의가 진행되는 순서에 맞추려고 노력했습니다. 마지막 리스트는 언택트 시대이기 때문에 특별히 더 신경 써야 하는 강의법 팁입니다. 도움이 되길 바랍니다.

강의와 강사에 대한 생각

① 강의(講義)하는 강사(講師)는 앎으로 삶을 이롭게 하는 스승이라는 뜻이다.

② 강의법에는 정답이 없지만 오답은 있다.

③ 최고의 강의는 없고 최적의 강의는 있다.

④ 스케일을 키우면 스타일을 고수할 수 있고, 스타일을 바꿀 수 있어야 스케일이 커진다.

⑤ 명강의는 깨침, 깨달음, 희망을 준다.

⑥ 유익한 콘텐츠에 감정을 실어야 감동적인 강의가 된다.

⑦ 작사와 작곡을 해야 노래가 되듯이 콘텐츠와 감정선을 디자인해야 명강의가 된다.

⑧ 강의가 기억에 남는가 아닌가는 듣는 이의 감정에 달렸다.

매크로 강의법 팁

① 청중을 교육시키는 스승의 입장을 취하세요. 스승은 말로 가르치는 사람이 아니라 모범을 보이는 사람임을 기억하세요. 최고의 교육으로 영감을 주세요. 남의 삶을 이롭게 하는 일에 적극적인 마음가짐이 바로 전문성입니다.

② 청중을 존중하고 그들의 입장에서 판단하세요. 청중을 위해서 강의를 한다는 마음을 한시도 잊지 마세요. 청중에 대해서 미리 파악하세요. 청중이 머물 강의장과 경험할 강의 전후 스케줄에 대한 정보도 확보하세요. 이게 친밀성입니다.

③ 강의를 하기 위해서 스토리를 찾지 마세요. 세상이 알아야 할 스토리

가 있을 때 강의하세요. 새로운 내용이나 해석을 제공해서 청중을 놀라게 하세요. 세상을 바꾼다는 느낌으로 말하세요. 어떻게 세상을 이롭게 할 것인가를 제시하세요. 이게 진정성입니다.

④ 청중은 강사 편이며 강사가 잘하기를 응원하고 있다는 사실에 고마워하세요. 이게 안정성입니다.

⑤ 청중이 몰입할 수 있도록 열정적으로 하세요. 어떤 감정을 얼마만큼 불러일으킬지를 미리 정하세요. 감정과 내용을 일치시키세요. 청중이 내용은 잘 기억하지 못하더라도 감동받은 체험은 오래 간직합니다. 이게 열성입니다.

⑥ 복잡한 것은 간소화하세요. 추상적인 것은 구체화하세요. 사례와 비유를 들어 설명하세요. 대칭과 유머로 아름다움과 즐거움을 선물하세요. 이게 창의성입니다.

⑦ 건강한 몸을 유지하세요. 평소에 운동하고 건강하게 먹고 스트레스를 관리하세요. 목소리를 안정시키고 몸동작을 가볍게 하세요.

⑧ 건강한 마음을 유지하세요. 평소에 긍정성을 쌓으세요. 감사함을 느끼세요.

⑨ 건강한 정신을 유지하세요. 강의 시설과 상황에 아쉬움이나 불만스러운 점이 있어도 청중에게 불평하거나 남 탓하지 마세요. 부정적 감정을 키워서 자신의 발등을 찍는 일은 하지 마세요.

강의 준비 팁

① '더하기' 하세요. 콘텐츠를 확보하세요. 강의에 포함될 내용보다 몇 배 더 많은 내용물을 준비하세요.

② '나누기' 하세요. 강의에 포함되어야 하는 큰 파트를 정하세요.

③ '빼기' 하세요. 강의에 확실하게 포함되지 않을 내용은 제외하세요.

④ '배열'하세요. 남아 있는 내용물을 큰 파트에 들어갈 순서에 맞추어 넣으세요.

⑤ '길이와 깊이'를 조절하세요. '더하기, 빼기, 나누기, 배열하기'를 반복하면서 조절하세요.

⑥ 투 트랙으로 진행될 수 있도록 하세요. 플랜 B를 디자인하세요.

⑦ 이음새를 견고하게 만드세요. 줌인과 줌아웃을 번갈아 하면서 흐름을 원활하게 하세요.

⑧ 도입부에 인사와 자기소개를 충분하게 하고 관심을 집중시키도록 만드세요.

⑨ '곱하기' 하세요. 마무리에 강의를 요약하되 내용을 축약하는 게 아니라 내용의 의미를 되새겨 강의의 가치가 곱절이 되도록 하세요.

마이크로 강의법 팁

여기서는 강사가 강의할 때 하지 말아야 할 것(-)과 해야 할 것(+)을 조언합니다. 강의를 시작할 때부터 끝날 때까지 순으로 나열해 보았습니다.

- ① 강의에 늦지 마세요. 미리 가서 준비를 끝내고 청중을 둘러보는 마음의 여유를 누리세요.

+ ② 강의 도구를 점검하고 가급적 강사가 활용하기 쉽게 조정하세요. 주최 측의 편리보다는 청중에게 좋은 강의 경험이 되도록 하는 것에 최우선 순위를 두세요.

─ ③ 발표 슬라이드를 사용하기 위해서 세팅한다면 내용물이 스크린에 미리 보이지 않도록 하세요. 스스로 스포일러를 만들지 마세요. 뮤트나 프리즈 기능을 사용하세요.

＋ ④ 시계를 강사 앞에 두어 언제든지 쉽게 볼 수 있도록 하세요. 페이스를 조절하세요. 시간에 쫓기지 말고 서두르지 마세요. 여유는 반드시 강의안에 포함시켜 놓으세요.

＋ ⑤ 강단에 올라가기 전에 심호흡을 서너 번 하세요. 옷매무새를 매만져 정돈하세요.

＋ ⑥ 본인을 소개하세요. 왜 다른 전문가보다 자신한테 이 이야기를 들어야 하는지 설득하세요. 실패담도 남에게는 약이 되니 아낌없이 나누세요. 하지만 강의 주제와 관계없는 개인 이야기는 하지 마세요.

─ ⑦ 강의를 앞두고 떨린다는 말을 하지 마세요. 본인이 스트레스 때문에 불안정해도 그 사실을 선전해서 청중마저 불편하게 만들지 마세요. 청중의 주의력을 강사 자신한테가 아니라 강사의 메시지에 집중하도록 만드세요.

─ ⑧ 충분히 준비를 못 했다는 말을 하지 마세요. 그 말을 했다고 최선을 다하지 못한 강의가 용서되지는 않습니다. 그 말을 했다고 청중이 강사를 평소에는 강의를 잘하는 사람으로 평가하지 않습니다. 오히려 무책임한 강사로 평이 더 나빠집니다.

＋ ⑨ 플랜 B를 준비해 놓으세요. 그래서 변수에 대비하세요.

＋ ⑩ 강의 내용이 멀티 트랙으로 진행될 수 있도록 준비하세요. 다양한 지적 수준과 정보 선호도를 가진 청중을 만족시키세요.

─ ⑪ 준비한 대로 진행하려고 하지 마세요. 준비한 만큼 자유로워지세요.

─ ⑫ 애드리브는 자제하세요. 강의 내용을 글로 써보세요. 최소한 노트라

도 만드세요. 핵심 내용은 간결하게 적어서 최대한 임팩트를 주세요.

＋⑬ 시선을 청중에게 향하세요. 청중의 눈을 보세요. 시선을 줄 때는 살짝 머무세요. 한두 명에 고정하지 말고 모두를 두루 보세요. 천장은 물이 샐 때나 보세요. 바닥은 돈이 떨어져 있을 때나 보세요.

＋⑭ 목소리 톤을 조금 내리세요. 붕 떠 있지 않도록 소리를 아랫배에서 밀어내세요.

＋⑮ 말을 간단명료하게 하세요. 말이 장황하면 준비가 부족했다는 증거이니 전문성이 돋보일 때까지 준비하세요.

－⑯ 말을 한 톤으로 하지 마세요. 장단과 강약으로 변화를 주세요.

－⑰ 반말하지 마세요. 괜히 친한 척하거나 권위를 내세우려다 위신을 잃지 마세요. 존칭어 사용으로 청중을 존중하는 초심을 지키세요.

＋⑱ 유머를 포함하세요. 웃기려고 하지 말고 깨달음이 웃음으로 나오게 하세요. 이야기에 반전을 포함시켜 보세요.

－⑲ 시청각은 꼭 필요한 내용만 꼭 필요할 때 사용하세요. 슬라이드에 너무 많은 내용을 포함하거나 나열하지 마세요.

＋⑳ 통계를 사용할 경우에는 최근 수치를 사용하세요. 오래된 통계나 철 지난 자료는 전문성이나 준비성에 마이너스가 됩니다. 통계를 보여줄 때는 해설을 추가해서 숫자와 수치에 의미를 부여하세요.

＋㉑ 남의 내용을 인용하는 경우, 슬라이드에 출처를 밝히세요.

－㉒ 슬라이드를 너무 화려하고 예쁘게 치장하거나 너무 많은 내용을 포함하지 마세요. 꼭 포함해야 한다면 핵심이 잘 보이도록 짧게 편집하세요.

＋㉓ 사례를 사용해서 설명하세요. 비교와 비유를 활용하세요.

－㉔ 한곳에 서 있지 마세요. 특히 짝다리 짚거나 어딘가 기대지 마세요.

몸을 좌우 또는 앞뒤로 흔들지 마세요.

+ ㉕ 자리를 옮겨주세요. 그러나 분주하게 움직이지 말고 목적지가 있는 것처럼, 강의실의 주인인 것처럼 움직이세요.

+ ㉖ 실수하면 빨리 그리고 간략하게 인정하고 강의를 계속 진행해 나가세요. 실수에 청중의 시선을 집중시키지 마세요. 청중은 강사가 성공하기를 바라기 때문에 사소한 실수에 관대하다는 사실을 잊지 마세요.

— ㉗ 강의 끝나는 시간을 넘기지 마세요. 이유 불문하고 끝나는 시간은 지켜주세요.

+ ㉘ 마무리할 때 강의의 핵심 메시지에 어떤 의미와 가치가 있는지 짚어주세요.

+ ㉙ 질문을 환영하세요. 질문자에게 고마움을 표시하세요. 대답은 청중 모두에게 하세요.

— ㉚ 개별 청중을 창피하게 만드는 발언은 삼가세요. 농담이라도 하지 마세요.

+ ㉛ 청중에게 진심을 담아 고마움을 표하세요. 초청해 준 주최 측에도 감사하세요. 건성으로 하지 마시고 마음을 담아서 하세요.

+ ㉜ 강의가 끝나면 복기하세요. 다음 강의 기회에 무엇을 어떻게 수정할 것인가를 메모해 두세요. 그리고 반드시 수정하세요.

+ ㉝ 강의하는 모습을 비디오로 촬영해서 시청하세요. 되도록 선배 강사한테 피드백을 받아보세요. 청중이 보는 자신의 모습을 보고 본인이 무엇을 잘하고 있는지, 또 무엇을 수정해야 하는지를 세심하게 관찰하세요.

언택트 시대 강의법 팁

언택트 시대에 특별히 신경 써야 하는 강의법 팁을 소개합니다. 비대면 또는 가상 면대면 등 강사와 청중이 스크린을 통해서 만나는 상황을 염두에 두었습니다. 같은 시공간에서 오감과 육감을 통해 함께 나누는 경험이 아닌 상황입니다. 물론 모든 강의에도 적용되지만 특별히 언택트 시대에 더 중요하게 된 내용입니다.

① 감정선을 디자인하세요. 감정이 잘 드러나고 전달되도록 디자인하세요.

② 감정의 폭을 최대로 넓히세요. 도입부에 기대치를 높이세요. 질문을 던지거나 강렬한 사례를 이야기해서 관심과 호기심을 자극하세요.

③ 문제점과 이슈를 극대화하세요. 단, 지나친 과장으로 신뢰를 잃지 마세요. 무섭게 하는 게 아니라 이미 청중 마음속에 있는 두려움을 만나게 하세요.

④ 강의 끝에 청중이 만나는 긍정 감정이 안도감에서 머물지 말고 희망감까지 가도록 유도하세요.

⑤ 강의를 청킹하여 다막극으로 진행하세요. 복잡하거나 다차원적인 내용 구성은 지양하세요. 눈에 보이지 않도록 표면 밑으로 넣으세요.

⑥ 한 단락이나 청크에서 다음으로 넘어가는 시점을 확실하게 구분해 주세요.

⑦ 속도감을 내세요. 그러나 급하게 진행하지 마세요.

⑧ 화두를 자주 던지세요. 슬라이드에 질문을 적어서 보여주세요.

⑨ 비주얼 자료를 좀더 풍요롭게 활용하세요.

⑩ 손동작과 몸동작의 활동 범위와 강도를 약간 줄이세요.

⑪ 카메라 촬영이 되는 강의라면 발표 내용이 담긴 컴퓨터를 카메라 렌즈

바로 밑에 위치하도록 하세요. 카메라 렌즈와 컴퓨터 스크린을 동시에 볼 수 있도록 하세요.

⑫ 되도록 카메라를 하나 이상 사용하세요.

⑬ 말을 평소보다 좀더 신중하게 하세요. 최소한 중요한 내용은 스크립트로 미리 써보세요.

⑭ 말을 대화하듯이 하세요.

강의의 정석

제1판 1쇄 2020년 10월 10일
제1판 2쇄 2020년 12월 5일
제2판 1쇄 2023년 2월 15일
제2판 2쇄 2023년 9월 20일

지은이 | 조벽
펴낸이 | 송영석

주간 | 이혜진
편집장 | 박신애 **기획편집** | 최예은 · 조아혜
디자인 | 박윤정 · 유보람
마케팅 | 김유종 · 한승민
관리 | 송우석 · 전지연 · 채경민

펴낸곳 | (株)해냄출판사
등록번호 | 제10-229호
등록일자 | 1988년 5월 11일(설립일자 | 1983년 6월 24일)

04042 서울시 마포구 잔다리로 30 해냄빌딩 5 · 6층
대표전화 | 326-1600 팩스 | 326-1624
홈페이지 | www.hainaim.com

ISBN 979-11-6714-057-9